世代問題の再燃

ハイデガー、アーレントとともに哲学する

森　一郎

明石書店

世代問題の再燃——ハイデガー、アーレントとともに哲学する

——

目次

第Ⅲ部　世代をつなぐもの

第Ⅳ部　メンテナンスの現象学

凡例

一、ニーチェ、ハイデガー、アーレントの次の著作から引用、参照する場合は、略号で記し、原著の頁数を添える。

FW：Friedrich Nietzsche, *Die fröhliche Wissenschaft* (1882, ^{2}1887), in: *Sämtliche Werke. Kritische Studienausgabe* Bd. 3, Deutscher Taschenbuch Verlag/ de Gruyter, 1980（森一郎訳『愉しい学問』講談社学術文庫、二〇一七年）

SZ：Martin Heidegger, *Sein und Zeit* (1927), 15. Aufl., Niemeyer, 1979（原佑・渡邊二郎訳『存在と時間』中公クラシックス、全三巻、二〇〇三年）

GA：*Martin Heidegger Gesamtausgabe*, Klostermann, 1975-（『マルティン・ハイデッガー全集』創文社、一九八五年）

HC：Hannah Arendt, *The Human Condition* (1958), The University of Chicago Press, Paperback edition, 1989（志水速雄訳『人間の条件』ちくま学芸文庫、一九九四年）

Va：Hannah Arendt, *Vita activa oder Vom tätigen Leben* (1960), Piper, Taschenbuchsonderausgabe, 2002（森一郎訳『活動的生』みすず書房、二〇一五年）

BPF：Hannah Arendt, *Between Past and Future* (1961, ^{2}1968), Penguin Books, 1993（引田隆也・齋藤純一訳『過去と未来の間』みすず書房、一九九四年）

一、上記以外のテクストでも、何度も引用する場合、略号で示し頁数を添えたものがある。これについては当該箇所の注に、その旨示した。

一、引用文中の〔〕は、引用者の補足。引用文中に原語を添える場合は、（）を用いる。

一、外国語文献からの引用に際して、日本語訳に依拠している場合、その訳書を注記した。訳文に必ずしも従っていない場合もあるが、ご容赦を乞う。

一、ギリシア語は、アルファベットにしてイタリックで記す。

一、注は、章ごとに注番号（1）、（2）……を付け、巻末に一括して載せた。巻末には、各章の注に先立って、初出や成立事情などの説明も記しておいた。

序　世代問題の再燃――3・11以後

世界内存在からの出発

われわれはこの地上に生まれ、人びとと出会い、ともに何事かを為し、やがて死んでゆく。その舞台となる世界は、しかし、われわれの生まれるずっと前から存在していたのであり、それが存続してきたのは、かつてそれを築き、担い、残してきた無数の人びとがいたからである。われわれは、われわれの世界が先人たちのたゆまぬ努力の賜物だということを知っている。また、それと同じく、今現にある世界が、われわれの死後もなお存続し、そこにたえず人びとが生まれ、住み続けるであろうことも知っている。われわれの限りあるいのちとは違って、われわれの生まれるはるか以前から存在しているこの世界と、それを形づくっているさまざまな物たちは、われわれの死後もずっとこの地上にとどまるであろうことを、われわれは知っている。

こういう周知の事柄を、しかし、われわれはこれまで深く考えてこなかった。そこに哲学的問題がひそんでいるとは、思いもよらなかった。いや、むしろ、そのような蓋然的知識は疑わしいものだとあっさり決めつけ、あるいは取るに足らぬ哲学以前の瑣末な事柄と見なして軽んじてきた。なにしろ、そもそもこの世界が実在するのか定かでなく、ここに見えているこの机、そこにいるあなたが本当に存在しているのか、確信がもてないでいるありさまなのだから。それどころか、生身のこの私の存在さえ、そのリアリティを疑ってかかることのほうが哲学的だと見なされるほどである。

外界や他者の存在は、一見当たり前に見えて、本当にその通りなのかは、じつは怪しい。自明に思える現実存在を鵜《う》呑《の》みにせず、一切を疑うことから哲学は始まる――と、われわれは教わってきた。認識可能性の確固たる保証が得られるまでは、世界について語るのは慎重に差し控えること、それが近代哲学のマナーとされた。だがそうなると、哲学の議論はいつまでたっても現実なるものに辿り着くことができなくなった。

それではおかしい、われわれがこの世界に現に存在しているという基本的事実から哲学は出発すべきだ、と言い始めたのが、マルティン・ハイデガー（一八八九－一九七六年）である。ハイデガーによれば、哲学は長らく世界を「飛び越えて」きた。灯台下暗しのその傾向に抗して、今やはじめて世界が哲学の根本問題に据えられねばならない。物たちのもとでの存在も、人びととの共同存在も、認識論のパズルではなく、のっぴきならない実存問題として浮上してくる。無世界的主観ではなく、世界内存在が丸ごと哲学の賭金となる。

しかし、そのハイデガーにおいても、世界はべつに安泰だったわけではない。『存在と時間』の筋書きによれば、「何となく不安だ」という無気味な気分に襲われるや、それまで淀みなき有意義性を示していた世界が、俄然、無意義性の様相をおびて宙づりとなる。世界の内に存在しているはずのこの私は、自己自身へ投げ返され、物への配慮も他者への顧慮も、総じてどうでもよくなる。とりわけ、最も固有で没交渉的で追い越しえない可能性としての自分自身の死に直面するとき、実存の単独性が、隠しようもなくあらわとなる。私は結局、たった一人で死んでゆく。自己存在の終わりに臨んで、頼れるもの、すがれるものなど、何一つない。この事実は抹消不可能である。

その一方で、宙づりになったとはいえ、世界は消失してしまうのではない。無的なものと化すことで、むしろ世界はその存在をあらわにする。欠如の相においてこそ真相が示されるのが、われわれの実存の基盤としての世界なのである。これはなにも哲学理論のうえの話ではない。現代世界は、安定しているどころか、崩壊、いや虚無化の危機に瀕しているがゆえにこそ、世界の何たるかをわれわれにこれ見よがしに突きつけて迫ってくるのである。

人びととの共同存在と、物たちのもとでの存在

ハイデガーによって哲学の主題に据えられた世界は、純粋自我から出発してきた近代哲学の路線をはみ出すものを含んでいる。ほかならぬ死の各自性に、そのはみ出し方は表われている。死んだら終わり式の虚無主義ではないものがそこにある。そのつど私のものである死からすれば、他者との関係は絶たれるかに見えて、そうではない。個々人の死をあっさり超えて、世界はこれまで続いてきたし、これからも続いてゆくだろう。その世界にこれからやって来る人びとと、私はなお関係をもつことができる。なぜなら、私自身がすでに、かつてこの世界に生きていた故人と、同じ世界に関わることを

通じて結びついており、彼らとともに存在しているからである。共同存在は、時間性と歴史性の奥行きをもつ。

そしてこの、既在と将来の双方に広がる共同存在の時間的、歴史的地平を確証してくれるものこそ、死すべき者たちの寿命を超えて受け継がれる物たちにほかならない。人びととの交渉関係のみならず、物たちとの交渉関係も、時間的地平の奥行きを立派に具えている。物には、消費されてすぐ無くなるものばかりでなく、長期にわたって使用し続けられるものもあり、それらは維持や保存、補修や改造といった仕方で長期的な配慮の的となる。対人的な顧慮《ケア》とはまた別に、対物的な配慮《ケア》にふさわしい時間性や歴史性というものがある。

人びととともに、物たちのもとで、われわれは世界の内に現に存在している。世界内存在の全体を織りなす契機の一つ一つが、今現在の刹那《せつな》的な顕在野《けんざいや》をはみ出す「より以上」を携えている。同時代の人的、物的関係によってのみ、われわれの現存在は成り立つのではない。帰属する時代を異にする人や物との関わりあってこそ、そのつどの今がある。それでいて、この時間的被規定性は、歴史的必然といったものではなく、あくまで偶然のめぐり合わせによる。他者や事物との出会いはそれ自体底が抜けており、いわれがない。にもかかわらず、その没根拠を根拠として、この世は現に成り立っている。

世界内存在の時間的地平のこうした歴史的奥行きをつきつめて考えようとするとき、浮上してくるものこそ、「世代（Generation）」という問題現象にほかならない。

生命現象かつ実存現象としての世代

世代とはさしあたり、同じ時代に生まれた「同世代」の人びとのことを集合的に意味する。次いで、当の世代とその前後の世代との関係において、つまり「世代交代」という点に照らして理解される。このように世代とは、同時的な同世代と継起的な世代交代という両面を具えた複合的な実存現象なのである。

ただし、生命現象としての Generation はまずもって、親が子を生むこと、つまり「発生・生殖」を意味する。両性生殖の場合、雌雄の対化《ついか》・交合が先行して、妊娠・出産により子が生まれ、ここに、親による子の養育が始まり、子が親から独立するまで続く。

ここで明らかなことがある。世代という現象は、生の始まりをめぐって起こり、誕生に第一次的に関わる、という点である。しかしそれに尽きないものがある。世代は、生の終わりとしての死にも、等しく関わるのである。

生物一般の生殖現象は、個体の終焉を経てなお種を存続させるという機能をもつ。その機能面から見れば、親が子を産み、育てるという意味での「世代交替」は、いわば単純再生産であり、同じことの繰り返しである。それは、永遠回帰のリズムを大小さまざま刻んでいる全体としての自然の一コマなのである。そして、世代交替が同じことの繰り返しであるためには、一方で、子どもたちが次々に生まれ、成長していくことが、他方で、親たちが次第に年をとり、死んでゆくことが、えんえんと続いてゆかねばならない。

個体が死ぬということがあるからこそ、それに代わる別の個体が、新たに生を享け、引き継いでゆくのである。老衰や死滅がないのは、出生や成長がないのと同じく、世代交替の意味に反する。新陳代謝の不全は、生命を阻害する。死と誕生が一対をなし、終わりと始まりが一つに組み合わされるところ、そこに世代という現象が成り立つ。

とはいえ、実存現象としての世代は、生命現象としての世代と同じではない。その違いを表わすために、生物学的な「世代交替」と、実存論的な「世代交代」を、用語として区別しよう。何が違うのか。生命現象としての世代が、生成消滅する自然界の同じことの繰り返しというリズムを示すのに対して、実存現象としての世代は、世界内存在の歴史的テンポを重層的に織りなす。種が存続するというより、自然界とは異なる人間的世界が、断絶と変容を伴いつつも耐久性と永続性を示すことを担うのが、実存論的意味での世代なのである。

ハイデガー、アーレントとともに哲学する

世代の概念は、そのように、世界の概念と相関的である。世代について考えるには、世界について考えなければならない。またその逆も成り立つ。世界内存在というテーマ設定は、おのずと世代の問題に行き当たるのである。

ハイデガーの世界内存在の現象学は、歴史性の文脈において、世代という問題を探り当てることになった。そして、ハイデガーの思索を批判的に継承したハンナ・アーレント（一九〇六－一九七五年）の活動的生の現象学もまた、世代の問題を考えるうえで有力な手がかりを与えてくれる。それも当然であろう。どちらの哲学も、世界を中心テーマに据えており、それゆえ、世代についての哲学的省察

に資するのである。

そればかりではない。ハイデガーが死について考え抜いたとすれば、それに応答する形でアーレントは誕生について考えを進めた。実存の終わりと始まりをなす死と誕生が、別々の事象ではありえないことは言うまでもない。ハイデガーにも誕生へのアプローチが見出されるように、アーレントにも死の問題へのこだわりがある。この一対の哲学者の思索を一組にして参照することで、実存を始まりから終わりまで考える可能性が開けてくる。それは同時に、世界内存在もしくは活動的生を、時間という観点から捉え返す試みでもある。

そのような死と誕生、終わりと始まりの思考によって、世代の問題もまた、事柄にふさわしく問い直すことができるようになる。ハイデガーとアーレントに学んだことを手がかりに、世界概念と相関的な世代の概念に光を当てるという課題が、ここに生ずる。

まさにその課題に、本書は挑もうとする。死と誕生から、世代へ。ハイデガーとアーレントの比較でも折衷でもない、現代における哲学の可能性がそこに見出されるのである。

世代問題の再燃

本書のタイトル「世代問題の再燃――ハイデガー、アーレントとともに哲学する」は、以上のような趣旨で付されている。しかし、まだ説明し残していることがある。メインタイトル「世代問題の再燃」についてである。

読者はいぶかしく思われることだろう。なぜ「世代問題の再燃」なのか、と。その答えは、この序の副題の示す通りである。世代の問題は3・11以後まさに再燃した——そう本書では主張したい。東日本大震災は、われわれをして戦慄せしめ、あらたに思考することへと差し向ける。そこにあらためて浮上した広大な問題群の一つが、世代の問題なのである。

二〇一一年三月一一日、宮城県沖で発生した大地震の引き起こした大津波のために、一方で、東北地方太平洋沿岸の町々が壊滅的被害を受けた。夥《おびただ》しい犠牲者を失った非運から立ち直ることの困難さとともに、世代から世代へ受け継がれてきたふるさとをいかにして再建し、これからの世代にどう受け渡してゆくか、という課題が突きつけられている。防潮堤を高々と築いて海から遮断し、かさ上げした高台の区画に住宅を建てれば済むといった話ではない。誰のため、何のための復興事業か。そこにこれから生まれ、将来暮らしてゆく者たちのことは考えられているのか。何十年、何百年単位の世代問題が噴出している。

他方で、東日本大震災がかき立てた戦慄の本体は、紛れもなく、原子力発電所の過酷事故の恐ろしさにあった。放射能物質による見えざる被曝の恐怖と、住民たちの故郷喪失。避難区域指定が解除されたからといって、すぐ元に戻れるなどということはない。とりわけ、事故現場の復旧作業の困難さと、原発廃棄物の処理不可能性。プルトニウム-239の半減期は二万四千年と言われる。放射性人工元素に備わる気の遠くなるほどの永続性は、個人の生死どころか、連綿たる世代交代を優に超えて、種としての人類の存続そのものの有限性を浮き立たせるに十分である。千年、万年規模の超-世代問題が姿を現わしつつある。

もとより人類は古来、世代の問題に付き合ってきた。だからこそ、この生き物はこれまで存続してきた。ここにもじつは千年、万年単位の気の遠くなるほどの悠久さがある。つまり、今日それが問題になるのは今さらであり、蒸し返しですらあるからこそ、「再燃」と言うべきなのだ。過疎化による荒廃の危機や、少子高齢化によるひずみといった現象にしても、以前から危惧されてきたものである。原子力発電の危険性について警鐘が鳴らされてきたことは、言うまでもない。それをたんに聞き流していただけなのに、初めて聞いたかのようにしらばくれるのは、止《よ》したほうがいい。とっくの昔から問題であったことに、迂闊《うかつ》にも今になってようやく気づかされただけの話だ。そう認めるところから始めよう。

　われわれがあまりに鈍感だったからこそ、世代問題は「再燃」した。とはいえ、もともとあった問題がこれ見よがしにぶり返したことは、それはそれとして一つのチャンスである。このことは率直に受け止められてよい。この「好機」を今度こそしっかり掴んで世代という基本問題をじっくり考える可能性に、われわれは今日、恵まれている。そして、それは「僥倖《ぎょうこう》」と言ってさしつかえない。

世代をめぐる連作集

　本書に収めた文章は、私がこの十年間、おりにふれて書いてきたものである。多くは３・11以後のものだが、それ以前のものも少なくない。そこにも、世代の問題は当然出てくる。ハイデガーとアーレントとともに考えることは、死と誕生という事柄からして、世代について考えることへとおのずと向かわせる。そうはいっても、３・11という裂け目の前後では、どこか違っているはずである。どこがどう違うか、正直、自分でもよく分からないところがある。遠目にスケッチされたものが、剝き出しで目の前に躍り出てきたような印象だろうか。少なくとも、前後に連続と断絶がともに見出せることは十分意味があると信ずる。

第Ⅰ部「**死と誕生から、世代出産性へ**」は、二〇一三年一二月に「世代問題の再燃――3・11以後」と題して行なったシンポジウム提題に端を発し、翌年書き継いでいった一連の試論を収めた。ハイデガーの死の思索とアーレントの誕生の思考との間に、エリクソンの「世代出産性（generativity）」の概念を差し挟んでみよう、という着想が基調となっている。

第Ⅱ部「**子ども、世界、老い**」は、二〇〇八年に出した『死と誕生　ハイデガー・九鬼周造・アーレント』の前後に、子どもと教育、中年や老い、世代交代といったテーマをめぐって成立した論考を収めた。ハイデガーとアーレントを交差させての、死と誕生から世代へという歩みを印づけるとともに、世界と世代の概念上の相関が見てとられている。

第Ⅲ部「**世代をつなぐもの**」は、前任校で二〇〇九年に勃発したアントニン・レーモンド建築の伝統校舎解体という出来事を機縁として記した文章を集めた。小編が多いが、私にとってあの事件は、3・11に匹敵する重大な経験だったと改めて思う。「世代をつなぐもの」としての建物という、自分なりの主題が、そこから浮かび上がってきたのである。

第Ⅳ部「**メンテナンスの現象学**」は、第一部に呼応する形で、3・11以後に再燃した世代問題にアプローチするエッセイを集めた。物の耐久性と世界の永続性という観点は、アーレントの制作論から来ている。労働と制作の絡み合いという視点は、二〇一三年に出した『死を超えるもの　3・11以後の哲学の可能性』から継続中の研究テーマである。

既発表のものには手を入れて、一書としてのまとまりを心がけた一方、「ですます」調のものはそのままとした。講演や挨拶などでの状況的発言も一部残してある。そのほうが読者に親しみやすいと判断したためである。語り口だけでなく、文章の長さにもばらつきがある。短めの文章は、これはこれで、すぐ読めるという利点があり、揃えることはしなかった。全体として、世代という統一テーマをめぐる連作集という趣となった。そのようなスタイルでこそ浮かび上がってくる物事の側面もあろう。読者諸賢のご理解を冀《こいねが》う次第である。

章ごとのつながり、編集のコンセプト

本書を編むにあたり、最初から順番に読んでもらうことを想定して配列したことは言うまでもないが、成立時期から言うと、おおむね、第Ⅱ部→第Ⅲ部→第Ⅰ部→第Ⅳ部、の順となる（各部内では、ほぼ成立順に並べた）。その点も踏まえて、読書の手引きとなりそうなことを付言させていただく。

まず第Ⅱ部から。第五章「**子どもと世界**」と第六章「**子ども、学校、世界**」が一続きの関係にあることは、一目瞭然だろう。第七章「**死なせること、死なれること**」の続編が、第八章「**世代は乗り越えられるか**」であることは、第八章の注(2)に記しておいた。第七章を締めくくる「老いの美学」は、第Ⅰ部のみならず本書全体の総論的位置に立つ第一章「**終わりへの存在に本来形はあるか**」で反復される。第一章で素描されたハイデガー解釈は、第二章「**出産と世話の現象学**」でテクストに即して肉付けされる。第一、二章を通してなじんだ「世代出産性《ジェネラティヴィティ》」概念を、プラトン読解に応用したのが第三章「**ポイエーシスと世代出産性**」であり、エリクソンの「中年の危機」――停滞と自己没入――論を、

「原爆チルドレン」に当てはめたのが第四章「**世界の終わりと世代の問題**」である。その団塊世代論の骨子は、第五章の後半でも述べられる。このように第Ⅰ部と第Ⅱ部は結びつきが深い。

　建物保存運動の経験から、物への配慮という視角がひらけてきたことは、第Ⅲ部を通して強調され、第Ⅳ部に流れ込んでゆく。他方、第九章「**世代をつなぐもの**」、第十章「**死と誕生、もしくは世界への愛**」の順で報告された出来事の再話めいた第十一章「**ある恋から教わったもの**」は、第Ⅰ部の「世代出産性」論へ通じている。第十一章のさらなる後日談のある第十二章「**せめて五十年後を考えよう**」は、第Ⅳ部の「メンテナンスの復権《リハビリ》」論を予告すると同時に、第一、二章の「ケア」論の続行でもある。第Ⅳ部では、第十四章「**リニア中央新幹線について、立ち止まって考える**」と第十五章「**アーレントとリニア新幹線**」が正続編をなし、第十三章「**作ること、使うこと、そして働くこと**」と第十六章「**労働と世界**」が姉妹編をなす。第十章で萌《きざ》した「世界への愛」が少しずつ育まれていることは、第十六章で報告される。

　見られる通り、第Ⅰ、Ⅱ部と、第Ⅲ、Ⅳ部は、対人的顧慮と対物的配慮という二通りの方向性で、世代出産性の現実化をそれぞれ主題にしており、その意味では本書の前半と後半は一対をなす。この二方向の「世話《ケア》」――いのちへの気遣いと、物への気遣い――を具象的に示すものが、本書の装幀にあしらった「子どもと建物」のイメージである。本書の題名に用いられた「再燃」という言葉の含みが、一日限りで復活した暖炉の炎で表現されていることに、慧眼《けいがん》な読者は気づくことだろう。

第Ⅰ部　死と誕生から、世代出産性へ

東京女子大学旧体育館・二階の内窓より一階フロアーを望む
（撮影：兼松紘一郎氏）

第一章　終わりへの存在に本来形はあるか

――ハイデガーの死の分析から

一　自己紹介――日々是哲学

私はもうかれこれ三十年以上、哲学を学んできました。哲学研究は今でも――なかには臨床哲学といった看板を掲げる人もいますが――文献読解が中心です。私の場合、自分の専門分野であるドイツ哲学、とりわけマルティン・ハイデガーやフリードリヒ・ニーチェの本、つまり『存在と時間』や『ツァラトゥストラはこう言った』などを読むことから出発して、ものを考えるのが常です。ある時期以降、ハンナ・アーレントという、ドイツ出身でアメリカに渡った女性哲学者にも関心を抱き、研究を続けています。彼女の主著『人間の条件』や『革命について』から学ぶことが多いです。そんなわけで以下のお話も、おのずと、哲学書を解釈することのなかから出てきたことをベースとしたものになります。

しかし同時に、私にはどうも、自分の身の周りに起こったことを、考えるうえでの題材にするという妙な癖があります。臨床哲学というより、日々是《これ》哲学ですね。

まず、私はずっと大学で哲学を研究してきたので、哲学研究とは何か、大学とは何か、と日夜自問しながら暮らしています。また、現代日本に生きている者として、二〇一一年三月一一日の大震災に衝撃を受けました。あれはいったい何だったのか、と考えざるをえません。とりわけ、世界を震撼させた原子力発電所の過酷事故は、立ち止まって考えることをわれわれに促しています。その二年ほど前、当時勤めていた大学で起こった古い校舎の解体という小さな事件も、私にとって考える機縁となりました。さらに身近なところでは、恩師の死に接したことも貴重な経験でした。そしてもう一つ、以下の話と深く関係しますが、誰の身にも起こることが私にも起こり、自問のタネとなりました。親の看取りという経験です。

二〇〇七年一一月、母を亡くしました。翌年二月に発表した雑誌論文「死なせること、死なれること」(1)は、母親の看護をしたときに感じたことがモティーフとなっています。二〇〇八年一月に出した本『死と誕生』(2)には、母の死んだ翌朝、遺体の前で校正作業をした思い出があります。次に『死を超えるもの』(3)と題する本を出そうとしたら、今度は父が亡くなりました。二〇一三年六月刊のこの本のあとがきには、母への献辞を記しましたが、出たのは父の死んだ翌月です。自著のタイトルの付け方は不謹慎だとつくづく思います。

父は、母に死なれて以来一人暮らしを続け、いつしか認知症を患っていきました。どんどん進行していったことも含めて、息子として責任を感じます。大きな整形外科手術を受けてからは、身心とも急激に弱っていき、退院してやっと入れた老人介護施設で、五月五日の子どもの日に亡くなりました。

そう言えば、これからお話しする内容は、老人と子どもの間柄に関わってきます。――と、万事こんな調子で、経験に乏しい一介の哲学研究者が個人的につらつら考えたことにすぎませんが、どうか、しばらくお付き合いください。

人間いかに生きるべきか――これは、人生最大の問題であるとともに、哲学の根本問題の一つです。それと連関して、人間いかに死ぬべきか、も哲学上のテーマとなりえます。

なるほど、生き物である以上、誰もが死ぬに決まっています。死に方に貴賤なし、死の前での平等、という考え方もあるでしょう。各人各様の死の迎え方に「本来形」など果たしてあるのか。突然襲ってくる相手にどう対処しうるのか。これほどの難問を前にしては、「無理。」の一語で片付けたくもなります。各人がそれぞれの流儀でおのずと示すほかない事柄を、賢《さか》しらに語り始めるや、ウソが交じります。ハイデガーと同世代の哲学者ヴィトゲンシュタインの言葉、「語り得ないことについては、沈黙しなければならない」は至言です。

しかし、そこをあえて今回は、「終わりへの存在に本来形はあるか」と問うてみることにします。生の終わりとしての死は、人生を全《まっと》うするうえでの不可避の関門です。終わりをいかに迎えるかという問いは、よく生きることつまり幸福とは何かという問いと一続きです。人間は幸福を探し求めて生きていると、古来、哲学者は主張してきました。だとすれば、「死を能《よ》くする」――後期ハイデガーの言い回しです――とはどういうことかを考えることは、哲学にとって変わらぬ重要問題であり続けるのです。

まず、「死への存在（Sein zum Tode）」というハイデガーの有名な考え方、そして「本来性」と「非本来性」という区別立てになじむことにしましょう（二）。次いで、ハイデガーが「死への先駆」と呼んだ本来形はどのようなものでありうるか、ハイデガーの思想を踏み越えて考えてみます（三）。最後に、死へとかかわるわれわれの共存はいかにして本来的でありうるか、さらに広げて尋ねていきます（四）。

二　ハイデガーの死の分析

二十世紀の哲学書の古典として真っ先に挙げられるのが、ハイデガーの『存在と時間』です。難解で知られる本書は、難解ゆえの魅力を依然として湛《たた》え、読者を誘惑してやみません。この本は、われわれ——のことをハイデガーは術語的に「現存在」と呼びます——がこの世に存在していること、つまり「世界内存在」をテーマに据えることから始まります。第一篇では、その世界内存在が分析にかけられた結果、道具を配慮し他者を顧慮し、とりわけ自分自身に関心をもって存在している現存在のあり方が、「気遣い」という言葉で概括されます。ドイツ語ではSorgeですが、ラテン語で言うとcura、つまり英語のcareに相当する言葉です。ソクラテス、プラトン以来、人間は「魂の世話」を事とするのだと哲学者は語ってきました。ハイデガーの「気遣《ケア》いとしての実存」論も、それに連なります。

第二篇では、「存在を時間にもとづいて理解する」という当初の予定に先立って、まず、第一篇での分析は十分であっただろうか、との疑問が呈され、現存在の全体性も本来性もいまだ確保できていないことが自覚されます。ここに浮上するのが、終わりとしての死の問題です。終わりまで考え抜かなければ、実存をその全体において考えたことにはなりません。ところが、生きているかぎりわれわれは死に出会っていませんし、逆に、死んでしまえば、今度はわれわれ自身が存在しなくなります。この擦れ違いの間柄からして、死は接近不可能だと結論づけたくなります。もしくは、自己の死の代わりに他者の死（を看取ること）をテーマにすればよい、という打開策が思い浮かびます。しかしハイデガーは、他者は他者自身の死を死ぬだけであるから、それを私の死と取り替え可能と見るのは根本的に間違っているとし、死をあくまで「各自性」において理解すべきだと主張します。しかしそれにしても、自分自身の死に接するなど、われわれにできるのでしょうか。

　ハイデガーはここで、発想の転換をわれわれに要求します。死という終わりは、生きている私にはまだやって来ないが、やって来てはじめて終わりに達するのではない。むしろ、「まだない」という不断の未完了状態において、そのつど私は、死という終わりに関係している。しかもこの関係は、死んでしまえばそっくり失われてしまう。それゆえ、むしろ現に生きているときにこそ、私は私自身の死と触れ合っている。いつの日か「終わりに達すること」ではなく、今まさに「終わりと係わり合っていること」こそ、われわれが死に出会っている現場なのだ、と。「死への存在」とは、現に今生きているかぎり死は各自を襲っているという接近遭遇の仕方を表わす用語なのです。

　とすれば、その場合の「死」は、可能性のうちに保たれているものです。死とは、実存が総じて絶対に不可能となるという極限的可能性なのです。この可能性が、なんらかの原因により「現実化」されると、実際に「落命」するわけですが、われわれは絶えずこの可能性に晒されて生きています。生まれるやいなや、われわれはいつ死んでもおかしくありません。死はわれわれに、つねにすでに切迫しています。われわれに切迫するものにも、さまざまありますが――流産とか、台風とか、決済期限とか――、死は、「最も固有で、没交渉的な、追い越しえない可能性」として、際立って私に切迫しています。

　しかし、私たちはそのようなことを普段はほとんど考えません。あたかも死など問題ではないかのように、平然と呑気に暮らしています。「ひとはいつか死ぬ」と口にしながら、まだ自分の番ではないと自分に言い聞かせています。死は「確実でありながら無規定的な可能性」であるがゆえに、あたかも無縁であるかのようにふるまえるのです。その場しのぎの逃避的なふるまいこそ「死への存在」の実相であり、ハイデガーはこの日常的・平均的なあり方を、「非本来的」な死への存在だとします。この場合「非本来的」という形容は、死への存在が本来固有のあり方をとっていない、といった程度の意味であり、道徳的に劣っているとか、堕落だとかいった価値判断は含まれていません。それはそうでしょう。死から目を逸らし、のびのび生きることは、人間が活動的に生きる条件に属しているのですから。

　しかしそれにしても、「非本来性」は「本来性」と一対であり、非本来的な「死への存在」があるのなら、本来的なそれもあるはずです。そのようなあり方は、切迫する可能性としての死を、現実性を尺度として予測したり予期したりするのではなく、あくまで可能性として持ちこたえるものでなければなりません。可能性としての死を正面から受け止めようとするこの態度は、術語的に「死への先駆（Vorlaufen in den Tod）」と呼ばれます。ハイデガーにおいて「終わりへの存在の本来形」と目されるのは、この「先駆」のことなのです。おのれの存在の内奥に抱え込んでいる死という究極の可能性を誤魔化すことなく直視し、わが身に受け止め、そこから向き直って、今の自分にできるかぎりで生の全体を先取りし、おのれに固有な実存可能性を選びとって、現実的状況へ敢然と乗り出してゆくこと。そういう前向きな一途《いちず》さが、「先駆」を特徴づけていると言えるでしょう。

『存在と時間』第二篇は、こうした死の分析に続けて、「良心」という現象を取り上げ、そこから汲み出された「決意性（Entschlossenheit）」という実存の真実のあり方を、「先駆」と合体させます。ここに、「先駆的決意性」という全体的本来的な実存のかたちが析出され、そこにひそむ時間的含意が解き明かされることで、第一篇で現存在の存在として取り出された「気遣い」が、「時間性」という意味をもっていることが、一歩一歩明らかにされていきます。「存在は時間にもとづいて理解される」とするこの書の中心テーゼが、こうして肉付けされるのです。もっとも、本論たるべき第三篇「時間と存在」は、ついに書かれずじまいで、『存在と時間』は未完に終わりましたが。

さらに続くはずだったその議論のゆくえはさておき、ここでやはり気になるのは、「死への先駆」とはいったい何を意味しているか、です。以下では、ハイデガーのテクストを意図的に踏み越えて、この疑問にこだわってみたいと思います。

三　「先駆」をどう解すべきか

十七世紀フランスのモラリスト、ラ・ロシュフコーの有名な箴言《しんげん》に、「太陽と死は直視できない」というのがあります。ハイデガーの「非本来的な死への存在」の考え方は、まさにこれを定式化したものだと言えるほどですが、その一方で、「死への先駆」の積極性は、かのモラリスト的真実の真逆を行っています。「死を直視してこそ本来的」と言わんばかりの非人間的で無謀な考え方を、われわれは受け入れることができるでしょうか。

じつにハイデガー自身、「死への存在」の本来形を「先駆」という形で取り出す自分の議論は、「空想じみた無謀な企て」ではあるまいか、と自問しているほどです。絵に描いた餅のような実存理想は、しかし、無害とはかぎりません。おのれの死へと先駆しつつ決意して状況内行為をみずから選びとったすえに、ひとは何をするか。たとえば、玉砕とか特攻とか自爆テロとかも、これに含まれるのか。死をものともしない過激な行動に人を走らせるのが「先駆」であったとすれば、そんな危険思想を相手にする必要が、今さらあるでしょうか。ハイデガー自身、一九三三年、ヒトラー率いるナチに入党し、フライブルク大学学長に就任して一定の政治参加を果たしました。一年も経たずに挫折したその企ての根底に、「先駆的決意性」の思想があったとすれば、事は重大です。ハイデガー哲学を学ぶことは、ナチズムに接近することにつながるかもしれないのですから。

その一方で、私個人は、哲学をすぐ危険思想呼ばわりすることには違和感をおぼえます。死への先駆は、世界を変革したいという志や、勇気をもって新しい始まりを為そうとする進取の気性と、同じではないにしろ、どこか通い合うものをもっていますし、そのような実存の側面を否定するのは、つまらないと思います。ハイデガーの思索からインスピレーションを受けた日本の研究者のなかには、死への先駆をヴァージョンアップさせたものが、日本古来の「大死一番」の思想だ、と解釈する人もいました。私はかつて、それは所詮「犬死」ではないのか、と批判したおぼえがありますが(4)、あっぱれな死という観念は、そうやすやすと斥けられるものではないのかもしれません(5)。逆に、命懸けで事を為し生き切る「臨死」の態度は、かつて政治的生の公然たる原動力であったのに、現代における政治の閉塞状況が、往年の英雄主義を許さなくなったのではないか、と疑念をおぼえたりもします。とはいえ、われわれはなかなか「大死のヒロイズム」には浸れないのが実情です。では、終わりへの存在の本来形を、われわれはどこに求めたらよいでしょうか。

一つの候補として私がかつて――身近な人の相次ぐ死に接して――思い到ったのが、老いの迎え方、つまり「老いつつある存在」の現われ方です[6]。死への存在はじつに伸縮自在の概念規定で、生まれたての赤ん坊から臨死の人まで、誰にでも等しく当てはまります。普遍妥当性の見本のごとき各自性をもつ死を、「老い」の位相に狭めてしまうのは、狭小化の虞《おそれ》なしとしませんが、しかし「死につつあること」が同時に「老いつつあること」でもあるということは、誰の身にも遅かれ早かれ切実な問題となります。夭折《ようせつ》した人でさえ、老いと無縁だったとは言えません。そのように考えれば、老いという実存現象も、死への存在の圏内で考察することができるでしょう。

これはアーレントが『人間の条件』で示唆していることなのですが、世界内存在を現われという観点からみると、死とは、「現われの消失（*dis*-appearance）」です。つまり、この世という舞台で脚光を浴びて活動してきた状態から退場して暗がりに消え去ることです。もちろん死というふちどりがあってこそ、生は光輝くのですが、生の光からすれば、死は闇そのものです。しかし、その退場の仕方そのものが、最後に微光を発するということはありえます。つまり、「現われの消失」が死であるとすれば、「消失の現われ（dis-*appearance*）」が老いなのです。引き際がそこにおのずと現われるのであり、もっと言えば、その流儀が問われるのです。滅びゆく者が静かな諦観のまなざしで毅然としてこの世を去ってゆく見事な引き際には、実存の美学を感じます。その反対の老醜も、残酷なほど「消失の現われ」を示します。そのような「老い方」に、終わりへの存在の本来形を見出すこともできそうです。生命の肉体的崩壊過程そのもの、およびそれに伴う苦痛は、秘すべきもの、語りえないものかもしれませんが、そこにおのずと示される「終わりの応接の仕方」について、われわれは自覚的であってよいでしょう。なぜというに、そこに示される引き際の流儀こそ、次の世代に引き継がれてゆくものだからです。

　こういう「老いの美学」を云々するのは、老年期医療の現実からかけ離れているように見えるかもしれませんが、時にはそのような有終の美の理想に目を向けることも必要だと思います。そこには固有の実存可能性が、つまり生成消滅という自然的必然に逆らう人間的自由が、賭けられているのですから。急いで言っておけば、老いの美学は「アンチエイジング」とは同じではありません。老いを肯定するすべを身につけることが、老いつつある存在たるわれわれには課せられているのです。加齢を人工的に隠蔽するのでも、年寄りの冷や水でもなく、かといって、ただ老いるがままに任せるのでもなく、死すべき身の成熟の一つのかたちとして、老いを前向きに生きるということがありうるのではないか、死を先取りする積極的可能性がそこにあるのではないか、と思うのです。

　私がそう考えるに至ったのは、老年期に光芒を放った或る学者の姿に印象づけられたからです。定年後ますます盛んに学問にはげみ成果を上げていた彼は、突如、すい臓癌で余命数ヶ月という宣告を受けます。自分のやり残していた仕事――ハイデガーの新テクストの徹底的解釈――を成就させるべく、彼は、最後の力を振り絞って、一冊の大著を書き下ろすことへと向かいます。そして、入退院を繰り返しながら、主治医が驚くほど精力的に研究と著述に集中し、出版まで漕ぎつけようとする直前、息を引きとりました。学者としての生を貫いたその晩年には、鬼気迫るものがありました。ハイデガーの言う「先駆的決意性」とはこういうことだったのかと、私は思わずにはいられませんでした。それがこの概念の解釈としてどこまで正しいかは、もはや二の次でした。

壮絶な最期でしたが、彼の存在はそれで終わりではありませんでした。しかも、遺作として三ヶ月後に出された大部の新著だけ(7)でもありませんでした。稀代の学者が生前に産み出した膨大な作品群を、著作集として出版する作業に加わった弟子の一人として、書物という人為の産物の存在感にひたすら圧倒されました。(8)「死を超えるもの」という言葉が、自然と口をついて出てきたのは、その頃でした。それ以前に自分で据えた「死と誕生」というテーマも、別の装いのもとに再浮上してきました。人間が産み出したものが、人の生死を超えて存続すること、そしてそれを求めて人類は昔から営々と努力を重ねてきたし、人の世の続くかぎり「不死」を求める努力は止むことがないことを、私は学びました。

あたかも同じ時期、勤務先に創立期からあった古い体育館が、キャンパス再開発の名のもとに解体されるという事件が起こりました。大学創立者たちのスピリットの宿る建物をむやみに壊してはならないと、保存運動に加わった私は、その学内騒動においても、人間が産み出した物が、その創始者が去った後にもなお受け継がれてゆくことの意味について、学習させられました。その二年後、今度は東日本大震災が起こり、人間によって築かれ住まわれてきた町々が、大地震と大津波に襲われ、あっけなく無に帰すという光景に接しました。もちろんだからといって終わりではなく、自然の猛威に屈した町を再建し復興する努力が、その後傾けられてゆきます。世代を超えて人びとが自分たちの世界を守ってゆくことの意味について、考えざるをえません。

そしてもう一つ、３・11の出来事の核心たる原子力発電所の過酷事故は、人間が産み出し後代に残すモノが孕む問題次元に、われわれを直面させました。核のゴミという超‐産業廃棄物の処分問題がそれです。放射性人工元素プルトニウムは、人間によって作られたものでありながら、人間の寿命どころか人類史のスケールを優に超えて何万年という耐久年数を誇ります。そういう「死を超えるもの」が、地上の至るところで貯蔵されているのです。世代間継承の陰画《ネガ》のごときこの未曾有のゴミ問題を前にして、哲学は何を語りうるのか。そういう問いが、今や突きつけられているのです。

われわれは「終わりへの存在」であると同時に「始まりへの存在」でもある――とは、私が『死と誕生』で展開しようとしたことでした。その後に私が見聞きしたもの――学者の死後なお読み継がれる書物、大学の創設者たちの遺した建物、危機に瀕しながらも世代を超えて受け継がれてゆく郷土、そして、人類史をあざ笑うかのごとき長寿の放射性人工元素――は、まさに終わりと始まりの絡み合いの実相を、それぞれの仕方で示しています。終わりへの存在と始まりへの存在という、実存の両面は、たんに併走しているのではなく、交叉し接合するのだと、改めて気づかされます。われわれは死ぬまで始まりを拓く力能を有しているばかりか、終わりへと関わるあり方として、始まりへと関わる可能性を孕んでいるのです。そう考えた場合、「死への先駆」のかたちも、また違った仕方で構想されることになります。そう、われわれは、終わりへの存在でありながら、いや、まさに終わりへの存在であるからこそ、自分とは別の存在である始まりを生み育て、教え育むという可能性を発揮するこうこ、と、が、で、き、る、のです。そして、そのように新しいものたちを産み出し育て上げることは、「成熟」という実存の完成形を意味しうるのです。

四　終わりと始まりの共同

「死への先駆」は、ドイツ語では Vorlaufen in den Tod で、これを訳し直せば、「死のうちへ先駆けること」です。英語では anticipation of death と訳されますので、これを重訳すれば、「死の先取り」となります。死に急ぐのではない仕方で、本来的に死を先取りすることは、いかにして可能か――これが問題です。

死の恐怖におびえおののくことは、そこから逃避することを余儀なくさせます。そのような後ろ向きの態度に動機づけられて、死のことなど忘れて生を楽しもうとする日常性が成り立ちます。これに対して、おのれの死を敢然とまなざしに収め、おのれの非力さ、有限性を逆手にとって、今為すべきことを前向きに摑みとること、これが「先駆」でした。では、終わりに臨んで、どのような具体的可能性が見出されるのでしょうか。

これまた私事になりますが、私は二〇一四年三月、二十一年間勤めていた大学を去りました。べつに好き好んで移ったのではなく、校舎保存運動をやりすぎて学内で風当たりが強くなり、居づらくなって辞めたというのが実情です。異動が決まってから、私は「終わりへの存在」を自覚させられました。長年暮らしたこのキャンパスから自分はもうじき居なくなるのだと思うと、さすがに寂しさが募り、それとともに、自分は何かやり残していないか、という思いにとらわれました。気がつくと、自分が去ったあと学園がつつがなく存続することを願い、そのためにできるかぎりのことをしようとしている自分がいました。はかばかしいことはできませんでしたが、研究と教育、学内業務にそれまで以上に粉骨砕身する日々が、研究室の引っ越しの日まで続きました。

　終わりを先取りしたとき、ひとはどう生きるか。終わりのことを先延ばしにし、繰り延べてそのつどの今を生き、あとは野となれ山となれ式に、あばよと退散するというのも、アリでしょうし、そういう引き際にも何かしら美学があるのかもしれません。しかしそれと違って、自分がいなくなったあとのことを思い、そのためにやれるだけのことをやっておこうと、終わりを見越して尽力する態度というのも、あるのではないでしょうか。

　退職と似た「終わり」の例に、卒業があります。就職が決まり、学業を終えようとする学生は、遊べるだけのことを遊んでおこうと享楽的生活を送る者が大部分かもしれませんが、やはり自分がそこを巣立っていこうとする場所に、何かを残したいと願うものです。卒業論文の制作にも、そのような締めくくりの意味があります。同じ学科の後輩たちにとって手本となるような作品を残すことが、卒業生のなすべき務めなのです。クラブやサークルに属していれば、自分たちが先輩から受け継いだ「伝統」を、後輩に引き継いでもらいたいと願うようになります。後輩を世話するとは、べつに先輩風を吹かせることではなく、自分が世話になった共同体が、自分の去ったあとでも維持発展してゆくことを気遣うことです。そのような配慮《ケア》には、終わりの先取りがあります。これを大げさに言えば、可能性としての終わりへの「先駆」ということになります。

　もちろん、死という終わりには、退職や卒業といった終了と決定的に違う点があります。死はその到来を予見できず、「確実でありながら無規定的」であり、いつ来るか分からず、いつ来てもおかしくないというふうにして、生きているかぎり不断に切迫しているからです。いよいよ死期が迫り、もう死にそうだからとジタバタするのは、「先駆」とは反対ですし、総じて老齢の段階にのみ「死への存在」を認めるのは、ハイデガーの考えからの逸脱と言わざるをえません。しかし、先に述べたように、「老いつつある存在」は、生まれ出ずる者にして死すべき者であるわれわれが誰しも引き受けなければならないものだとすれば、それは人生の最期にはじめて問題となるのではなく、われわれはいつねにすでに老いを生きているのです。言いかえれば、われわれは、誕生と死のあいだ、若さと老いのはざま、始まりと終わりの「中間」を、そのつど生きているのです。そのような中間を生きるあり方のことを、「中年」と呼ぶこともできるでしょう。ここでの「中年」とは、特定の年代を指す言葉というよりは、始まりへの存在と終わりへの存在の「中間」を生きている実存様式を表わす概念です。――もっとも、そういう概念を重視したくなるのは、この私が、普通の意味での中年の年頃を久しく生きているからなのかもしれません。

　人生の発達段階としての「中年」、つまり「成人期（adulthood）」について深く考察した先人がいます。ドイツ系ユダヤ人で、一九三三年アメリカに移住して活躍した精神科医E・H・エリクソンです。エリクソンと言えば、「人格同一性」とその危機の理論で有名ですが、青年期に「アイデンティティ」が問題となるように、成人期には「ジェネラティヴィティ」が問題となる、という説を唱えました。generativityとは、generationという言葉からエリクソンが造り出した概念で、ジェネレーションには「世代」と「出産」の二重の意味があり、その両面を併せ持つジェネラティヴィティを、私は

「世代出産性」と訳します。(9)

では、世代出産性とその危機が、中年に特有であるとは、どういう意味でしょうか。世代出産性とは、「次の世代を生み育て教え導く能力」のことです。この能力を発揮することを、エリクソンは「世話（care）」と呼びます。また、世代出産性の不調状態は、「停滞（stagnation）」または「自己没入（self-absorption）」と呼ばれます。次世代を育成する機会をもたず、そういう関心を総じて失って、もっぱら自分本位にしか考えられなくなることが、「中年の危機」だというのです。精神分析家エリクソンの面目躍如たるそのようなライフサイクル論の内実はここでは措き、少し考えてみたいのは、この世代出産性とは、終わりを先取りしつつ始まりへと関わるあり方だという点です。

世代出産性は、広い意味での「子ども・後継者」を産み出す能力です。ただしそれは、性的な「生殖性（procreativity）」よりはるかに広範な意味をもち、「生産性（productivity）」や「創造性（creativity）」の意味を含みます。つまり、生殖行為によって男女が赤ちゃんを産んで親となり、養い育てることのみならず、人為的産物や芸術作品、ひいては人的組織や制度、公共体まで、じつにさまざまなものを「誕生」させ、それを存続させ発展させる可能性が、人間には具わっていることを、世代出産性の概念は表わすのです。生物が生殖によって世代交替を続けて種を存続させていくことが、ジェネラティヴィティの基礎にはあり、ヒトという生物種もその御多分に漏れないわけですが、人類はその生物学的な種の同一性をはみ出て、多様な文化と歴史を形成してきました。その膨大な人為的形成体を総称して――「自然」と対比して――「世界」と呼ぶとすれば、最広義におけるジェネラティヴィティとは、人間のいわば「世界形成力（Weltbildungskraft）」のことなのです。

エリクソンの創見は、そのような人間的世界の保持の中心に、「世代交代」という現象がひそんでいることを明らかにした点にあります。同じ時代に生まれた人びとを、集合的に「世代」と呼びますが、同時にこの語は、三十年という時間単位を示す言葉でもあります。つまり、ある世代に属する者たちが、生まれてから成長し、大人となって子をもうけるのが、約三十年であり、その子どもたちを育て、成人させて、孫をもうけるまでが、また約三十年です。ジェネラティヴィティつまり世代出産性は、まさにこの世代交代を可能にする力です。かつて子どもとして大人たちに世話された者たちが、成長して大人になり、今度は自分の子どもを世話する番になり、次の世代を育成することになるのです。この世話には、とりわけ養育と教育が属します。親として子どもの面倒を見、大人として少年少女を指導することが、「世話」の内実をなすのです。

生物学的な種の同一性を保持する純然たる「世代交替」と違って、人間的世界の発展的継承を担う「世代交代」の場合、前後の担い手である旧世代と新世代とのあいだに葛藤や軋轢《あつれき》が不可避です。いわゆるジェネレーションギャップです。では、なぜそういうことが人間の場合起こるのでしょうか。それは、同じことの永遠の繰り返しという自然現象とは異なる、新しさの勃発が、人間的世界では織りなされるからです。この世に生まれてきた赤ちゃんは、たんにヒトの遺伝子をもった種の見本ではなく、一人一人がかけがえのない「新人」です。新しい存在が、古い世界にやって来て、その世界に新しさをもたらすということがなければ、世界は古びて、朽ち果ててしまいます。そのような新人たちを迎え入れ、見守り、教え導くことが、旧人たちには求められます。その旧人たちも、かつては、そのまた旧人たちに世話を焼かれた新人たちでした。新しさの存在であった者たちが、自分たちを乗り越えてゆく存在を登場させ、独自の存在として承認し、面倒を見、ときには立ち塞がったり張り合いを演じたりして相手を成長させ、次の時代を担ってゆく存在となるべく、後押しすること。そのような尽力によって、はじめて世代交代は成り立つのです。

　では、そのような承認と世話は、いかにして可能なのでしょうか。それは、自分たちが永久にこの世界の担い手であるわけではないこと、いずれ自分たちはこの世界を去り、次の世代にバトンタッチしなければならなくなるのだということが、多かれ少なかれ自覚されていることに因《よ》ります。いつまでも自分は若いと信じて疑わない人は、新しさの存在という主役の座を降りようとはしないでしょう（エリクソンの言う「自己没入」という中年の危機）。自分はもう子どもでも若者でもなく、次世代に席を譲らなければならない時を迎えているのだ、という自覚。そういう「老いつつある存在」の引き受けが、「中年」を特色づけるのであり、そこにやどる可能性が、世代出産性という語には表わされているのです。

　始まりと終わりのあいだを生きているわれわれが、死への存在としておのれの有限性を直視し、老いつつある存在を引き受けつつ、始まりへの存在として世界に新しさをもたらす者たちの台頭を認め、彼らに道を譲り、彼らを世話すること。そのような終わりの先取りもまた、「死への先駆」の一つのかたちなのではないでしょうか。

　ハイデガーは「死への先駆」を説明するさい、興味深い示唆を与えています。死は自分にとって「追い越しえない可能性」であるほかないが、他者にとってはそうではなく、むしろ他者とは、まさに私の死を乗り越え、私を踏み越えてゆく存在のことである。つまり、他者によってそのように自分が追い越されることを認め、その非力さの自覚のもとに、自分の為すべきことと為すべきでないことを弁《わきま》え、自己にふさわしい実存可能性を冷静に見極めてゆくことが、「先駆」というあり方には属しているのだ、と。自分のわがままを押しつけて他者の可能性を奪ったり抑圧したりする出しゃばりな態度ではなく、他者の可能性を承認し見守るという自己放棄の態度こそ、先駆にはふさわしいのだ、と。これはまさに、世代交代の素養となる徳性だと言ってよいでしょう。言いかえれば、世代出産性の根底には、「可死性（mortality）」つまり死への存在が、ひそんでいるのです。

五　ターミナルケアとイニシャルケア

終わりへの存在にふちどられて、人間の世代交代ならびに世界形成と世界継承は、はじめて可能となります。しかしそれだけではありません。終わりへの存在が世界を託す相手とは、始まりへの存在であり、つまり新しく生まれ出ずる者たちです。彼らの始まりを拓く力を、アーレントは「出生性（natality）」と呼びます。世代出産性は、可死性と出生性という人間の基本的条件の掛け合わせによって引き起こされる「混成的（hybrid）」な実存可能性なのです。つまり、終わりへの存在が、始まりへの存在を世話すること、ここに世代出産性の本質はあります。だとすれば、それは終わりへの気遣いであるとともに、始まりへの気遣いでもある、と言えるでしょう。「ケア」の概念を、「終わりへの気遣い（terminal care）」のみに限定するのではなく、「始まりへの気遣い（initial care）」にまで拡張することが、重要だと思います。ここでの「終わりのケア」が終末医療のみを意味するのではないのと同様に、「始まりのケア」は、初期治療を意味するわけではありませんし、産科や小児医療のみを意味するものでもありません。始まりと終わりのあいだを生きる人‐間の相互的気遣いは、始まりへの存在と終わりへの存在の共同事業として、世代交代と世界継承を産み出します。

だとすれば、「ターミナルケア」は、「イニシャルケア」と一体となってはじめて、人間的共存の本来形をなす、と言えるのではないでしょうか。

第二章　出産と世話の現象学
――死への先駆と世代出産性

一　死と誕生から世代へ

『存在と時間』でハイデガーは、「可能性」を、実存カテゴリー――われわれ一人ひとりがそのつどそれである存在者たる「現存在」の存在規定――として重んじ、「最も根源的で最終的な、現存在の積極的な存在論的規定性」（SZ, 143f.）だとした。この可能性重視の考え方は、死を可能性として概念規定するさいに、端的に表われる。すなわち、「最も固有で、没交渉的で、確実で、それでいて無規定的で、追い越しえない、現存在の可能性」（SZ, 258f.）。この「実存一般の不可能性という可能性」（SZ, 262）が、徹頭徹尾「可能性として持ちこたえられる」（SZ, 261）ような、本来的な「死への存在」のことを、ハイデガーは「死への先駆」と名づけ（SZ, 262f.）、かつ、そこから汲みとられた「有限的時間性」を、存在論の基底に据えたのだった。

ハイデガーを読むとは、この「終わりへの存在」にどう付き合うか、という問いを突きつけられることを意味する。そこから目を逸《そら》せば「非本来的」だと判別されることまで、ご丁寧にも織り込み済みである。だが、ハイデガーの最良の読み手たちは、ヘビに睨《にら》まれたカエル然と死の前に佇《たたず》むことを潔《いさぎよ》しとせず、それとは別様の実存理解へと赴いていった。ここに、ハイデガー以後の現象学の可能性が拓かれたのである。

そのハイデガー自身、『存在と時間』の歴史性の章で、「終わりへの存在」とは別に、「始まりへの存在」（SZ, 373）という言い方をしており、「誕生の哲学」がそこに胚胎していたことが分かる。始まりに着目しつつ「出来事について」思考することを、ハイデガーとは別の仕方で引き受けた現象学者の一人が、アーレントである。『人間の条件』の第一節で、「可死性」に匹敵する人間の条件として「出生性」を打ち出し、「政治的思考の中心カテゴリー」に据えたのは（HC, 9）、ハイデガーとの対決を志《こころざ》してのことであった。その場合、「可能性」というより、むしろ「偶然性」が、存在様相として重視されることとなる。(1)

死が、老衰して末期《まつご》を迎えるときにはじめて問題となるのではなく、可能性としてつねにすでに誰の身にも切迫しているように、誕生は、生まれたての赤ん坊のみを特徴づけるのではなく、われわれが共同世界へ参入しあらたな始まりを迎えることが、そのつど「第二の誕生のごときもの」（HC, 176）なのである。生まれ出ずる者たちの孕む「出生性」が、そのように、ふと――「独立なる二元の邂逅《かいこう》」（九鬼周造）のはずみで――現実化することが、イコール「活動」なのだ。伸《の》るか反《そ》るかのアクションは、不発や挫折や破滅を引き起こす危うさを秘めている。

「可能性の実現」モデルと似て非なる「偶然の出来事」は、それゆえ不確定性を免れない。事を為す者は、可能事《ポテンシャル》にとにかく挑んでみるという勇気ある率先行動のみならず、勃発する偶然事《アクシデント》を持ちこたえるというねばり強い構えを、いったん事が為されるやいなや、のちのちまで求められる。偶然性の根絶が活動そのものの否定である以上はそうである。そうした事後的耐久力は、交わされた「約束を守る」という活動に端的に表われるが、それにとどまらず、活動全般を時間的に制約するものである。始まりは、生み出されたあと、助けられ、支えられ、育まれ、守られることで、はじめて始まりとして成就する。始まりとして瞬間に産声《うぶごえ》を上げるものでありつつ、それが出来事となり歴史として稔《みの》るには、幾重もの伸び広がりをもつ時間地平がなくてはならない。

言いかえればこうなる。始まりを生み出すことは、単独では為しえない。「独立なる二元の邂逅」から出来《しゅったい》する活動は、「複数性」を条件とする。このことは、事後的にもそうである。誕生という出来事が、赤ん坊を受け入れる側なくしてありえないように、あらたな始まりは、それがあとあとまで存続するように、しぶとく保たれ、受け渡されてゆくべきなのである。放っておけばすぐ滅びてしまう人間の業を保持してゆくには、多くの人びとの連帯が不可欠であり、のみならず、個々人の生死を超えた共同事業という形での、のちのちまでの連係プレーが求められるのである。

ここに浮上してくる問題現象が、「世代」である。死と誕生の先に、世代問題が再燃する。可死性と出生性の間に、死を超えるものとして、世代間連携の地平が拓《ひら》けてくる。

周知のとおりハイデガーも、『存在と時間』の歴史性の章で、「世代（Generation）」を一個の実存論的概念として打ち出そうとした（SZ, 385）。アーレントの言う「世界」も、相前後する世代間で「共通なもの」として共有されるものであった（cf. HC, 55）。この世代という現象を、一個の実存カテゴリーとして彫琢《ちょうたく》することが、肝要となる。

以下では、この課題を、E・H・エリクソンの「世代出産性（generativity）」という注目すべき概念に着目することで、果たしてみたいと思う。ハイデガーとアーレントの現象学、とりわけ可死性と出生性という一対の概念に拠りつつも、エリクソンの豊かな心理学的洞察を引き継ぎ、超越論的現象学にも発生的現象学にも回収することなく、「ジェネラティヴィティの現象学」の可能性を拓くこと、これが目標である。(2)

だが、そのためにはまず、「世代出産性」の概念に習熟する必要がある（二）。次いでその内実に、「始まり」を産み出すという角度からアプローチする（三）。さらにそこから、ハイデガーの「死への先駆」の拡大解釈に挑む（四）。最後に、「出産と世話の現象学」の可能性の広がりに、少しばかり目を向けてみたい（五）。

二　「中年」の問題現象

世代という共同実存的な現象は、言うまでもなく、個人の生涯における年齢や年代という規定と関係している。次の文章は、ハイデガーが一九三二年頃、あるノート――先頃ようやく公表された通称「黒ノート」――にひそかに記した言葉である。

秋――とは、死んだり衰えたりすることではなく、消え去ることでもない。――とはいえ、燃え尽きんとする灼熱の炎が、その灼熱を凝縮させつつ、目覚め発展しようとする新しい時代のたしかな沈黙のうちへと沈み込む、ということならあろう。——噴出しつつある存在の汲み尽くしがたい偉大さに、確固たる歓喜をおぼえることの控え目さを獲得する、ということなら[3]。

ニーチェを思わせる詩的なアフォリズムである。一九二七年に『存在と時間』を著して注目を浴び、その後いわゆる形而上学三部作を矢継ぎ早に公刊、フライブルク大学を代表する教授として精力的に活躍中であった四十歳過ぎの哲学者が、その心中を綴っている。壮年期ハイデガーの心象風景、そこには円熟の境地の自覚がある。

「円熟」——これは、『存在と時間』では肯定的に語られなかった境地である。たとえば、果実なら「成熟」という「終わり」があり、それが「完成」を意味するのに対し、実存は、その終わりである「死」でもっては完成に至らず、むしろ可能性を奪われる。未完成の現存在だって終わるし、逆に、死ぬ前に、成熟をとうに踏み越えてしまうこともある。「現存在はたいてい未完成のうちに終わるし、もしくは崩壊し憔悴《しょうすい》して終わる」(SZ, 244)。われわれは存在するかぎり「途上」にある。これが「死への存在」の含意であった。

だが、今挙げた手記に洩らされた中年ハイデガーの境涯には、明らかにそれとは違う調子が聴きとれる。言ってみれば、死へと先駆しつつ生を完成させる力のみなぎりを、自己のうちに感じていたように思われる。ここに語られた「控え目さ(Verhaltenheit)」が、一九三三年の学長就任という難行へ向かわせる根本気分となった点に注意したい。思索にも年頃というものがあり、それが置かれた時代のめぐり合わせの布置というものがある。

さて、まえおきはこの位にして、世代の問題を考えるうえでのキーワード〝generativity〟の理解に努めよう。この語は、一九三三年ドイツからアメリカへ移住したユダヤ人の一人、エリクソン（Erik Homburger Erikson, 1902-1994）の鋳造した、発達心理学上の概念である。エリクソンは、フロイト譲りの幼児期性欲発達段階説を発展させた『幼児期と社会』（一九五〇年初版）で脚光を浴びた精神分析の臨床医にして理論家であり、すでにこの処女作には、有名すぎるほど有名になった〝identity〟の概念も提起されている。思春期（青年）には「自分自身の感じている自分と比較して、他人の目に自分がどう映っているか」[4]という意味での「アイデンティティ」つまり「自己同一性」が第一の関心事となるのに対して、成年期（大人）に問題となるのが、「ジェネラティヴィティ」なのである。

この語をどう訳すかが大問題なのだが、まずはこの語が導入された箇所を見てみよう。

本書では、幼児期の段階に重点が置かれている。さもなければ、generativity に関する章が必然的に中心となったであろう。というのも、この語によって包含される発達進化は、人間を、学ぶ動物にしてきたばかりではなく、教えたり事を始めたりする動物にしてきた当のものだからである。〔……〕成熟した人間は、必要とされることを必要とする。つまり、成熟は、産み出されたもの、世話をされなければならないものからの励ましはもとより、導きをも必要とするのである。とすれば、generativity とは、第一次的には、次の世代を確立させ、導くことへの関心である。とはいえ、不運ゆえに、あるいは別の方向に特殊な本物の才能をもつがゆえに、この欲動を自分自身の子孫のために用いない人もいる。それどころか実際、generativity の概念は、生産性や創造性のような、より頻繁に使われる類義語をも含む包括的な意味をもつ。かといって、そうした類義語では、この概念の代わりは務まらない(5)。

ここから読みとれるのはまず、(1)generativityは、人間的発達を考えるうえで中心テーマであること、(2)とりわけそれは、学ぶ－教えるという相互関係に関係すること、である。しかもその場合、(3)「教える」立場にあり「世話」する側にとって、世話される側の存在と働きかけが必要であること、が強調されている。世話される相手が、「励まし」や「導き」といった世話を必要とするのは言うまでもないが、のみならず、世話する側自身にとっても、相手からの激励や指導が不可欠だという。ここでさっそく指摘されている「世話（care）」の相互応答性が、以下の考察の中心となろう。ともあれここでは、「成熟（maturity）」とは、自給自足を意味せず、その反対に、他者から依存されるという仕方で他者に依存すること、つまり相互依存の関係を要求する、とされている点に注目しておこう。

さて、問題は、ジェネラティヴィティという術語を、どう訳すかである。

productivity（生産性）がproductionから、creativity（創造性）がcreationから、そしてprocreativity（生殖性）がprocreationから、それぞれ来ているように、generativityはgenerationから来ている。だがそのgenerationという語がじつは曲者《くせ》で、「世代・同世代の人びと」と並んで、「発生・生殖」「産出・生産」という意味がある。generationalなら「世代的」と訳せるが、generativeという形容詞は、もっぱら「生殖の・繁殖力のある」という意味である。たとえば、the generative organs（生殖器官）。genitalだと、いっそう端的に「生殖器の・性器の」という意味であり、精神分析の用語法でgenitalityと言えば「性器性欲」の意であり、pregenitality（前性器性欲）の段階から見れば、成熟を意味する。

　このように、generativityとは「性」にまつわる事柄を表わす。ドイツ語では、Geschlechtという厄介な言葉が、「性・性別」「種属・類」「一族・家系」のほか、「世代」という意味をもつのと似ている。性現象としてのgenerativityを、しかし、かつてのように「生殖性」とあっさり訳したのでは、procreativityと区別がつかなくなる。子を産み、儲《もう》けるという「生殖」の営みにとどまらない、「生産」や「創造」の活動を幅広く包含する、広義の「出産」という意味が、そこにはあり、しかも、新しく生まれ出たものたちを、養い育て、教え導き、成長させるという、次世代育成の意味が、generativityには含まれている。学問、芸術はもとより、技術、政治、宗教まで含めた、人間文化全般に関わる事柄の創成と継承に関わるのが、ジェネラティヴィティという豊饒な力能なのである。かといって、これを「世代性」と抽象的に訳すと、今度はもともとの生殖の意味合いが、抜け落ちてしまう。「世代継承性」でも「世代生成力」でも、まだ足りない。そこで以下では、この複義的な語を、生硬さを免れないのは承知のうえで、「世代出産性」と訳すことにする。[6]

　「世代」という概念はもともと、同じ時代に生まれ育った人びと、つまり「同世代」を集合的に意味する。また、子どもが大人になる期間である三十年周期という、時代規定の目安となる時間単位の意味をもつ。のみならず、世代を単一で考えるのは意味をなさず、つねに複数性において、つまり「世代交代」という文脈で考えられねばならない。generativityとは、まさにこの世代の複数性を含意する概念なのである。エリクソンはこの語を説明した別の箇所で、「世代を跨《また》いだ・世代横断的(cross-generational)」という形容を用いている。[7]「間世代的（inter-generational）」に劣らぬ含蓄のある言い方であろう。

このように、「世代」というそれ自体ふくらみある言葉を、いっそう広がり豊かに考えるのに適した概念が、「世代出産性」なのである。だが、この「全般的な世代出産性の多様な側面[8]」に立ち入る前に、それが本来属している人生の特定の段階を、やはり確認しておかねばならない。

エリクソンの発達段階説では、人間の一生は、幼児期（infancy）、児童初期（early childhood）、遊戯期（play age）、学童期（school age）、思春期（adolescence）、成年前期（young adulthood）、成年期（adulthood）、老年期（old age）の八つに区分される。世代出産性はこのうち、最後から二番目の成年期に固有な「力（strength）」である。最終ステージに近いとはいえ、通常その期間は一番長く、次世代を育て上げる期間の三十年以上にわたる。「大人であること《アダルトフッド》」は、誕生と死のあいだ、若年と老年のそのまた中間現象であり、まさに「中年」である。世代出産性という「欲動・精力（drive）」が旺盛だという意味では、「壮年期」という日本語表現も捨てがたい。

人生の半ば、壮年期を迎えた大人は、どのような「力」を発揮するか。「次の世代を産み出し、育て上げること」だ――これが、エリクソンの答えであった。この力を現実化するあり方が、「世話（care）」と呼ばれる。「ケア」が中年にとっての問題現象であることが、ここに告げられている。

アーレントは『人間の条件』において、「出生性」という人間の条件の「現実化（actualization）」が、「活動（action）」だとしていた（HC, 178）。この言い方を当てはめてよいとすれば、「世代出産性」という人間の条件の「現実化」が、「世話」だということになる。逆に、世代出産的あり方が不発にとどまる不調状態――中年の「危機」――は、「停滞（stagnation）[9]」と呼ばれる。経済の用語では、「不況、不振、景気停滞、不景気」を表わす言葉である。あえてハイデガー式区別を持ち込めば、「停滞」は、大人であることの「非本来的」存在様式をなす。

いささか先走りした感があるが、以上の予備的考察をもとに、「世代出産性」の概念を、いっそう大胆に捉え返してゆくことにしよう。

三　ハイブリッドな概念

中年は、若さと老いとの「あいだ」である。「もう若くはないが、まだ老いてもいない」という移行的、漸進的な「中間」現象である。なるほど、過渡現象という点では、発達段階とはどれも多かれ少なかれ前段階と次段階の混淆《こんこう》だし、程度の差や個人差も大きい。だが、世代出産性という規定は、一過的、相対的な個人の問題にとどまるものではない。われわれは、ある同世代に属するだけでなく、前の世代から後の世代へと続く、連綿たる、しかも断絶を孕んだ世代交代という共同事業の一翼を担う成員でもある。各世代がその意味での「あいだ」をなすことが、世代出産性という考え方には含意されている。

生物は一般に、種として世代交替を繰り返す。そこに種の同一性のみを見出すか、変異や飛躍を見出すか、はさておくとして、そのような生物学的生命の種的連続性を産み出すのが、生殖である。そのレヴェルでも語られる generation の営みに、生物種としてのヒトも、倦《う》まず励んできた。だが、それにとどまらない所産を創り出し、世界を打ち建て、また、物語を出来事として生ぜしめ、歴史として引き継いできたのが、人間である。

世代出産性という概念は、生物としての生命《ゾーエー》と物語られる人生《ビオス》のどちらにも等しく関わるという点で、「混成的（hybrid）」である。だがそればかりではない。死と誕生によってともに規定されている点でも、ハイブリッドなのである。

世代という実存現象は、まずもって出生性と複数性を条件として成り立つ。「生まれ出ずる者たち」が織りなすのが、世代である。世代出産性は、そのような「始まりへの存在」を、産み出し、受け入れ、養い育てる力である。出生性と世代出産性とが組み合わされて、対をなした相互交渉が「世話」なのである。その一方で、およそ世代なるものは、被投性と可死性の刻印を色濃くおびている。自ら選んだわけでもないまま、一定の世代に属する者として生まれ、育つこと自体、被投性に規定されていることを意味する。さらに、可死性も、世代の「可能性の条件」に属する。一つには、旧世代が退場しなければ次世代の参入が阻害されるということもあるが、そればかりではない。「死すべき者たち」が、おのれの退場ののちにも、現にある世界が存続することを欲し、そのために尽力するということ、しかもその世界の存続を、新人たちに託し、任せるということが、世代交代の可能性を、ともに形づくるのである。「死への存在」の引き受けとしての世代横断的共同事業は、世代間の「遣り合い（Zuspiel）」として、断絶と継承の双面をそなえている。

このように、世代出産性は「始まりへの存在」と「終わりへの存在」によってともに規定されている。その意味で「雑種的《ハイブリッド》」だが、だからといってそれらの要素に還元されてしまうのではなく、高度に独自性を示す。それどころか、複数性における時間性のまったき時熟をなすのが、世代出産性の発揮としての「世話」である。まずは、始まりを産み出すという「世話」の面から考えてみよう。子どもというテーマがそこに浮上する。

世代出産性は、「世話」という仕方で現実化するだけの時間的伸び広がりをもつ。何か新しいものを産み出すことは、その産出だけで完結するのではない。そこに生まれたものが、野垂れ死にしないで成長し、やがて一人前になって独立するまで、面倒をみなければならない。この時間的継続性を、物の制作の場合と対比させてみよう。

物は、何かの用途のために作られる。作られた物は、使われる。制作には、使用が後続するのである。既成の物世界に、耐久性をもつ物が一つ付け加わることになる。この場合、制作と使用は、手段－目的のカテゴリーの連鎖にあくまで組み込まれたままである。使われるということがなければ、作られるということはそもそも意味をなさない。

これに対して、子どもは目的ではなく、生殖という生産活動は手段ではない。産むことと育むこと、子作りと子育ては、物作りにおけるような手段－目的の連鎖をなしてはいない。では、その違いはどこにあるのか。これは、「人格」とは何か、という大問題だが、ここでは、ひとまずこう答えておく――そこに「応答」があるかどうかだ、と。

育てることとは、産んだことの結果ともいえるが、産むことと別の営みではなく、産むという仕方で始まったことの継続である。これは、物の制作がその過程の完結によって一定の終わりを迎えるのとは異なる。産んだら終わりではなく、産んだら育てるというふうにその営みが続いてゆく。親の製造責任という言い方ではまだ足りない。親はむしろ、子育てによってはじめて「親となる」。「世話」とは、「大人となること」なのだ。

成熟の過程としての、つまり世代出産性の現実化としての、「世話」。この「大人となる」という完成化現象を解きほぐすには、産み出され世話をされる側である「子ども」のありようについて、少し立ち止まって考えてみなければならない。

子どもを前にして、現に大人として（偉そうに）ふるまっている者も、かつては子どもであった。誰もが、往時は（いたいけな）子どもとして、目の前で大人が自分という子どもに対してふるまう場面に居合わせたという経験をもつ。そういう往年の大人の立ち位置に、当時は子どもであった自分が、現に今「なり代わっている」ことに気づく。それればかりではない。今目の前にいる（いたいけな）子どもも、いずれ成人し、子どもを産み育てる側に回ることになる。そのとき、大人となった彼らは、現に自分がいま大人として（偉そうに）ふるまっているその立ち位置に、「なり代わる」のである。

このように、既在と将来の地平をはらんだ時間的な重層構造が、今この瞬間の「世話」のうちに凝縮している。これは、既往の経験を癒しがたい傷として引きずっているか否かとは別のことであり、現在の出来事が尾を引いて禍根を残すかどうかとも別のことである。そのような帰結を俟《ま》たずして、今現に起こっている大人－子どもの応答関係が、そのつど複数性における既在と将来の地平をもつ、ということなのである。「大人となること」にひそむこの時間性の奥行きを、個別の親子関係から出発して複数性における世代関係へと広げるべく、まず子どものほうから記述すると、次の三相が区別される。

（1）自分の子ども

（2）かつて子どもであった自分自身
（3）現にいる子どもたちと、これから生まれてくる子どもたち

複数性における世代関係を考えるうえでは、現在の子ども世代および将来の子ども世代を意味する（3）が、基本となるが、その根底に、（1）の親子関係、さらに（2）の既往の自己との関係が横たわっていることに注意したい。（2）の「かつての子ども」と関連して、当時の大人、つまり自分の親、ひいては親たちの世代も、ともに呼び出されてくる。そしてその背景には、先行世代の広大な連鎖が控えている。ともあれ、（1）、（2）、（3）という相をもつ「子ども」の相関者として、「大人」がそれぞれ次のように規定される。

①現に生まれ、育っている子どもに対する「親」であること
②かつて子どもであったという既在性をもつ「大人」であること
③子どもをはじめとする子孫の世代にとっての「父祖」であること

子どもを産み、儲けるということは、それをもたらした生殖の営みの続行として、その子どもを養い育てる、ということを意味する。「親」としてのこの応答には、相応の責任が帰せられるし、子作りおよび子育ては、子が成長したあかつきに利用するためといった目的には解消されるべくもない。世代出産性における応答関係が、この（1）-①を基本軸とするのはもちろんだが、それに尽きるも

のではない。親として子どもに接することではじめてわれわれは、かつて子どもであった自分に対面するのであり、そのような仕方でかつての自分自身に応答するのである。これはなにも幼年期への退行ではない。親として子どもに接し、かつての親のふるまいを参照軸として子どもを世話することで、かつての自分とは別人の「大人であること」へと、はじめて脱皮することができる。子どもの頃には、この自己の二重性は予想されていなかった。自己に対して距離を置くという屈折が自己の二重化には必要だが、それは素朴な子ども段階には望めないからである。

自己との応答関係である（２）－②の地平を、自己のうちにみなぎらせることこそ、「大人となること」にほかならない。そのレッスンを与えるのが、「親となる」経験なのである。同じことは、「親方」や「先輩」や「先生」といった、後進の世話を焼く先行者の役回りにも、当てはまるだろう。広い意味で「後継者」を見出し、一人前に育成することが、そのような「成熟」のレッスンと考えられるのである。

すでにふれたように、目の前にいる子どもを通して、かつて子どもであった自分自身に出会うことは、子どものときに接したかぎりでの自分の親の姿を、また親たちの属する世代のありようを、そこにともに見出すことでもある。（２）－②の応答関係は、自己への回帰であるかに見えて、そこから既在性の地平が広がってゆく突破口となりうる。

既在は同時に、将来の地平を同時に生起させる。親と子の我－汝《なんじ》関係は、その子が現に属している子どもたちの世代との関係に連なり、のみならず、彼らに続いてやがて生を享けるであろう将来の子どもたちの世代との関係に連なってゆく。（３）－③の応答という仕方で、連綿たる世代交代のただ中におのれを見出すことは、自分の属する固有世代という足元を見つめ直すことへとおのずと波及していくだろう。

親子関係というのは、基本的に「私的」な間柄であり、それがそのまま公共性をなすということはないし、あってはならない。だが、いま見たような意味で、親子関係が複数性における世代関係へと広がりをみせるかぎりにおいては、「子をもつこと」が、公的なものへと開かれる通路となる面があることに気づく。「大人となること」は「市民となること」の条件でもある。親密な「愛」の段階では生ずるべくもなかった公共性の次元が、二人の間に「子ども」が生まれることによって生ずる、という事情は――同時にそれは愛の変質もしくは終わりを意味するが――、アーレントも指摘していた。[10]家族という単位が安定してはじめて――たとえば、私有財産が保証されてはじめて――、それを超えた市民的連帯をもつ共同体も確保される、という公‐私の本来的相互帰属の間柄が、ここにも顔を覗かせている。性という私秘的現象に根ざす世代出産性は、「世話」という形で現実化されるとき、優れて公的な関心事――社会問題ではなく――となりうるのである。こういうところにも、世代出産性をハイブリッドと形容したくなるいわれがある。

それはともかく、以上見てきた（1）‐①、（2）‐②、（3）‐③の応答関係において、「親であること」、「大人であること」、「父祖であること」の三相が、世代出産性の発揮たる「世話」という営みのうちで錯綜し混成し合い、全体としておのずと時熟するということが明らかとなった。ここに「成熟」という現象が真正に見てとれる。逆に、世代出産性の失調としての「停滞」も、そこから逆さ透かしされてくることであろう。

四　死への先駆ふたたび

世代出産性がハイブリッドであるゆえんは、まずもってそれが出生性と可死性の双方によって制約されていることにある。本論は、この見立てに沿って動いてきた。前節では、「子ども」との連関において「成熟」というテーマを考察したが、次にいよいよ、「終末」という生のもう一つの側面に目を向けるべきときである。

エリクソンの世代出産性の概念を現象学に導入することで得られるメリットの一つは、「死への存在」の本来形とされた「先駆」という未決の問題に、その角度からアプローチできる点にある。勇ましそうな観念に乗せられて前のめりになるのではなく、事柄そのものへと冷静に赴くためには、「大人であること」について反省する必要がある。

だが、「死への先駆」をエリクソンの世代出産性の概念から再考する試みに対しては、それは見込み違いだと言われかねない事情がある。一つには、実存の汎通的規定であるはずの「死への存在」を、人生の一段階にのみ当てはめて論ずるのは不適切だ、とする原理派《ハイデゲリアン》からの異議がありうる。他方、それとは逆の立場から、しかもいっそう深刻に見える、もう一つの疑問が呈されよう。エリクソンの発達段階説からすれば、ハイデガーの言う「先駆」は、成年期に固有な世代出産性と世話よりはむしろ、最終段階たる老年期にそなわりうる「統合（integrity）」という力、またその発揮としての「英知（wisdom）」に、はるかに適合的だ、と考えられなくもないからである。老エリクソン自身、老年期について魅力的な考察を多く残した。たとえば次の一文などは、「死への存在」という概念の肉付けとして絶好であるかに見える――「英知とは、死そのものを目前にしての、生そのものに対する超然とした関心である」(11)。死に襲われようとする生そのものを「全体的（integral）」に睥睨《へいげい》する老年にのみ望みうる円成《えんじょう》の境地、そこに実存の「全体性」が宿る――といった解釈は、それなりに興味深いものとなるだろう。

だが、われわれはそのような解釈方向は採らない。あくまで世代出産性をテーマに据えて、その射程内に「死への存在」の本来形を見出す可能性に賭けたいと思う。そのさい、死への存在との組み合わせにおいて「始まりへの存在」を捉え、そこから世代の問題へと踏み出してきたこれまでの方針が、堅持されなければならない。

われわれ生まれ出ずる者たちは、第一の始まりである誕生の事実への応答として、共同世界へ新たに身を投じ、何かを始める。出生性の現実化としての「活動《アクション》」とは、そういう意味であった。これに応じて、世代出産性の現実化もまた、既在の自己への応答として理解できるということが分かった。おのれの産み出したものを「世話」するとは、かつて大人たちに養われ成長してきた自身の歩みへの応答として、自分とは異なる新しい存在を育成し独立させることでみずから大人となる、ということなのである。新しく生まれた者たちに対する世話は、自分で産み出した始まりを始まりとして存続させることであり、自身始まりへの存在である自己に対する、れっきとした世話である。そのようなケアは、他者への顧慮であるとともに、自己自身への気遣いなのである。しかも、素朴さを脱して大人となる自己変様をもたらす、という強い意味において再帰的である。

ハイデガーにおいて現存在の自己存在を構成するとされた「気遣い（Sorge, cura）」概念を実り豊かなものとするには、他者のみならず自己への応答をそこに見てとることが重要だと思われるが、そのような応答性は、「死への本来的存在」にも、紛れもなく見出される。始まりを為すことが誕生の事実に対する応答であるように、死への先駆とは、死への被投性によって規定された自己自身に対する応答の仕方だからである。それは、端的な実存不可能性である死を、あくまで可能性として持ちこたえ、それから翻ってそのつどの状況内行為の瞬間をわがものとして摑みとることであった。

では、そのような「終わりへの存在」に応じた世代出産性の現実化つまり世話は、いかなるものでありうるか。――これが問題である。ここから、臨死の看取りや終末医療といったテーマへ向かうことは慎みたい。ここは、世代出産性は新しい世代の育成を事とする、という現象的実情に踏みとどまり、こう問うてみよう。始まりへの存在の応答関係のただなかに姿を現わす「終わりへの存在」とは、いかなるものであろうか、と。

始まりと終わりの共属、ということから考えよう。何かが始まるとき、何かが終わっている。「大人となること」が始まるとき、つまりわれわれが中年に達したとき、「子どもであること」も「若者であること」も、終わりを迎えている。気がつけば、自分はもう幼くも若くもないのであり、着実に年をとりつつある。まだすぐ退場というわけでもなさそうだが、これから台頭してゆく次の世代に、徐々に主導権を渡すということなら、たしかにある。新人たちが新しく始めるとき、旧人たちはどのように「介入」するか。危なっかしいときには、お節介も必要だろう。余計なお世話呼ばわりされることを甘んじて受けねばならない時もある。だが、積極的介入だけが世話を焼く側の取り柄というわけでもない。何もしないで傍らでただ見守る、という「控え目さ」が求められる場合がある。

黙ってじっと見守る、という意味での「させること（Lassen）」。この「無為」も、始まりに対する立派な応答なのである。新しい世代を、創り、導くだけでなく、受け入れ、あるがままに認め、許容し、放任すること。世代出産性の力能には、そのような発揮の仕方もありうる。子どもの「面倒を見る」というよりは、若者の「成長を見守る」という意味での「世話（care）」であり、「顧慮的な気遣い」である。言いかえれば、何かを「してあげる」のではなく、「あえてしない」ことであり、「譲ること」である。

終わりへの存在を自覚した者が、その終わりを先取りしつつ、道を譲って引き下がり、後進に将来を託し、委ねること。死への存在のそういう「本来形」というものがあってよい。いつまでも自分が前面に出ることばかり考えるのではなく、前線から退くこと。引き際が肝腎。これは、あとは野となれ山となれ式の無責任な不作為とは異なる。次世代を見守ることが、そのまま応答＝責任となる。そういう「世話」の流儀があること自体は認められるとして、次に問題となるのは、それを「死への先駆」と関係づけてよいものか、である。じつに、『存在と時間』の記述には、いわば「先駆的な控え目さ」とでもいうべき発想が見出されるのである。

簡単におさらいすることから始めよう。

「死への先駆」といった奇想天外な考えが持ち出されたのは、現存在の「全体存在しうること」つまり「全体性」を、確保するためであった。「不断の非完結性」（SZ, 236）をはらんでいるからといって、現存在にふさわしい「全体性」がありえないということにはならない。逆である。「死への存在」は、欠如を意味するどころか、実存の全体性が汲みとられる現象的基盤をなすと、そう考えられたからこそ、死の実存論的分析がそもそも着手されたのである。それは、終末かつ目的である完璧性を意味する「テロス」という伝統的存在概念とは異なる、全体存在を新たに見出そうとする存在論的探究であった。

死への先駆は、「最も固有」、「没交渉的」、「追い越しえない」、「確実」、「無規定的」という、死の実存論的概念に沿って一歩一歩描き出されるが（SZ, 263-266）、なかでも「追い越しえない可能性」としての死への先駆の性格づけに、「全体性」が浮かび上がってくるしくみになっている。そのくだりに注目してみると、死すべき身ゆえの「あるがままにさせるはたらき」――いわば先駆的譲歩――の次元が暗示されていることが分かる。

まず、追い越しえない可能性への先駆は、「おのれ自身を放棄することが、実存の最も極端な可能性として現存在に切迫していること」を、「現存在に理解させる（verstehen lassen）」（SZ, 264）。「先駆は実存に、最も極端な可能性として自己放棄（Selbstaufgabe）を開示する」（SZ, 264）。可死性という分限を弁えた者ならではの、我執《がしゅう》的自己主張の断念という意味に解せる「自己放棄」という言い方に注目したいが、これだけでは、「させる（lassen）」を、放任的世話という意味にまで解釈することは難しい。だが、ニーチェからの引用に続く次の記述は、もっと踏み込んで他者との関わりを語っている。

終わりのほうから規定された、すなわち有限的なものと解された、最も固有な可能性に向かって自由になることで、現存在は、次の危険を払い除《の》ける、つまり、自分の有限な実存理解を追い越していってゆく他者の実存可能性を、自分の実存理解のほうから誤認したり、あるいは、そうした他者の実存可能性を誤解して、自分自身の実存可能性のほうへ無理やり押し戻したりして――その結果、最も固有な事実的実存を手放してしまう、といった危険がそれである。没交渉的な可能性として、死は単独化するのだが、それはひとえに、追い越しえない可能性として、現存在に、他者の存在可能を共同存在として理解させる（verstehend machen）ためなのである。追い越しえない可能性への先駆は、その手前に広がっているすべての可能性を、ともに開示するがゆえに、先駆のうちには、全体的な現存在を実存的に先取りする可能性が、すなわち全体的な存在可能として実存する可能性が、ひそんでいる。（SZ, 264. 強調は引用者）

　長い引用となったが、以上の三文のうち、最後の一文には、追い越しえない可能性への先駆が現存在に全体性を確保する旨が、はっきり述べられている。その一つ前の文章では、他者の実存可能性を、先駆は現存在に「理解させる」とされている。もちろんこの「させる」も、それだけでは、他者への顧慮としての「させる＝任せる＝しない」と解することはできない。とはいえ、死は「没交渉的」な可能性でありながら、他者の実存可能性を現存在に理解するよう促すのであり、しかもそれは死が「追い越しえない」可能性だからだ、と説明されている点は重要である。では、追い越しえない可能性としての死が、他者の実存可能性を開示する、と言えるのはなぜか。

　その理由は、引用箇所前半の長い一文で語られる「危険」に示唆されている。他者に過剰に介入し、その実存可能性を封じてしまう、この余計なお世話的危険を逆手にとって、本来あるべき共同実存のかたちに書き換えれば、こうなる――「自分の有限な実存理解を追い越してゆく他者の実存可能性を、自分の実存理解とは別個のものとして許容し、承認し、そしてそれを、他者自身の実存可能性として、本人に任せ、放っておき――その結果、最も固有な事実的実存を自分でも摑みとる」ことだ、と（傍点部が変更箇所）。ここにようやく、われわれの求める「控え目な世話」の姿が垣間見えてきたと言えるだろう。

だがそれにしても、そうした「容認」や「放任」は、いかにして可能なのか。それは、他者の実存可能性が「自分の有限な実存理解を追い越してゆく（überholend）」ものであることを、受容することにもとづく。自分には、自分の死の可能性を追い越すことは決してできないが、他者は、その追い越し不可能性の埒外《らちがい》にある。他者は、私の有限性を追い越してゆくのであり、少なくともその可能性をもつ。そう、自分を追い越す可能性をもつ者として理解される存在こそ、他者なのだということが、ここには示唆されている。

死という終わりは、各自にとって決して乗り越えられない「限り」である。その有限性の自覚は、同時に、自分とは異なる実存可能性をもち、自分の死を追い越してゆく他者、つまり自分の可能性の限界を跨ぎ越える可能性をもつ他者を承認することでもある。私の死を超えるもの――それはまずもって、私の傍らにいる他者たちなのである。この厳然たる事実をゆがめることは、どうあがいてもできない。

だとすれば、他者の可能性を承認したり放任したりするのは、贔屓《ひいき》したり甘やかしたりすることではなく、自分の可能性の埒外にあることには干渉できない、ということなのである。自分の及ぶところでない他者の実存可能性は、あるがままに認めるほかない。その分を弁えずに過剰に介入するのは、お節介どころか不当な越権行為と言うべきである。次世代への干渉にはおのずと限界があることを、死すべき者どもは知らねばならない。

こうしてわれわれはようやく、次の文章を味読することができるようになった。決意性から「本来的相互共存（das eigentliche Miteinander）」が導かれる有名な箇所である。

自己自身への決意性が、現存在を、次の可能性へはじめて導いてゆく。つまり、共同存在している他者を、その最も固有な存在可能のうちで「存在」させ（"sein" lassen）、彼らのこの存在可能を、率先し解放する顧慮においてともに開示する、という可能性がそれである。決意した現存在は、他者の「良心」となりうる。決意性の本来的自己存在から、本来的相互共存がはじめて発現する〔……〕。（SZ, 298）

この場合の「率先し解放する顧慮（vorspringend-befreiende Fürsorge）」としては、さまざまな作法が思い浮かぶが、何もしないで見守る、という「世話」もその候補の一つとなろう。「存在させる」と言っても、「はじめて存在へと導き、制作する」という意味ではないこと、言うまでもない（vgl. SZ, 85）。道具的存在者を相手とする場合、当の存在者をその道具存在性において見出す「先行的解放」ということになるわけだが、その場合でも、「介入したりせず、あるがままに任せ、放っておく」というのが基本である。他者を相手とする場合であれば、なおさらそうである。他者の「良心」としておおっぴらに容喙《ようかい》するなどといった身の程知らずは、お呼びでないのである。相手をその実存可能性において「存在するがままに任せること」が、ハイデガーの言う「本来的相互共存」であるとすれば、そこで語られるSeinlassenとは、われわれの探し求めてきた「あるがままに認め、干渉しない」という意味での世話を含む、と考えてさしつかえない。そして、そのような、自分を追い越してゆこうとする将来の者たちに道を譲る不干渉的存在交渉を、根底で促しているものこそ、追い越しえない自己自身の死への先駆にほかならないのである。

終わりへの存在が、みずからの終わりを先取りしつつ、あらたな始まりを育み、育てるとは、死への先駆のかたちではないか――この見通しのもと、われわれは、死への存在の本来形を、世代出産性の現実化としての世話に見出そうとしてきた。そこで行き当たったのは、将来的な者たちの可能性をあるがままに容認し、放任する、という際立った顧慮のあり方であった。これまでをまとめつつ、さらに踏み込んで言うと、次のようになる。

世話には、二通りの様態がある。一方に、「積極的介入」としての世話がある。これは、始まりを産み出し、先導することである。もう一方には、始まりを傍らで見守り、後方支援しようとする「自己放棄」がある。それぞれ、始まりへの存在と終わりへの存在にもとづく世話の可能的形態である。そして後者は、死への先駆の一つのかたちである。

この二通りの相互応答形式は、しかし別々のものではない。むしろ両者は一つになって、世代出産性のまったき時熟をなす。生まれることが、産むことと一つであるように、始めることは、始まりを迎え入れ、栄えさせ、見守ることと一つである。しかも、終わりへと差しかけられた死すべき者たちの尽力、介助、援護が、始まりを真の始まりたらしめる。死を超えて続く世代横断的連携において、

「有限性（Endlichkeit）」は「原初性（Anfänglichkeit）」と拮抗しつつ一対である。始まりの時間性は、有限的時間性と組みをなして時熟し、出来事としておのずと本有化される。複数性における世代関係の織りなす時間性相互のこうした絡み合いは、まさに「共－存在時性（Co-Temporalität）」と称されるにふさわしい(12)。

五　ケアの現象学私見

「存在させる」と言っても、「はじめて存在へと導き、制作する」という意味ではないこと、言うまでもない——と、たった今述べた。だがこれは言い過ぎであった。「率先し解放する顧慮」に関してはそうかもしれないが、そうでない場合もある。なぜなら、世代出産性には、文字通りの意味での「生殖性」が含まれるからである。道具使用に先立って道具が制作されるように、次世代を育てるには、それに先立って、子どもたちが誕生しなければならない。ひとくちに「産み出すこと（ポイエーシス）」と言っても、子作りは、物作りとは原理的に異なるものの、子どもの出産は親たちの生殖行為という強い関与があってはじめて成り立つことに変わりはない。それだけではない。どんな子どもも積極的介入がなければ育たない。相手の自主性を尊重し放任するだけで養育が成り立つ、と思うのは幻想である。厳しい指導、躾《しつけ》、矯正が必要な場合もある。相手がいずれ立派な大人になることを願うがゆえにこそ、叱咤《しった》激励にも力が入るというものである。

あえて手を出さず相手の自由に任せるのも世話のうちだが、子育てにはなんといっても手厚い世話が必要である。この当たり前のことを、ハイデガーの言葉遣いで表現すれば、ケアは「率先し解放する顧慮」と「介入し支配する顧慮」の双方から等根源的に成り立つ、となる。言いかえれば、ケアはつねに、積極的な介護と控え目な放任が組み合わされた「多様な混合形態」（SZ, 122）でしかありえない。

『存在と時間』の共同存在論に出てくる、顧慮の「積極的様態」のこの有名な「二つの極端な可能性」（SZ, 122）のうち、「介入し支配する（einspringend-beherrschend）」顧慮のほうは、あまり人気がないようである。なるほど、他者を「支配する」という言い方は、現代人の平等主義的心性にどう見ても馴染まない。だが、世の人間関係は、すべてポリス的対等制度だけで成り立つわけではない。家庭にしろ学校にしろ、自主独立要求一歩手前の保護や庇護は欠くことができない。世代出産性を論ずるさいにも、「率先し解放する顧慮」にばかり焦点を当てるのはむしろ欺瞞であって、「介入し支配する顧慮」こそ、生まれ出ずる者たちを遇する世話として必須だということを、弁えなければならない。まただからこそ、「始まりへの存在」と「終わりへの存在」の双方にもとづく世代出産的な時間性の時熟は、やはり一対の絡み合いの相のもとに置かれるべきなのである。

さて、これまで「世話」という問題現象を考察してきたが、その場合の「ケア」とは、もっぱら、新しい始まりの介助・介護・看護という意味であった。だが、「ケアの現象学」という名称のもとに今日盛んに論じられているのは、別の事柄であるかに見える。この点に関してささやかながら提案しておきたいのは、「ケア」を論じるさいには、「終わり」とともに「始まり」も等しく考慮に入れられてよい、ということである。これはたとえば、老人介護や終末医療の現場に目を向ける場合にも言えることである。人間誰しも、死ぬまで始まりへとさしかけられているのだから。エリクソンが「世話」という言葉で議論の俎上に載せた問題現象、つまり世代出産性という人間的力能を、ケアの現象学において主題化することは、依然として重要であるように思われる(13)。

もう一つ急いで付言しておけば、ケアの現象学の事象として重要と思われるものに、「物への配慮」がある。子作りと物作りとは別であり、子育てと道具使用とは異なるが、それでもなお、作られたものが、使われてゆくうちに一種の応答性をおびる場合がある。物を大切に使うことを通じ、われわれはその物によって感化を受け、何らかの人格の陶冶《とうや》を経験することがあるのである。物の側からの働きかけにより、われわれ自身が教えられ、学ぶということがありうる。物を労《いた》わり、物があるとおりあるがままにあらしめるという仕方での「存在させること」は、一つの「世話」であり、高度に人間的な介助なのである。つまり、物の面倒をみるという意味での「配慮」が、世話する当人にとって、みずからを労わる「自己への気遣い」のレッスンでありうるのである。物へのケアが、自己への配慮に反照してくる、ということがあり、逆に、物を粗末に扱うということは、往々にして、われわれがわれわれ自身を粗末に扱うことへと跳ね返ってくる。

作られた物は、それが使われ続けるには、そのつど手をかけられ大事にされねばならない。そのようにしてはじめて「物は物となる《ディンク・ディンクト》」。老境に達した人びとが——今は亡き人も——、労わられる対象である以上に、労わるということをわれわれに教えてくれる存在であるのとどこか似て、だがそれと別の仕方で、われわれは物によって教えられることがありうる。そのことを私は、ある古い建物との出会いによって学んだ。建物は喪われたが、その経験は私にとって、物たちへの配慮というもう一つのケアの現象学を告げる指標となった(14)。

第三章　ポイエーシスと世代出産性
――『饗宴』再読

一　ある学会の会則から

日本で最も古い哲学系学会である「哲学会」は、その「目的」を、「会則2」でこう宣言している。「本会は、東京大学出身者ならびに日本国内外の哲学に関心を持つ人々の研究交流、ならびに、若手の哲学研究者の育成を目的とする」(1)。これは、かなり踏み込んだ自己規定である。とはいえ私はべつに、学閥意識剝き出しだと言いたいわけではない。逆である。若手育成の意思表明に賛意を表したい。シンポジウムを研究大会の目玉として企画しても、会場に参加者は数えるばかりという光景を目の当たりにして、とりわけ、若手の参加者が――立場上やむなく出席している若干名を除いて――ほとんど見当たらないという現状には、それゆえ、憂慮を禁じえない。会則に「若手の哲学研究者の育成を目的とする」とはっきり謳《うた》っている学会は珍しいと思うが、その初心に今こそ立ち返るべきときであろう。「アカデミズム」は、次世代を担う研究者を育成することを本務――少なくとも本務の一つ――とするのであり、それなくしてはそもそも体《たい》をなさない。その肝心要《かなめ》の点が疎《おろそ》かになっているのだとすれば、当の組織はすでに死滅しつつあるのである。

以下では、アカデミズムの本義に立ち返って、元祖「シンポジウム」の再読に努めたい。そのさい、古代の哲学者の「ポイエーシス」論を、二十世紀の心理学者の「ジェネラティヴィティ」論と突き合わせることを目指す。ただし今回は、後者――E・H・エリクソンの独特の概念である generativity を私は「世代出産性」と訳す――について立ち入ることはできない(2)。読み筋を先回りして言ってしまえば、プラトンが「生殖」から説き起こす不死と永遠の教説は、エリクソンの「世代出産性」の考え方から接近可能であり、イデア論にアプローチする補助線として、現代の発達心理学の知見が役立つことが分かる。逆に、『饗宴』の文脈に照らしてみると、成年期の「次の世代を確立させ、導くことへの関心(3)」の根底に、不死に与《あずか》ろうとする人間の根源的な努力が透けて見えてくる。

私自身、3・11以後の哲学の可能性の一つを「世代の問題」に見定めており、古今の先哲に学んで「隔世代倫理」を標榜したいと考える。学会の一会員、また一個の中年男として、次世代への配慮《ケア》としてのポイエーシスという課題に切実な関心をもたざるをえないということもある。以上の見通しのもと、「シンポジウム」に参入してゆくことにしよう。

二　ポイエーシスの多義性

『饗宴』は、プラトン中期の作品とされる。つまり、『饗宴』を書いたとき、プラトンは中年であった(4)。難問を露呈させるソクラテスの姿を描くことに熱心だった初期とは異なり、『饗宴』や『パイドン』で独自のイデア説を大胆に展開したのは、この著作家の壮年期に当たる。あたかも、アカデメイア設立に邁進していた頃である。『饗宴』で論じられる「産み出すこと」は、幾重もの意味において、プラトン自身の関心事でもあったのである。

中年であることを自覚して自分の哲学を打ち出した一人に、ニーチェがいる。ショーペンハウアーの哲学が、若き日の『意志と表象としての世界』にもっぱら規定されており、あくまで「青年の哲学」だと評しているのは、それに比べて自分ニーチェは「壮年の哲学」を披露するつもりだ、と言いたいのである。(5) 性欲処理に悶々とする若者が、自分の身体的欲求の背後に大文字の「意志」を見出し「性愛の形而上学」を考案したのだとすれば、それと異なる、「生きんとする意志」ならぬ「力への意志」を原理に据える「永遠の形而上学」を構想したのは、少壮古典文献学者を引退した年金生活者であった。「力への意志」を「生殖への意志」とも言い換えたのは、そのような欲動をわが身に感じた一人の中年男だったのである。

『ツァラトゥストラはこう言った』は『饗宴』の本歌取りの一種だと思われるが、その点には立ち入らない。(6) もう一人気になる『饗宴』の読み手として、ハイデガーがいる。(7)

ハイデガーの「技術への問い」(8) の出だし近く、技術の本質を問い尋ねて「テクネー」が解説される道すがら、われわれは『饗宴』からの引用に出会う。アリストテレスの挙げる四原因がいかなる意味で「起因（Verschulden）」と言えるのかと問うて、ハイデガーは、その「誘発させること（Ver-an-lassen）」とは、「まだ現前していないものを、現前することへと到着させること」だとする（VA,15）。さらに、「現前するものを出現にもたらす（Anwesendes in den Vorschein bringen）」という意味で「もたらすこと（Bringen）」だと敷衍し（VA,15）、その説明を補強すべく、『饗宴』中の一文（205b-c）を引いて、こう訳す。「およそ何であれ、現前していないことから現前することへと移り行き、成り行くものにとっての誘因となるものはすべて、ポイエーシス、つまり前へ産み出すこと、である」（VA,15）。

このようにハイデガーは、「ポイエーシス」を「前へ産み出すこと（Her-vor-bringen）」と基本的に訳し、「この前へ産み出すことを、その広がりの全体において、また同時にギリシア人の言う意味で、われわれが考えることに、すべてが懸かっている」とする（VA,15）。しかもこの「産出作用」は、技術的制作や芸術的創作の意味にとどまらない。「ピュシス、つまりおのずと現われ出ることも、前へ産み出すこと、つまりポイエーシスである。それどころか、ピュシスこそ、最高の意味でのポイエーシスにほかならない」（VA,15）。

ピュシスこそポイエーシスの最たるものだとするこの主張の実例として挙げられるのは、つぼみが開いて花が満開になるという生成現象である。花はおのずと開花するのであり、銀皿を職人が製造するのに比べて、産出作用として勝っている（VA,15）。この議論は、「自分のうちに」原因をもつ自然物を、「他なるもののうちに」原因をもつ人工物と対比させたアリストテレスの『自然学』第二巻第一章を承《う》けている。ハイデガーの「広義のポイエーシス」論において念頭に置かれているのは、それゆえアリストテレスだということになる。だがそのアリストテレス自身、プラトンのポイエーシス論の洗礼を受けており、一概に別系列とは言えない。アリストテレスの「種＝形相（エイドス）」概念からして、生物の生殖現象にヒントを得ており、『饗宴』のイデア論と交差するのは言うまでもない。ハイデガーが、ポイエーシスの「前へ産み出すはたらき」に着目して、テクネーもピュシスも「アレーテイア」つまり「隠れなきありさま」「顕現させるはたらき」と解し、真理論へ翻してゆくとき(VA,15)、その技術論や自然論も『饗宴』のポイエーシス論に淵源すると言ってよいだろう。

自然と人為、不死と永遠という根本分節のはざまに、ポイエーシス現象は位置づけられる。それどころか、古代ギリシアのポリスこそ哲学の出生地であり、その落し胤《だね》の摑んだ言葉こそ「イデア」にほかならないことが、『饗宴』のテクストには告げられているのである。(9)

三　アカデミズムの原点

近頃の大学では、全面禁煙どころか飲酒厳禁の嵐まで吹き荒れている。そういう思考停止の法令順守《コンプライアンス》全体主義におとなしく従う大学人は、『饗宴』を禁書にしなければなるまい。よりによってアカデミズムの原点の書を、である。——冗談はさておき、『饗宴』には、ソクラテスの衣鉢を継いでポリス市民教育に携わる抱負を述べるアカデメイア創立者にして初代学頭プラトンの所信表明が記されている。まずはその点を確認しておこう。

プラトンの学園は、優れた若者を集めて高度の市民教育を行ない、将来のポリスを担う有為《ゆうい》の人材を育成することを目指した。それまでのポリスにない革新的試みであったが、その新しい共同体は、しかしポリス的なものを素地とし、ポリス的なものの精髄を追求するものでもあった。その意欲が『饗宴』にはあふれている。切り出し役のパイドロスとパウサニアスのエロース讃美に、ポリス的なものは早くも横溢している。愛する人の前で立派でありたいからと名誉欲と羞恥心をかき立てるがゆえに、エロースは個人のみならずポリスをも向上させる指導原理となる、とパイドロスが指摘すれば、パウサニアスも、愛し愛される者同士が徳の高みをめざして互いに助け合うのなら、自由で対等であるべき市民間に一種の上下関係、主従関係が生ずるのもうるわしいことだ、と応ずる。同性愛が認められていたアテナイ特有の事情もあろうが、両者のエロース論は私的恋愛談義にとどまるものではない。あとに控えたソクラテスの演説を引き立てるだけの俗話と解するのも不当である[10]。市民間の団結力を高め、国力を増進させる公共に資する恋のパワーが、そこでは問題になっている。まさにその組織的な学びの場として、アカデメイアは創立されたのである。

三番手のエリュクシマコスは、医術というテクネーの見地から、かつ音楽のアナロジーに拠って、区別され対立するもの同士の和合をエロースの効用とみなして顕揚し、調和と秩序を好むギリシア的ピュシス観をよく示している。続くアリストパネスは、原初の人類に関するミュートスを案出し、「おとこおんな《アンドロギュノス》」の滑稽噺《ばなし》まで繰り出しては、エロースが本来性回復という欲望を秘めていることを優雅にあばいてみせる。神と人間との相剋やメタモルフォーゼ譚《たん》も、ギリシア的なものの神髄をなすものだった。そのような神話的、学芸的、技術的な知的蓄積を豊かに含み込んだ世界こそ「哲学」なのであり、わがアカデメイアの門を叩けば、そういう贅沢な学びができるのだ。――学頭プラトンはそう言いたいのである。

悲劇コンクールで優勝したばかりのアガトンの絢爛《けんらん》たるエロース讃美の背後には、弁論家ゴルギアスがいる。一見非の打ちどころのない大演説をぶったアガトンを一問一答でやり込めるソクラテスの舌鋒には、初期対話篇の精髄が盛り込まれている。「恋とは、何かについての恋だ」という志向性の確認から始まるその問答法は[11]、レトリックに頼るだけのロゴスの脆弱さを露呈させてしまう。当時人気を博していた弁論術を徹底的に批判することで、ポリス的なものの真っただ中から哲学が名乗りを上げたことを伝える場面である。

四　エロースとポイエーシスの結びつき

エロース讃本編のトリを務めるのは、エロースの人ソクラテス――というより、彼に恋愛道を指南した謎の女性ディオティマである。その恋の道の手ほどきに「出産」という言葉が何度も出てくる。出産に主眼を置くその恋愛論が本格的に始まろうとする箇所で、*poiēsis* という言葉が語られるのは意味深長である。上述の通りハイデガーが技術論で着目した箇所だが、アリストテレスに定位したハイデガーの読み筋とは異なり、ここでの「前へ産み出すこと」は――少なくとも表向きは――「あらゆる技術」（*technē*）のもとでなされる仕事」のことを指す。広義の *poiētai*（創作者）とはそれゆえ *dēmiurgoi*（職人）のことである（205c）。

何らかの技術を用いて「あらぬものからあるものへと移行」させ何かを産み出す産出行為はみな「ポイエーシス」と呼ばれてよく、その当事者は「ポイエータイ」と呼ばれてよいのだが、その一部つまり「音楽や韻律にかかわる部分が切り離されて、全体の名前で呼ばれている」（205c）。つまり、詩人のみが「ポイエータイ」と呼ばれ、職人はもっぱら「デーミウルゴイ」と（いう蔑称で）呼ばれている。そのように総称のはずの言葉が一部の意味に局限されているという実情は、「エロース」という言葉にも当てはまる、というのがディオティマの言い分である。エロース概念の拡大解釈がここに開始され、「善きものへの、そして幸福であることへの欲望というのはすべて」（205d）、「エロース」と称されることになる。

ここで「ポイエーシス」という語は、総称が特称へ意味限定を受ける一例として挙げられているわけだが、もちろんそれだけではなく、主題であるエロースと深く結びつけられている。*poiein* という動詞には、make, produce, cause（つくる、生み出す、引き起こす）、compose, write, describe in verse（作曲する、書く、詩作する）という意味のほか、conceive, beget つまり「子をもうける」という意味がある。Lidell & Scott の希英大辞典ではその用例として、『饗宴』のソクラテスの演説中で、ペニアがポロスから「子どもをもうけたい（*paidion poiēsasthai*）」と願って添い寝し、まんまと身ごもった、と語られる箇所（203c）が挙げられている。「運動（*kinēsis*）」を「性交行為」の隠語として使った好色なギリシア人のことである（アリストパネス『女の平和』参照）。プラトンも、性愛の形而上学のキーワードとして *poiēsis* という言葉を使っているように思われる。

ハイデガーは、ポイエーシスはピュシスの働きを含意すると強調したが、そのピュシスとして生殖という「生成」を挙げてもよかったであろう[12]。とはいえ、『饗宴』における「ポイエーシス」の語が「テクネーのもとでなされる仕事」を意味するかぎり、ハイデガーの意には沿わないかもしれない。プラトンによるエロースの拡大解釈は、幸福を求める人間の営みにもっぱら向けられるからである。もっとも、プラトンの言う「テクネー」[13]も「性愛の術」を暗示しているかもしれず、だとするとテクネー概念も拡大解釈されていると解しうる。

五　エロースのご利益

さて、ディオティマのエロース論は、ポイエーシス概念の多義性の確認から出発して、善きものを求める人間的欲望の豊饒な「生産力」を、多様に描き出している。それは、「エロースのはたらき（*ergon*）」についての考察（206b 以下）に集中的に表われるが、その準備としてディオティマは、エロースの本質規定を行なっている。当座のその結論は、こうである――「エロースは、善きものが永遠に自分のものになることを求めている」（206a）。

「善きものをわがものとすることを求めること」というエロースの定義に、「永遠に（*aei*）」という副詞が付加されている。ソクラテスはディオティマに、この付加に関してはすぐ同意しているが、じつのところ、この措置は慎重な吟味を要する。善きものを永遠に所有するとはどういう意味か、この場合の「永遠に」とは何を意味するか、そもそもここで「永遠」という訳語を使ってよいか、定かでないからである。永遠という言葉をすぐ分かったつもりにならないよう、気をつけよう。アガトンが美辞麗句を尽くしてエロースを讃美した華々しい演説は、もっともらしいだけだとソクラテスにやり込められてしまった。ディオティマの恋愛論がそれと同類のごまかしでないとすれば、そこに出てくる「永遠」の意味が明確にされなければならない。そしてまさにそのことが、次の「エロースのはたらき」の議論のテーマとなる。そこにはじつに、哲学史を劃した「永遠」概念の発祥が見出されるのである。

もちろんふつうに考えれば、*aei* という副詞は「つねに（always）」といったほどの意味であり、そこに「永遠に（for ever）」という強い意味を持ち込むのは、誤読の虞《おそれ》なしとしない。だが、今問題となっている箇所に関して言えば、簡単にやり過ごすべきではないと思われる。というのも、そこでは、「死すべき者たち（*thnētoi*）」の関心事たる「不死性（*athanasia*）」と並ぶ、しかもそれを踏み越える意味が、産声を上げようとしているからである。

恋に関する「永続的なもの」ということなら、パウサニアスによるエロース讃美第二演説に、すでに出ていたと言えなくもない。世俗的エロースつまり女性への恋が、肉体を一時的に求めるものであるのに対して、天上的エロースつまり少年愛（*paiderastia*）は、相手の魂という「永続的（*monimos*）」なものを愛するがゆえに「生涯を通じて」「永続的に恋する」だとされていたからである（183d-e, cf. 181b-d）。なるほど、同じ対象を愛し続けることは、愛の真正さの品質証明であろう。だが、ディオティマの言う「永遠に」は、それとは別種のことを表わす。個体は滅びても決して滅びることのないもの、死を超えるものを、エロースは産み出す、という意味での「不死性」の話につながってゆくからである。

ディオティマによれば、「エロースのはたらき」とは、「身体の面であれ、魂の面であれ、美しいものにおける誕生（*tokos*）」（206b）だという。ソクラテスは最初、この説明を聞いてチンプンカンプンなのだが、たとえば「男女の交わり」によって子が生まれるという「妊娠（*kyēsis*）」、「出産（*gennēsis*）」のことだと指摘され、やっと得心がゆく。[14] かくして、エロースは、「たんに美しいものを求めている」のではなく、「美しいものにおける出産と誕生を求めている[15]」と、再定義される（206e）。ここで重要な問いが提起され、すぐさま重要な答えが与えられる。「では、いったいなぜ出産を求めるのでしょうか。それは、死すべきものにとって、出産とは、永遠なるもの、不死なるものだからです」(206e)。

この「出産＝不死なるもの」説は、少し前で(206c)、男女の交わりによる生殖が「神的」だと説明されたとき一度顔を出していたが、その生殖論が今や本格的に取り上げられることになる。そして、ディオティマの答えにある通り、その「不死なるもの」理解とワンセットでおもむろに打ち出されているものこそ、「永遠なるもの(*aeigenes*)」という新しい価値語にほかならない。何気なく並べられているが、「永遠なるもの」という語は、「不死なるもの」と似て非なる、プラトンによる価値転換の帰趨を示すキーワードなのである。

地上の生き物は、不死の神々と違って、死すべきものである。その儚《はかな》さの自覚がギリシア人の人間観の根幹をなしていたことは、あまりに有名である。それが現代人になじみの人命尊重主義《ヒューマニタリアニズム》と根本から異なるのは、古代人は死すべき身に甘んずるのを潔しとせず、「不死となること(*athanatizein*)」を熱烈に志した点にある。古代式ヒューマニズムは、万人が互いの弱さを認め合い優しくかばい合うのではなく、各人が各自の強さを競い合い激しく張り合うところにあった。その目指すところは、並の人間を超えた高みへ高まること、死によって限られたいのちを拡大して不朽不滅のものを手に入れることであった。

そう言うと何やら大袈裟だが、どんな生物にも自分のいのちを超えて存続する可能性が、生来《せいらい》具わっている。生きとし生けるものが死を超えて不死に与《あずか》る定番の営みが、子を生むこと、生殖なのである。個体は滅びても種は存続するという意味で、恒常的現前性の最たるものが世代交替という現象であり、そこに古代存在論の「形相《エイドス》」概念の根本経験を覗き見ることもできる。出産とは不死を求める営みだとするディオティマの説に、ソクラテスが難なく同意できたのも、種の存続という意味でのピュシスの永続性に、個体の生命を超える不死性が無理なく見出せるからであった。生物界の繰り広げる生殖の営みに広くエロースが働いているとすれば、そのご利益（エルゴン）たるや、途方もなく豊かなものに違いない。

恋心に憑かれ相手を熱烈に求める恋人同士は、相手と交わり子をもうけることで死を超えて存続する自身の存在の証《あかし》を求めており、「エロースが不死を求めているのは必然」（207a）である。――この説明は、不死志向のギリシア人にとって腑に落ちるものだった。ディオティマはこう定式化する。「死すべき本性は、永遠に存在し不死であることを、できる限り求めるものなのです。しかしそれは、この生むという方法によってのみ可能です。なぜなら、生むことは、古いものに代わって新しい別のものをつねに残していくからです[16]」（207d）。

「古いものに代わって新しい別のものをつねに残していく」こと――つまり世代交替は、死すべきものにとって不死性への通路である。不死といっても、個体がいつまでも滅びないのではなく、まさに滅びようとしているものたちが、新しく生まれ出たものたちに取って代わられるという意味である。「古くなって去りゆくものが、かつての自分と同じような、別の新しいものを後に残す、という仕方によって」、「死すべきものはすべて保全され」、「不死に与《あずか》る」（208b）。だからこそ、「あらゆるものが自分から生まれ出たものを本性的に大切にする」（208b）。自己犠牲も自己愛の一種なのだ。ディオティマにそう諭されてソクラテスは、何とまあ、と驚きの声を上げる（208b）。この歓声は、ディオティマの説く恋愛の功徳が、不死に焦《こが》れたギリシア人の志向にそれだけピッタリ合うものだった、と

いうことだろう。(17)

六　不死から永遠へ

神的なものは滅びるということがなく、アプリオリに不死である。これに対して、死すべきものたちは、それとは別の仕方で、死を経由しつつ不死に与る可能性をもつ。一つには、「出産」の文字通りの意味で、子を生み育てるという、生物にポピュラーな、不死への通路がある。だがそればかりではない、続いてディオティマの列挙する「出産」の発展形は、不死に与ろうとするギリシア人にとって、身につまされるものばかりだったはずである。

まず、輝かしい功業により有名人となり、「不死なる名声を永遠に打ち立てる」(18)（208c）というプラクシスの理想。アキレウスのような英雄たちは、「自分たちの徳に関して不滅の思い出が残るであろう」（208d）と思えばこそ、潔く死ぬことができた。また、子を生むといっても、肉体的な生殖行為によってもうけた子どもを通じて「不死性、思い出、幸福」が「未来の全時間にわたって自分たちに確保される」（208e）と思う者もいれば——そちらのほうが多数派には違いないが——、「魂の面で」優れたものを孕み、身ごもる者たちは、創作活動により自分の作品を後世に残す。「あらゆる詩人たち、また職人たちのうちでも発見者（*heuretikoi*）と言われるかぎりの人たち」（209a）は、そのような精神的意味での出産者である。狭義のポイエータイつまり詩人・作家に加えて、デーミウルゴイのなかでも「ヘウレティコイ」つまり発見者・発明家、現代風に言えば科学者・技術者もまた、自分の産み出した「子ども」を通して不死を求めているのである。さらに、「国家と家の事柄」に関して「節制や正義」（209a）の徳を発揮する善き市民や家長も、精神的意味での出産者だとされる。彼らはポリスや家政のために尽くすことで、みずからの優秀性を示し後世に名を残す。語られる順番としては後になるが、リュクルゴスやソロンといった立法者も、優れた出産者である。「法律を生み出したために尊敬されており」、その業績を顕彰すべく神殿が建てられたほどだからである（209d-e）。現代で言えば、創業者、憲法起草者といったあたりか。

もう一つ、広義の出産者として数えられるのが、教育者である。若くして徳に秀でた者が、成熟し壮年に達すると、「いよいよ子を生み出産することを欲する」のであり、「自分が出産することのできる美しい相手を探し求める」。彼がついに「素質に恵まれた魂にめぐり合うと」、「徳について、また善き人とはどのような人であるべきかについて、またそうした人は何に励むべきかについて」、「めぐり合った相手を教育しようと試みる」（209b-c）。ここで「教育（*paideuein*）」と言われている精神的出産の営みは、まさにソクラテスがエロースの人として為したことであり、その遺志を継いだプラトンが組織的に行なおうとしたことである。中年ソクラテスが青年アルキビアデスにかつて為したことは、『饗宴』の次の場面に克明に描かれる通りであり、そこに描かれるソクラテスは、魂の共同出産者としての市民教育者である。生身の子どもよりも「より美しく、より不死なる子ども」を出産し、共有することで、子を生み育てる親よりも「はるかに大きな結びつきと、より確固とした友愛をもつことになる」（209c）、そういう精神的創造こそ、アカデメイアの目指すところであった。自身かつて愛された若者の一人プラトンは、往時のソクラテスの年頃に至り、師が身を以て示した市民教育の理念を、今や具体化するつもりだと宣言しているかのようである。教育がここで「出産」として挙げられているのは、『饗宴』執筆の意図を摑むうえで重要だと思われる。

以上見てきた、不死なるものを求める出産の営みの種類をまとめると、次のようになる。

1. 雌雄が交わり子を産み育てること（＝生殖・養育、例：発情期のあらゆる動物）
2. わが身は滅んでも不滅の名声をあとに残すこと（＝献身・犠牲、例：夫のために死んだ妻アルケスティス、友のために死んだ戦士アキレウス、国のために死んだ王コロドス）
3. 後代まで歌い継がれる詩を創り出すこと（＝創作・芸術、例：ホメロス、ヘシオドス）
4. 新発見を成し遂げたり、画期的な発明品を作り出したりすること（＝科学・技術）
5. ポリスや家政を、指導者として立派に治め、栄えさせること（＝政治・経済）
6. 国の根幹をなす法律を制定すること（＝立法、例：リュクルゴス、ソロン）
7. 優れた若者を精神的に指導し育成すること（＝教育、例：ソクラテス）

これらはいずれも、物を作ること（狭義のポイエーシス）、ならびに事を為すこと（プラクシス）の可能的形態であり、技術（テクネー）や思慮（フロネーシス）にもとづく達成（エルゴン）である。各々の仕方で不滅のものをあとに残すことで「不死に与る」と、そうディオティマは愛のわざの数々を語る。ギリシア人にとって最高の達成と考えられていたものを、あれもこれも産み出すエロースの効能たるや、どんなにか有難いことであろう。

ここまで来てディオティマは、エロースの「終極最奥の秘儀」（210a）の話はじつはまだこれからだとし、ソクラテスをその気にさせて、その最奥の秘儀をおもむろに説いて聞かせる。「美そのもの」の純粋直観に極まる「知への愛」の発展段階説がそれである。

恋の道のこの最終階梯が、これまでと異なり、当時の人びとの考え方からして異様な超出であり突飛な跳躍であることは、明らかだろう。ここでは、この世における持続性・永続性としての不死は、厳密に言えば、もはや問題にならない。不死とは、死すべき身にとって、自分自身の存在の存続は諦め、自分が産み出したものながら自分とは別の何かが自分の死後になお存在し続けることでもって、はじめて与りうるものであった。これまで見てきた1〜7のすべてがそうであった。ところが、エロースが究極的に向かう先とされる「美そのもの」は、死すべきものに可能な不死のレベルを軽く超えており、それどころか神々の不死性さえ超え出ている。なにしろ、「まず第一にその美は、常にあるものであり、生ずることも滅びることもなく、増大することも減少することもないもの」（210e-211a）なのだ。美の第一規定であるこの常住不変性、不生不滅性は、ギリシアの神々が「生まれ出ずるもの」であるのとは、断然異なっている。ゼウスやアポロンが老いや死とは無縁だとしても、生まれてきたものだという一点では人間と変わりがない[19]。それと違って、美そのものは、死と誕生の彼岸にある。生成消滅を繰り返す地上の自然とも、神々しい恒久斉一運動を繰り返す天上の星辰とも、不動不易たる美そのものは、やはり異なっている。それは、天空と大地、神的なものと死すべきものから成る世界秩序（コスモス）を超越した別次元に、「それ自身がそれ自身だけでそれ自身とともに、単一の相をもつものとして、常にあるもの」（211b）なのだ。この「常にあるもの（*aei on*）」こそ、新しい存在概念たる「永遠」にほかならない。形而上的な永遠概念の出生に、われわれは立ち会っているのだ。

もちろん、常住不変、不生不滅の一なる「存在」は、パルメニデスによってとっくに語られていた。プラトンの新機軸は、そのような永遠存在の概念を、不死を求めるポリス市民の価値観に理解可能な仕方で提示してみせた点にある。そして、超絶した彼方にそれを想定するにとどまらず、その高みへ一歩一歩と近づく方法態度を、哲学教育の組織的実践として公的に標榜した点にある。哲学的観照がポリス的なものにいわば受肉させられたのである。そしてそれを可能にしたものこそ、不死から永遠へという前人未到の小道にほかならない。

『饗宴』には、不死志向のポリス市民に、新しい価値語である「永遠」への憧れを植えつけようとする、プラトンの底意がひそんでいた。前代未聞のその憧憬を運ぶ乗り物として選ばれた言葉が、「エロース」であり「ポイエーシス」であった。ディオティマによって恋愛道の秘儀がチラッとご開帳されようとも、永遠なる美そのものは、あくまで秘め隠されていた。いや、むしろ秘め隠されたままでなければならなかった。『饗宴』のテクストはさわりしか教えてくれないから、いくら読んでも隔靴掻痒《かっかそうよう》、憧れ以上のものを摑むことはできない。それはそうだろう。もっと知りたい者はアカデメイアに入門しなさい、と学頭は勧めているのだから。永遠へのエロースをかき立てること、そしてその愛欲の修練の場として哲学道場アカデメイアが名乗りを上げることが、創立者にとって何より肝要だったのである。

『饗宴』は、エロースという同じテーマを扱った、やはりプラトン中期の作品とされる『パイドロス』と並び称される。「美」を、燦然と輝くものとしてイデア論の中心に据えている点でも、共通性が見られる。他方、イデア論の確立という点では、『パイドン』とも対比される。『饗宴』と『パイドン』を並べると、同一作者が、ソクラテスを主人公とする優劣つけがたい喜劇と悲劇を創作したことが、立証されるしくみになっている。[20] しかし何といっても、『饗宴』を書き上げたアカデメイア学頭にとっての次なる課題は、哲学教育プログラムを本格的に告知すること、そしてイデアに定位した高等教育こそがポリスにとって有為の人格を涵養すると宣言すること、ここにあった。この課題に取り組んだのが、『国家』である。そこではイデアは、もはや「美」ではなく「善」本位に論じられる。「善さ」が、徳・優秀さを意味する以上、「善そのもの」を見てとる者には、政治的指導者としての資質を期待しうるであろう。だとすれば、「存在の彼方」にあるとまで絶対視された善のイデアもまた、観念世界を漂うものではなく、あくまでカロカガティアというポリス市民の理想の極みとして、そして教育可能な目標理念として、学ばれうるものとされたのである。

以上、『饗宴』の「出産＝不死」論の帰趨を見てきた。不死に与る出産の営みとして、先に七つ挙げたが、今やわれわれは、そのリストに次の三つを追加することができる。

8．美そのものを直観し、その真理にふれ、永遠にあやかること（＝哲学、例：プラトン）
9．愛智者たちの共同体を築き、存続させてゆくこと（＝大学、例：アカデメイア）
10．哲学的真理を書き記し、後代に伝承させてゆくこと（＝哲学書、例：『饗宴』）

いずれも、プラトン以前のポリス的価値体系から生み出された「死を超えるもの」でありながら、その枠組を大きくはみ出すものであり、しかものちにはそれが定番となって流通し、学都アテナイ――以前は商都、軍都、政都ではあっても学都とは言いがたかった――が長らく誇りとすることとなった。プラトニズムにしろ、アカデミズムにしろ、プラトン以後の学問の歴史は、この三者――アリストテレス的・アーレント的区分けを用いれば、テオーリア－プラクシス－ポイエーシスの三位一体――の隔世代的継承の消長として記述できるほどである。われわれは改めて、独身者プラトンの旺盛な生殖力に驚かざるをえない。

ここで、本稿の最初のほうで触れたエリクソンの「ジェネラティヴィティ」の定義が、改めて思い起こされる。世代出産性とは、「第一次的に、次の世代を確立させ、導くことへの関心である。とはいえ、不運ゆえに、あるいは別の方向に特殊な才能をもつがゆえに、この欲動を自分自身の子孫のために用いない人もいる」。ギリシア的少年愛、およびそれを母胎とするプラトン的エロースは、禁欲による多産性を遺憾なく発揮したのであり、古代文明のその豊饒さは、エリクソンの発達心理学理論を補強する絶好の例解となるだろう[21]。

七　現代版ポイエータイの子どもたち

最後に、プラトンの言及していた「ポイエータイとしてのデーミウルゴイ」の現代版に寸言しておこう。ディオティマは「ヘウレティコイ」という発見者・発明家の類型もまた、自分の産み出した子どもを通して不死を求めている、としていた。われわれの列挙した十の「煩悩《ぼんのう》」のうち、四番目に当たる。テクネーにもとづくポイエーシスのこの不死志向パターンは、古来、日陰者に甘んじていたが、近代になると俄然、「制作する人（homo faber）」の種族が自己を主張し始め、現代ではテクノロジーが世界史の表舞台を占めるに至っている。生命尊重主義的大義名分とは別に、不死を求める志向はここでも健在であり、その懲《こ》りない願望が熾烈な国際競争として演じられている。名声を博する花道は今日、テオーリアとプラクシスと融合したポイエーシスたる科学技術の発見・発明に存する。

そればかりではない。何千年何万年にわたって恒常的に現前する存在者――冥府の王になぞらえて命名された惑星から名前を採られた人工元素プルトニウム――が、ヒトの生死などとは比べものにならない長寿を誇って地上に存続し続けることは、確実なのである。永遠の命にあやかる超人工物、このイデアの模造たる原発ゴミは、しかし、善美とは口が裂けても言えそうにない。そういう鬼っ子をごまんと作っている「親」たちの製造責任は、一体どうなるのだろう。

第四章　世界の終わりと世代の問題

――原爆チルドレンの系譜学

一　われら原子力時代の子どもたち

まずは些細なエピソードから始めさせてください。どこの家にでもありそうな親子の会話です。

小学六年生の娘が、生まれて初めてCDを買って、ポップス音楽をしきりに聴いている。父はちょっと冷やかしてみたくなり、「何ていうバンド？」と何気ないそぶりで訊く。娘は何やらモグモグ言っていて、流行に疎《うと》い中年オヤジには、うまく聞きとれない。えっ、何だって？――「ＳＥＫＡＩ　ＮＯ　ＯＷＡＲＩ」。フーンと受け流しながら、父は内心穏やかでない。「世界の終わり」、か。今どきの小学生お気に入りのバンドが、そう名乗っている、しかも、略して「セカオワ」と軽いノリで呼ばれている――と聞かされて、父は軽い眩暈《めまい》をおぼえる。まだ幼年のあどけなさの残る少女がウキウキ聴き惚れている音楽が、名前からして「世界の終わり」を公然と告げているとは。いったいこれは何事か？

……何のことはない、少し前にわが家で起こった世代間ギャップの一コマです。あまりに他愛ない「驚き」から始めて恐縮ですが、以下では、「世界の終わり」という観念の蔓延にまつわる、ささやかな反時代的散歩にしばしお付き合いいただければと思います。

原子力時代のテーマソング

これまた私事ながら、私は二〇一三年に出した拙著『死を超えるもの　3・11以後の哲学の可能性』のあとがきに、「原子力時代の子どもたち」というタイトルを付し、かつ自分のお気に入りバンドのアルバム・ジャケットを掲げました。英国のロックバンド、ピンク・フロイドのこの『原子心母（*ATOM HEART MOTHER*）』は、一九七〇年に発表されています。東京電力福島第一原子力発電所一号機の運転開始は、翌年の一九七一年。「アトム・ハート・マザー」というネーミングが若者の耳に心地よく響いた当時、日本各地に原発が続々と建造されていきます。冷戦下の一九五〇年代、「平和利用」へ大きく舵を切った原子力技術は、七〇年代に躍進をとげたのでした。その時代に青少年期を過ごした私たちは、この「夢のエネルギー」とともに育ってきたのです。

泰平のまどろみを醒ますかのように、一九七九年、アメリカのスリーマイル島で原子力発電所の事故が起こります。以来、少なくともアメリカでは、原発建造慎重論が優勢となります。当時私は高校生でしたが、事故のことはあまり記憶にありません。しかし、翌年作られた歌ならよく覚えています。

英国の女性シンガーソングライター、ケイト・ブッシュの「呼吸」です。三作目のアルバム『魔物語』の最後を飾る名曲を、このさいちょっと聴いてみましょう。（聴こえない人は、YouTubeでどうぞ。）

せっかくのチャンスを逃してしまった私たちは、
あの大爆発のあと生き残った最初で最後の人間。
私たちの肺の中でプルトニウムの微粒子がキラキラ輝いている。
私は心から愛している――
私の周りに果てしなく広がるすべてのものを。
おろかな者たちが勝手にそれを吹き飛ばしてしまった。
あなたと私は知っていた――
いのちとは、呼吸することだということを。(1)

「おろかな者たち」とは誰か

高音でのびやかに歌って大ヒットしたデビュー曲「嵐ヶ丘」とは打って変わって、胸を締めつけるような切迫した歌声の「呼吸」は、放射能に汚染された大気を吸って生きることの恐怖をモティーフとしています。かつて私はこの曲を、反戦平和ソングだと一人合点していました。歌詞に出てくる「あの大爆発（the blast）」とは、全面核戦争勃発の瞬間のことであり、「おろかな者たち（the fools）」とは、最終戦争へ突き進んだ政治家や、発射ボタンを押した軍司令官のことだと。

しかし、3・11を経験したあとで聴いてみると、それが薄っぺらな理解だったことが分かります。スリーマイル島事故直後に作られたこの歌は、いつ何時大事故を起こして大地をそっくり呼吸不能地帯に変えてしまうかもしれない「原子力の平和利用」の危険を、私たちに訴えていたのです。「あの大爆発」とは、ひょっとして、二〇一一年三月に福島第一原発で起きた水素爆発を先取りしていたのではないか。それはちょっと大げさでは、と思う人もいるかもしれません。しかしよく考えてみましょう。たまたま今回は日本列島壊滅という最悪の結末にまでは至らなかっただけの話で、その可能性は十分すぎるほどありました。現に、フクイチ所長であった吉田昌郎氏は、原子炉が大爆発して首都圏を直撃する事態を覚悟した瞬間があった、と述べています。それに、チェルノブイリにしろ福島にしろ、その地域一帯では「果てしなく広がるすべてのもの」を、原発事故が本当に「吹き飛ばしてしまった」のであり、そこでは今なお人間はまともに深呼吸することさえ覚束《おぼつか》ないのです。

だとすると、「おろかな者たち」とは、いったい誰のことを意味するのか。原子力ムラの思考停止状態にどっぷり浸かった官産学複合体《ゲ・シュテル》のことだ、などと他人事めいた言い方が私たちにできるでしょうか。むしろ、うすうす危険性を知りつつ「原子力時代」の流れに身を任せてきた、うかつな私たち一人一人が、大なり小なり「おろかな者たち」だということになるのではないでしょうか。

少なくとも、こうは言えるでしょう。ケイト・ブッシュの「呼吸」は、二つ前の事故以来歌われていた「世界の終わり」テーマソングであった、と。そのお宝が、タイムカプセルのように3・11以後に掘り返され、現代日本にぶり返して響き渡るのを、私たちは聴くのだ、と。そして、そのまがまがしい響きは、おそらくこれからも、地上に放射能汚染の危険が残存するかぎり、つまり未来永劫にわたって、切実であり続けるのだ、と。

二十世紀半ば以来、原子力時代をお気楽に生きてきた――後代からそう呼ばれても仕方ない――われら「おろかな者たち」は、今さら「世界の終わり」を歌にしなくても、暗黙裡にそれをライトモティーフとしてきました。「呼吸」は、その数ある多重唱の一つにすぎないのです。歌詞に「プルトニウム」――原発が生み出し原爆の材料となる、吸い込んだら人体をたちまち破壊する半減期二万四千年の放射性人工元素――というキーワードを明示的に含んでいる点で、「呼吸」が問題意識に富んでいるのは確かですが。核戦争の可能性に加えて原発事故の現実について学習する機会に恵まれてきた、われら原子力時代の子どもたちは、「世界の終わり」を意識のどこかに刷り込まれてきました。そのまた子どもたちが「世界の終わり」の歌を楽しげに口ずさむのも、当然なのかもしれません。

二　団塊の世代と「世界の終わり」

そう思って見渡してみると、私たちの周りには「世界の終わり」があたかも飛散物質のように浮遊していることに気づきます。たとえば、二十世紀後半を代表する知性の一人、ジャック・デリダが知人の死去のたびに記して成った追悼文集（原書二〇〇三年刊）には、『そのたびごとにただ一つ、世界の終焉（*Chaque fois unique, la fin du monde*）』というタイトルが付いています。その序文ではこう述べられます。「死がそのたびごとに宣告するのは世界の全面的な終焉、およそ考えられうる世界の完全なる終焉なのです。それはそのたびごとに、ただ一つの――それゆえ、かけがえのない、果てしない――

総体である世界の終焉を宣告しているのです」[2]。人間が一人死ぬたびに、そのつど唯一一回的な「世界の終わり」がやって来る、とは、世界が数年で何億回も終わるということを意味します。考えてみれば相当極端なそういう終末インフレ化を、私たちは平然と聞き流しているのです。

「世界の終わり」が流行歌になったのも、ずいぶん昔のことです。アメリカの女性歌手、スキータ・デイヴィスのヒット曲〝The End of the World〟が出たのは、一九六二年です（同年生まれの私はリアルタイムでは覚えがありませんが）。多くの歌手にカヴァーされたこの曲の邦訳タイトルは、「この世の果てまで」。デリダ式誇張法の先を行き、恋人に別れを告げられた哀しみをそう歌った曲名を、そのまま訳せば、「世界の終わり」となります。

『世界の終りとハードボイルド・ワンダーランド』

この曲をエピグラフに掲げているのが、村上春樹の長編小説『世界の終りとハードボイルド・ワンダーランド』（一九八五年六月刊）です。その手本はひょっとして福永武彦の中編「世界の終り」（一九五九年刊）と、それを発展させた大作『死の島』（一九七一年刊）ではないかと私は思っているのですが、それはまた別のお話です。目下の文脈で重要なのは、『世界の終りとハードボイルド・ワンダーランド』が、ソ連チェルノブイリ原発事故（一九八六年四月）の前年に発表されていることです。静と動の対比鮮やかな二通りの小説世界が一人の男の意識の中で同時並行的に展開し、最終的に「世界の終り」へ収斂していくその筋書きが、現実世界の原発事故に一本化されていったかのようです。小説中の「世界の終り」は「ウクライナ」にあるとされています[3]。場所まで予告されていたとは無気味なほどですね。

村上パラレルワールドの味読は各人に任せることにし、無粋ながら、このセカオワ小説の核となる部分に焦点を絞りましょう。「ハードボイルド・ワンダーランド」を生きている主人公の「私」は、「組織《システム》」の計略のもと、自分の表層意識の底にある深層意識が再編集された第三の思考回路《システム》を、人体実験然と内蔵させられていることを、当の脳手術を施した老「博士」から聞かされます。二人は、「世界の終り」――もともと「私」の意識下に潜んでいたものを「博士」が編集した仮想現実がそう呼ばれます――について問答を交わします。


「正確に言うと、今あるこの世界が終るわけではないです。世界は人の心の中で終るのです」

「わかりませんね」と私は言った。

「要するにそれがあんたの意識の核なのです。あんたの意識が描いておるものは世界の終りなのです。どうしてあんたがそんなものを意識の底に秘めておったのかはしらん。しかしとにかく、そうなのです。あんたの意識の中では世界は終っておる。逆に言えばあんたの意識は世界の終りの中に生きておるのです。」(4)


主人公の「私」はこの、自己の潜在意識の模造された「世界の終り」に、ほどなく永久に閉じ込められる運命にあることを、「博士」から告げられます。そこには時間というものが存在せず、その果てしない「思念の中に入った人間は不死」(5)となるのです。

死なき思念空間の牢獄のそのまた先に、暴走して炉心溶融を起こしたチェルノブイリの原子炉が、事後も未処理のまま「石棺」化されて放置されている荒涼たる情景を、思い浮かべてしまうのは私だけでしょうか。時間の止まった原発墓場も、もとはと言えば、冷戦時代の核開発競争というハードボイルド・ワンダーランドの背後世界なのです。

『明るいニヒリズム』

村上春樹の小説中の「私」は、自分の意識の内奥に「世界の終り」を潜ませていました。それが私的嗜好とか特異体質とかいったものであれば、この小説は普遍性をもちえないでしょう。現代の若者が屈託なく受け入れているポップな「世界の終わり」も、村上ワールドの主人公の抱えている明るい、暗さの翳《かげ》を引きずっているのだとすれば、そのセカオワの由来を尋ねてみたくなります。「あんたの意識の中では世界は終っておる」と、「私」の深層意識を分析する「博士」は、「どうしてあんたがそんなものを意識の底に秘めておったのかはしらん」と打ち切り、それ以上追及していません。しかし私はそこに、一種の時代経験のようなものがあるように思えてならないのです。

村上春樹は一九四九年生まれで、いわゆる「団塊世代《アダルト・チルドレン》」のしんがりに属します。この世代は今や立派なお年寄りのはずですが、その自覚のない万年青年が多いようです。達者なこの集団のトップランナーのような異色の哲学者、中島義道（一九四六年生まれ）は、二〇一一年六月に『明るいニヒリズム』という本を出しました。東日本大震災の直後ですが、それには一切触れられません。そんな世の喧騒とは無関係に、「世界」とは「無」にほかならず未来も過去も仮象にすぎない、とする純然たる哲学的真理が明るく語られるのです。

じつに、一瞬一瞬、宇宙の総体は消え続けているのであり、持続してあるかのようなものはただの観念の集合であって、人間が言語によって拵え上げた架空物なのである。〔……〕私はいずれ死ぬであろう。そして、私は何も失わないであろう。なぜなら、「あとに残した世界」は完全に無だからであり、せいぜいそこには「あたかもあるかのように」言語によって捏造された精巧な仮象が舞っているだけだからである。〔……〕私がタリバンのように自爆テロを企てなくても、全世界はみずから消滅しつつあるのである。〔……〕人類が宇宙から消え果てるとき、何も「あと」には残らない。宇宙は絶えず消えゆくだけなのであって、全人類史も「あった」かのように思われる言語的構成にすぎない。[6]

「いま、飛行している全世界の飛行機が、そして私の乗り込む飛行機をはじめこれから離陸する全世界の飛行機が墜落したらどんなにいいことだろう」[7]。そう冷然と言い放つ過激なニヒリストは、この世は無でしかないと観ずる境地に辿りつくことで、「心地よい」「解放」[8]を味わい、ようやく老成の境涯に至ったかのごとくです。

しかし私には、この悟りの境地が純然と哲学的に導出されたとは思えないのです。同質のニヒリスティックな明るさが、同世代の作家にもそっくり見られるとすれば、それは徹頭徹尾、時代の産物と言うべきです。「世界の終わり」を、歌や小説とは別の仕方で表現する理論肌が、自説を超時間的な真理であるかのように唱えているだけです。世界の総体を過去・未来もろとも斬り捨て、意味付与する「私」の刹那的湧出に開き直ろうとする虚無《こむ》僧ぶりには、脱帽するほかありませんが。

『人類が永遠に続くのではないとしたら』

現代日本を代表する団塊世代の哲学者を、もう一人挙げましょう。一九四八年生まれの加藤典洋です。中島と違って、加藤は3・11によって突きつけられた問題に鋭敏に反応しており、二〇一四年六月、『人類が永遠に続くのではないとしたら』という本を出しました。

いつのまにか、私たちは人類は有限であるという感覚を、受けとり、身につけはじめているのではないか。〔……〕
人類が有限だとしたら。
そして永遠に続くのではないとしたら。
そのこともまた、そのことじたいで、人間について、私たちがまるきり考え方を変えなければならないことを、示唆しているのではないだろうか。(9)

福島原発事故という出来事を重く受け止め、そこからオリジナルな思考を展開しようとする意気に溢れていることが分かります。こういう「思想」スタイルは、中島の断固拒否するところでしょうが、その一方で「世界の終わり」を思索のテーマとする点では共通しています。村上、中島、加藤と、団塊の世代の名立《なだ》たる物書きが各様のスタイルで揃ってモティーフに据え、全体として多重奏を奏でているもの、それはまさしくセカオワなのです。

この点で、加藤は或る示唆を与えてくれています。自分たちは一九六八年という「異様な年《アヌス・ミラービリス》」(10)を引きずった世代だと、自覚的に述べているからです。なるほど一九六八年には、パリの五月革命を筆頭に、全世界的に若者の動乱が頂点に達しました。「ちょうどこの年に二〇歳だった私などには、自分の基本的な生の気分が、その前後数年の高揚によって鋳固められてしまい、それを変更することはいまなおできない、と感じられる。自分がその時代によって作られたという感をぬぐえないまま、一生を終えそうな気さえする」(11)。

上げ潮の時代の熱気とその終わりをじかに体験した者の正直な述懐だと、遅れてやってきたシラケ世代の私などでも思います。革命という始まりの出来事を待望した時代の申し子たちが、世界の終わりの意識に、死ぬまで苛《さいな》まれることになるとは、皮肉な話です。

しかしそれにしても、この始まりの時代経験によって、団塊の世代に「世界の終わり」が注入された、とするだけではまだ説明が足りないように思います。もっと別の、いっそう由々しい始まりが、彼らには刻印されていたのではないでしょうか。始まりがまさしく世界の終わりを孕むような、そういう異様な始まりがそこにはあったのではないか。

団塊の世代とは何者か？

今や老齢年金の消尽勢力として脅威の的となっている世代も、「新しい世代」と呼ばれた時代がありました。彼らは、血気盛んだった一九六八年当時、それ以前の世代の目に、やはり脅威の的と映りました。「あいつらは一体何者なのだ？」と訝《いぶか》しむ声があちこちで囁かれる中、一九〇六年生まれのハンナ・アーレントは、「世界の終わり」に敏感な革命志向の若者たちの観察結果を、『暴力について』（一九六九年成立、同名の書は七〇年刊、七二年の論文集『共和国の危機』に再録）にこう記します。

> この世代に、「五十年後の世界はどうあってほしいか」と、「五年後の自分の生活はどのようなものであってほしいか」という二つの簡単な質問をしたら、その答えにはまず、「もし世界がまだ存在していたとすれば」とか、「まだ私が生きていたとすれば」とかいう但し書きがついていることが非常に多いだろう。ジョージ・ウォールドの言葉を借りれば、「われわれが直面しているのは、未来があるということに決して確信をもてない世代である」。というのも、スペンダーの言うように、未来は「現在に埋め込まれ、カチカチと時を刻み続けている時限爆弾のような」ものだからである。この新しい世代はいったい何者なのかという、よく耳にする問いに対しては、このカチカチいう音が聞こえる人びとだ、と答えたくなる。(12)

アーレントの診断によれば、団塊の世代――日本では「全共闘世代」とも言われ、世界的には「新左翼《ニューレフト》」とか「ベビーブーマー」とか称されます――とは、世界の終わりを刻む時限爆弾の音が聞こえる人びとだ、というのです。トカトントンならぬカチカチいう音がいつも聞こえてくる人間にとって、世界は当初から無を抱え込んでおり、終わりは刻一刻宙づりにされたままです。「世界の終り」へまっしぐらに進む村上春樹の小説にも、未来は一切存在しないと断言する中島義道の時間論にも、同じ虚無が広がっています。世界の終わりがいわば既成事実化して体内に埋め込まれているのが、団塊の世代なのです。

アーレントは、新しい世代が「世界で最初に経験した決定的なこと」は、「世界の終わり」だった、としています。(13) もう少し詳しく言うと、こうです。「新左翼の情念と躍動、彼らをいわば信頼に足るように思わせているのは、現代の兵器が異様な自殺的発達を遂げていることと、密接な関係がある。彼らは、原子爆弾の影に覆われて育った最初の世代なのである」(14)。

革命を叫び暴力も辞さず学園闘争にのめり込んだ世代は、原子爆弾が炸裂して終わった第二次世界大戦の直後に生を享けました。殲滅戦争の爪痕の残る地上に産声を上げた戦後世代の体内には、いわばアプリオリに「世界の終わり」が格納されたのです。次いで彼らは身を以て冷戦の恐怖を体験することになります。核戦争の悪夢を埋め合わせるべく喧伝された平和利用の申し子が、われら原子力時代の子どもたちだったとすれば、その一昔前、人類を絶滅させるテクノロジーが狼煙《のろし》を上げた瞬間にどっと生まれてきたベイビーは、ズバリ「原子爆弾の子どもたち」と命名すべきでした。そういう出自からすれば、彼ら「原爆の落とし子たち」が革命（その後は改革）と称して破壊を求めてきたことも、理解できそうです。

三　戦争の世紀と「世界無化」の哲学

かくして、「世界の終わり」をめぐる小散歩は、原爆の赤ん坊たち《アトミック・ボムズ・チルドレン》が夥しく生まれてきた終戦直後の光景に到り着くことになります。「戦争と革命の世紀」のピークをなした第二次世界大戦が終わったとき、人びとの脳裏をよぎったのは、「世界の終わり」でした。ここでの主役は、産声を上げ始めた原爆チルドレンではもちろんまだなく、全体戦争の地獄をくぐり抜けてきた——アーレントもそれに属する——戦中派です。

世界の終わりから存在論へ

その戦中派の一人でアーレントと同い年生まれのエマニュエル・レヴィナスは、フランス兵士として出征して捕虜となり、生国リトアニアの親族はドイツ軍に皆殺しにされました。一九四七年に出た『実存から実存者へ』の本論は、「世界の終わり（la fin du monde）」の観念から説き起こされます。

「壊れた世界」とか「覆された世界」とかいった表現は、今やありふれた常套句と化してしまったが、それでもやはり、ある掛け値なしの感情を言い表わしている。〔……〕たしかに、一つの世界の黄昏のなかに、世界の終わりという古くからの強迫観念が甦ってくる。(15)

レヴィナスは、人類に古来取り憑いてきた強迫観念が今やキーワードとなり、「人間の運命の一時機を言い表わしている」と判じます。「というのは、世界に対する私たちに関係の不断の作用が途切れるそのとき、〔……〕存在という無名の事実が見出されるからである。〔……〕世界の終わりという状況のなかで、私たちを存在に結びつける第一の関係が立てられる(16)」。廃墟と化した現実を前にして、万事は終わったという思いに捉えられるとき、世界との馴染み深い関係は途絶します。この終末論的状況こそ、哲学的な問いを発する好機であり、世界の終わりという「無」を前にしての驚愕から「存《あ》在《る》」とはどういうことなのかと問う哲学が始まるときだ、というのです。

　戦後の虚無の中から、存在論の問いが立ち昇ってくる——。何を暢気なことを、と決めつけるなかれ。戦中戦後の困窮生活を必死に生き抜いた人びとは、生殖に励んだだけでなく、「実存」の意味を、飢《かつ》えるくらい求めたのです。そうでなければ、当時の「実存主義」大流行——ベビーブームと並ぶ思想ブーム——は説明がつきません。逆に、たらふく喰っている消費社会では、出生率が低下するだけでなく、哲学は無用扱いされるのが習いです。

　ともあれ、虚無を覗き見た戦中世代は、世界の終わりに臨む存在論を再開する可能性を見出します。哲学的探究の出発点に据えられるのは、まさに「世界の無化」なのです。

> あらゆる存在（les êtres）が、事物も人もことごとく、無に帰したと想像してみよう。〔……〕たとえ無の夜や沈黙にすぎないとしても、何ごとかは起こっている。この「何ごとかが起こっている」の不確かさは〔……〕、非人称構文における三人称の代名詞のようなもの、いわば主体を欠いた無名の行為そのものの性格を示している。非人称的で無名の、しかし鎮めがたい存在のこの「焼尽」、無名の奥底でざわめき立てるこの焼尽を、私たちは〈ある〉（*il y a*）という言葉で書き留める。〈ある〉は、人称的形態をとるものを拒むという点において、「存在一般（être en général）」である。[17]

何もかもが「焼尽」した果てに残る何かを、レヴィナスは〈ある〉と呼びます。Il y a… というフランス語は、ドイツ語の Es gibt… や英語の There is… と似て、「…がある」という意の非人称表現です。一切の存在者が不在となり、裸形の〈ある〉のみがひたすら迫ってくる、という経験は、夜中に寝つけない「不眠」のただ中で、「〈それ〉が目覚め」、「存在そのものの不眠」に曝される、という具体例に即して記述されます。(18) さらにそこから、「存在そのもの」の禍々《まがまが》しき圧迫——古い観念では「真空の恐怖」——から逃れ、存在者とりわけ他者と遭遇することへと進むのですが、存在論から存在者論へのレヴィナスの転回は、ここでは措きましょう。

戦争の世紀と「世界無化」の誘い

レヴィナスの〈ある《イリヤ》〉の記述は、不安の気分に襲われ一切が無意味さを呈する「世界の無」に直面することから問いの推進力を得ようとするマルティン・ハイデガーの存在論のネガのごときものとなっていますが、そのハイデガーが『存在と時間』で存在論を展開したのは、一九二七年です。いわゆる戦間期ですから、第二次世界大戦の予告というよりむしろ、ハイデガー自身徴用された第一次大戦という総力戦が、不安と死の哲学の背景にあったと考えるのが自然でしょう。しかし話はそう単純ではありません。ハイデガーが「世界」をカッコ入れする流儀を学んだのは、エトムント・フッサールの「現象学的還元」だと思われますが、そのフッサールがこの方法態度を打ち出したのは、一九一三年刊の『イデーン』第一巻です。驚くべきことに、「世界無化（Weltvernichtung）」の想定から哲学が始まる、と公然と唱えられたのは、第一次世界大戦前夜なのです。

近代ヨーロッパの栄華を一転して荒廃に追い込む大戦争を、あたかも予言するように、フッサールは、「世界を無化しても残余として絶対的意識は残る」[19]という説を唱えました。自然的に与えられる通りに世界が存在しているということを、「判断停止」し「遮断」し「カッコに入れ」ようとすることの態度変更は、レヴィナスの「あらゆる存在が無に帰したと想像してみよう」との誘《いざな》いのお手本です。レヴィナスでは、存在者なき〈ある〉がひたすら現前するとされましたが、フッサールでは、「事物世界が無と化せしめられ」ても「意識の存在」はそっくり残るとされます。[20]ここに取り出される「純粋意識」という現象学の根本領野から、今度はあらゆる実在の意味が汲みとられ、いったん遮断された世界がこの領野において回復される、というのです。世界に対する意識のこの絶対優位を、村上ワールドや中島ニヒリズムがなぞることになります。「世界の終わり」が意識の内部に接収され、一切の意味源泉がそこに見届けられるという冒険物語が、フッサール現象学のシナリオなのです。

そう考えると、戦争という「現実」が、文学や思想に影響を及ぼし各世代のメンタリティを規定する、と見るのでは不十分だということが分かります。フッサール現象学の方法論は、戦争の世紀が正体を現わす以前に「世界無化」を通告していたのであり、二度にわたる世界大戦と絶滅収容所の死体製造と殲滅兵器の炸裂と平和利用がそれに続いたのです。

ニーチェのエピソード、ホッブズの仮定

それはいくら何でも考えすぎではないか、と言われるかもしれません。しかし話はまだここで終わ

らないのです。人類が戦争の世紀に突入するだいぶ前の一八七二年、フリードリヒ・ニーチェは「真理の情熱について」という文章中に、次の挿話を書き込みました。

顫《せん》光を発しながら無数の太陽系となって注ぎ出された、この宇宙のどこか一つの辺鄙《へんぴ》な片隅に、認識というものを発見した怜悧な動物どもがかつて住んでいた、一つの天体があった。それは宇宙の歴史上の不遜極まりない、しかもでたらめこの上ない瞬間であった。だがそれは、たった一瞬にすぎなかった。自然のほんの二、三呼吸の後に、その天体は凝固し、怜悧な動物どもは死滅しなければならなかった。それはしかし、時宜を得たことでもあった。というのも、彼らは多くの認識を得たと威張っていたのだが、でもついには、自分たちがすべてを間違って認識していたことに、まったく腹立たしいことながら、気づくに到ったからであった。彼らは死滅し、そして死滅する折に、真理を呪った。それが、この認識を発見したという絶望し切った動物たちの種族なのであった。[21]

ニーチェと言えば「神の死」で有名です。これに倣って二十世紀後半、ミシェル・フーコーは「人間の終焉」という言い方を流行《はや》らせました。じつはそれに先立ってニーチェ自身が、人類という種族の「死滅」を語っていたのです。「世界の終わり」がそこに姿を見せているとすれば、その由来を尋ねる逍遥《しょうよう》は、二十世紀ではとても収まらないでしょう。

そう思われてならないのは、ニーチェをさらに遡ること二百有余年、トマス・ホッブズが一六五五年刊の『物体論』で、まさしく「世界無化」の想定を行なっているからです。

自然を論ずるにあたって、欠如から始めるのが一番よい。つまり、世界が抹消されたと想定してみるのである。しかるに、そのように世界の無化（anihilatio）を仮定したとして、おそらく次のように問うことができよう。つまり、一人残った人（この全世界消去から唯一除外される人）には、それについて哲学的に研究すること、あるいは総じて推論することができるようなものとして、いったい何が残るだろうか、と。[22]

ホッブズの答えはこうです――「その人には、彼が世界抹消以前に見ていた〔……〕世界ならびにあらゆる事物の観念が残る」。事物の記憶、想像、仮想にすぎないものが、「あたかも外在的に、かつ精神の何らかの力にはまったく依存せず存在するかのように見える」。しかもじつはそのことは、「世界が存立しているときでも」変わらず、一切は「われわれの仮想以外の何物でもない」。[23]世界があろうがなかろうが観念は何ら傷つかないのだと、そう宣言されて始まったのが近代哲学だったのです。「人類が永遠に続くのではないとしたら」という仮定をニーチェが先取りしていたように、「世界を無化しても意識は残余として残る」として始まる哲学体系を、ホッブズはとうに築き上げていました。あたかも、現実そのものが観念に先行され、丸め込まれたかのようです。とすれば、戦争の世紀と原子力時代を経めぐってきた人類の世界史的経験とは、いったい何だったのか。まさか、想念の中にすっぽりはまり込んで抜け出せなくなるシナリオ通りだったのか――。どうやら私たちは、ちょっと散歩に出かけたつもりが、気がつくと世界を見失いかねない雲行きです。「世界の終わり」という大それた観念を弄《もてあそ》びすぎて仕返しされているのかもしれません。

四　世界の超越と世代の問題

世界が無と化す光景を想定することから近代哲学は始まった――ここまで辿り着いて、当然思い当たることがあります。ホッブズの同時代人であったルネ・デカルトが、「一切を疑うべし」と宣言し、世界の実在を疑う試みに乗り出したことです。近代の初めから「世界」は遮断され、カッコに入れられてきたのだとすれば、その末裔たる現代人の意識に「世界の終わり」が刻み込まれているのは、当初の筋書き通りだったということになりかねません。

十七世紀の哲学者があみ出した想念を忠実になぞって、近代という時代は世界無化の哲学をおりにふれて生み落とし、その延長線上で人類は二度の世界大戦を演じ、そこで手に入れた自滅手段のもとで終わりへの共同存在を現に生きている――。これが実情なら、「世界の終わり」とは、一時の流行にとどまらない、人類史の運命を奏でる基調低音だということになります。そういう面もどこかありそうですが、もちろんそれで済む話ではありません。

終わりは果てしなく、世界は終わらない

ここで私たちは、二通りの素朴な疑問が沸き起こることに気づきます。

第一に、ホッブズやデカルトの時代に、一体何が起こったのか。哲学者の観念の中での操作には決

して還元できない、「世界の終わり」を近代に刻印させるほど途方もない出来事が、そこにあったのではないか。無に取り憑かれた近代哲学の出生の秘密をあばき出すという課題が、ここに浮上します。私見では、ニヒリズムの系譜学は、伝統的世界観の革命的転換という大事件――一般には十七世紀科学革命と称されます――に行き当たります。もはや追跡できませんが、世界の終わりの由来を尋ねる道程は果てしなく、そうやすやすと終わることはありません。

第二に――今回とくに強調したい素朴な疑問です――、少なくとも四百年近く人類が終末論に冒されてきたわりに、世界は終わっていませんが、それはなぜか。これにはあっさり答えましょう。世界とは、終わりそうに見えてそうやすやすと終わらないものだからです。

ささやかな人生を生きる私たちには、ああもう世界は終わってしまった、と思わずにいられない瞬間が、まま訪れます。そうした終わりの根本経験が、世代規模で大がかりに生ずることもあるでしょう。しかし、そんなことで世界は決して終わりません。終わったと思い込むのは、思い上がりでしかないのです。なぜか。私たちは世界にかりそめ住んでいるにすぎず、世界そのものは、そこにやって来てはそこを去ってゆく死すべき者とは、別物だからです。世界は、その住人の存在をはみ出し、それを超えた何かなのです。それが自分の意識の内部に解消されうると好き勝手に仮想できるのも、当人が世界内存在しているからなのであり、世界内存在の様態としてなのです。世界の存在は、個々の人間の存在を超越しています。とはいえ、この単純なことに気づくのは、世界の終わりを実感したときにこそだという、もう一方の実情も忘れてはならないでしょう。ちょうど、3・11の衝撃のあと厳然と見出されたものが、世界のしぶとい存続であったように。

デカルトは、近代の「無世界的主観」という隘路《あいろ》の発祥だとされてきました。しかしそのデカルトは、『第一哲学についての省察』（一六四一年刊）の第三省察で、私の観念の中に、私の観念をはみ出すものが否定しがたく見出される、と指摘しました。それは、不完全で他に依存するほかない有限な私の観念の内にひそむ、より大きく完全な、無限なものの観念です[24]。この超特大の観念が、私の内部に由来することはありえず、その由来を遡ってゆくとき、私の外部に当の無限なるものが存在する、としなければどうしても説明がつかない、ゆえに無限なるものが現実に存在する、という結論に至るのです。

その場合、無限な存在者とは「神」でした。こうして神の存在証明がなされたのです。「神の死」が自明視されたかに見える今日、デカルトの論証を鵜《う》呑みにできる人は少ないでしょう。しかし、この議論にはなお学ぶべきものがあります。ちょうど、〈ある〉の真空から逃れ出ようとしたレヴィナスが、デカルトにおける無限の観念に導かれて「他者」を見出したように[25]。私の存在には、この私の存在を優にはみ出すものがあります。私が何らかの世界の内に存在するかぎり、その世界は、私の存在には断じて回収不可能な、それをはるかに凌駕する何かなのです。

終わりと始まりを結ぶもの

世界の超越は、形式的に推論されるのではなく、世代という現象に如実に露呈します。団塊ニヒリストがいくら「世界の終わり」を呟こうと、それとは裏腹に新しい世代が次々に生まれてきます。思えば、世界が決定的に終わったかのごとき様相を呈した歴史的瞬間に、この世に生まれてきたのが団塊の世代であり、彼らはすくすくと「新しい世代」に育っていったのでした。アーレントが全体主義の惨禍を凝視した果てに、生まれ出ずる者たちの「出生性」に思い至ったとき、彼女の目に映っていた子どもたちが、このベビーブーマーでした。子どもが誕生するかぎり、世界は終わらない――これが、アーレントの根本確信となったのです[26]。古い世界の破壊を志した若者が老年期を迎え、かつての新しさがすっかり古びてしまったからといって、何が変わるわけでもありません。

　注意すべきは、世界の超越が、世代交代と込みで初めて意味をなすという点です。世界は、そこに住まう者たちとまったく独立に存在するのではなく、超越しつつ彼らの存在と相関しています。放っておけば朽ちてしまう世界を、死すべき生まれ出ずる者たち、つまりわれわれ人間は、そのつど手をかけて更新しつつ、世代から世代へ受け渡してゆくのでなければなりません。また、そのような世界への配慮を通してこそ、隔たった世代間に相互交流が成り立ちうるのです。現在、過去、未来の人びとに共通な、彼ら相互の遣り合いを可能とする、終わりと始まりを結ぶもの――、それが世界という絆なのです。

第Ⅱ部　子ども、世界、老い

東京女子大学旧体育館・館内　EXILE が「道」PV 撮影で踊ったフロアー
（撮影：兼松紘一郎氏）

第五章　子どもと世界

――アーレントと教育の問題

一　世界疎外と教育の危機

ハンナ・アーレントは――政治理論家や思想史家、ユダヤ人や女性である以前に――まずもって哲学者であった。哲学者とは、自分の生きる時代にあって何が真に根本問題であるかを摑み、その問題をじっくり考える人のことである。しかも、「神の死」を未曾有の出来事と捉えたニーチェこのかた、哲学は近代批判という意味での歴史的省察のスタイルをしばしばとるようになった。では、アーレントの目に最も根本的と映じた近代固有の問題とは何か。「世界疎外（world alienation）」がそれである。ニーチェの「ニヒリズム」の向こうを張ってハイデガーが思索の事柄を「存在に見捨てられた状態・存在棄却（Seinsverlassenheit）」と言い表わしたように[1]、アーレントはみずからの根本テーマを「世界疎外」と名づけた。われわれ人間の住み処《か》である世界がわれわれ自身にとってよそよそしいものとなり、そのリアリティが雲散霧消していく近代全体の大いなる動向が、そう呼ばれたのである。

世界疎外については、主著『人間の条件』第六章で詳しく論じられる。自己疎外ならぬこの世界疎遠化は、一方では、ガリレオが望遠鏡で天界を覗いて以来、現実への接近通路としての感覚ならびに理性への信頼が失われたことに由来し――これにより伝統的世界観は決定的に崩壊し、そのあおりで無世界的主観から出発する近代哲学が生まれた――、他方では、宗教改革期の教会領没収に端を発した私有財産の徴用過程が、地球上に巨大な労働者＝消費者社会を現出させるに至ったことにもとづく、という。

アーレントは、他の著作でも「世界疎外」にふれている。なかでも印象的なのは、主著と同じ一九五八年に発表され、『過去と未来の間』に収められた「教育の危機」における言及である。この論文によれば、現代人を悩ます「教育の危機」という現象は、地球を次第に覆いつつある世界疎外の顕著な現われの一つだという。世界疎外という巨大な問題へ差し戻すという仕方で、教育について原理的に論ずる可能性がそこには示されている。教育問題とは、世界問題の一つの系なのである。では、その場合の「世界」とは何か。現象学において世界は、括弧に入れられてはじめて主題化される。この公準に従うかのように、アーレントにおいて世界問題は、世界疎外という欠如の様態をとって、真にそれとして浮上する。

以下では、「子どもと世界」というやや耳慣れないテーマ設定のもと、出生、世代、教育、ひいては権威の問題と結びつくかぎりでの世界問題について理解を深めることにしよう。

二　教育の本質——出生性

アーレントによる教育哲学への寄与「教育の危機（The Crisis in Education）」はこう始まる。

> 現代世界は、そのあらゆるところ、ほとんどすべての生活領域で、全般的危機に見舞われている。この危機の現われ方は、国ごとに異なるし、それが巻き込む地域も、それがとる形態も、まちまちである。わが国では、その最も特徴的で示唆的な局面の一つが、教育の危機として繰り返し現われている。教育の危機は、少なくともここ十年間、第一級の政治的問題となっており、新聞にほぼ毎日取り上げられている。（BPF, 173. 強調は引用者。以下本章ではとくに断わりのないかぎり同様とする）

今から半世紀以上も前の論文の冒頭だが、不思議なことに、傍点部（原文では「アメリカ」）に「日本」を代入しても話は通じる。これに続く文章もそのまま現代日本に当てはまる。

> 学校制度全体にわたり基礎教育の水準がたえず低下してきているという危険を見抜くには、それほど想像を働かす必要はないし、事の重大さを強調するには、この傾向を阻止しようと教育当局者が行なってきた数多くの努力がムダに終わっていることを引き合いに出せばよい。（BPF, 173）

「この傾向」とは、近年わが国の教育現場で起こってきたこと——学級崩壊、いじめ、学力低下といった学校教育の一連の機能低下傾向——と解せなくもない。「何であれ一国で起こりうることは、近い将来ほとんどすべての他国で同じように起こりうるということが、今世紀の一般的規則だと見てよい」（BPF, 174）。そうアーレントは診断しているが、これは他人事ではない。かつてアメリカ合衆国で起こっていた「危機」が、その隣国を倦《う》まず模倣してきたわが国にぶり返しているだけなのだとすれば。「今世紀」とアーレントが記した前世紀の中葉と比べて、何が変わったわけでもない。世紀の変わり目に起こったテロ事件がそうであるごとく、「グローバル化」とはこの「通則」の別名かと言いたくなる。

それはさておき、アーレントが哲学者であることを物語るのが、「教育の危機」のこれに続く文言である。アーレントは教育に関して自分は専門外だと認めているが、そういう「素人」（BPF, 174）だからこそ、教育の危機を論ずる意味があるのだ、と言う。その一つの理由は、「政治的問題」と化している以上、当事者や専門家以外の一般市民が関心をもってしかるべきだからである。もう一つの理由は——こちらのほうがいっそう「哲学的」だが——、「危機」というものが総じてもつ発見的効能に関わる。つまり「危機は、その事実が見かけを引き裂き先入観を取り除くことで、問題の本質の露わになっている面を何であれ探し求め問い尋ねる機会を与えてくれる」（BPF, 174）。危機とは、いわば「本質直観」を働かせる「好機」であり、それがいかに災厄に満ちていようと、哲学者にとっては僥倖《ぎょうこう》なのである。では、教育の危機によって露わとなった「問題の本質」とは何か。

アーレントはすかさずこう述べる。「教育の本質とは、出生性である。つまり、人間存在は世界に生まれ出ずる、という事実である」（BPF, 174）。この命題をわれわれは重く受け止めることにしよう。

そして次のように考えたい。教育哲学の根本概念をなすのは「出生性」である、と。だがその前に次の問いが残っている――「出生性」とは何か。

「出生性（natality）」は、『人間の条件』で、「可死性（mortality）」に匹敵する「人間存在の最も一般的な条件」（HC, 8）に数えられ、かつ「政治的思考の中心カテゴリー」（HC, 9）とされているものである。可死性に突き動かされた形而上学的思考が古来さまざまな思弁を生み出してきたのに対し、出生性を根本に据える政治的思考はこれまで存在しなかった。アーレントは、出生性という実存カテゴリーにもとづく新たな政治哲学を構想しようというのである。だがその一方で、この出生性概念ほど理解しにくいものはない。誕生という過去の事実と、新しい始まりをひらく活動の能力とを結びつけようとするこの概念は、哲学者としてのアーレントのいかがわしさの証左とされるか、せいぜい、活動の能力に対する「実存的メタファー」[2]だと解されるのが関の山だった。

　しかるにわれわれには、この謎めいた概念を学び直す有力な教材が与えられていることに気づく。ほかならぬ「教育の危機」における出生性への言及がそれである。

　アーレントは、教育の本質を出生性のうちに見出した。そしてそれは、「人間存在が世界に生まれ出ずるという事実」と言い換えられていた。これだけとっても、出生性が「世界」と結びつけられていることは明らかである。生まれ出ずるとは、世界へと生まれ落ちるということであり、誕生とは世界との出会いの際立ったかたちなのである。それればかりではない。世界に生まれ出ずるとは、世界にはじめて迎え入れられること、ひいては世界の一員となってゆくことを含意している。誕生とは世界への参入の第一の始まりにほかならない。じつにここに、教育と学校の問題も位置づけられる。

「教育の本質は出生性である」という命題は、それでもって教育哲学がすぐ構築されるような便利な公理ではない。それはあくまで、出生性という難解な概念を解きほぐすための手がかりとなるものである。と同時に、教育という実存現象がいかに錯綜した広がりを有するかを思い知るよすがとなりうるものである。繰り返そう。教育の本質を出生性に見出すことは、問題の解決ではなく、真の問題の所在への目配せを与えるのみである。だからこそ、つまり容易ならざる難問の前に立ち止まることになるからこそ、われわれは教育問題を哲学的に語れると言ってよいのだ。そしてその場合われわれの眼前に立ち現われるのは、まずもって「世界」という問題なのである。

三　去来の場――共有される世界

アーレントの活動的生の現象学は、「世界」をめぐって繰り広げられる。「活動的生は〔……〕人びとと人工物からなる世界につねに根ざしている」(HC, 22)。世界重視のこの発想は、ハイデガーの「世界内存在」という考え方に由来する。「出生性」の概念もそこから実ってきた。他方、ハイデガーは大真面目で、世界という現象は伝統的に不断に飛び越えられてきた、と言う (SZ, 65ff. u. 100)。だが、われわれは世界のうちに存在している、と言われても、当たり前すぎてどうもピンとこない。世界内存在を真面目に受け取る、とはいかなることなのか。

ここで、いささか遠回りに見えるかもしれないが、世界内存在の現象学の「世界」概念の特長を、『存在と時間』のあるくだりを引いて、しばし考えてみることにしよう。

死者と共にそのように〔哀悼するという仕方で〕共同存在するからといって、亡くなった人自身はもはや、事実的に「現にそこに」存在しているわけではない。とはいえ、共同存在とはつねに、同一の世界の内での相互共同存在のことなのである。故人は、われわれの「世界」を去り、あとに残していった。遺された人びとは、この「世界」のほうから、なお故人とともに存在することができるのである。（SZ, 238. 強調は原文）

　これは、実存にふさわしい「終わり」の概念を獲得すべく、手始めに「他者の死の経験可能性」を検討している箇所（第四十七節）に出てくる記述である。議論の流れとしては、他者の死の経験を実存論的には適正な現象と認めないことへと進むので、この引用部分の考察も、けっきょくは放置されることになる。だがここには、置き去りにするにはあまりに豊かな洞察が宿っているように思われてならない。ここでの「世界」は、とりもなおさず、われわれが故人と共有している世界なのである。無世界的な超越論的主観を発端に置くことによっては決して得られない「共同世界」の発想が、ここには見出される。

　見られるとおり、ここでの「世界」には括弧が付いている。これを型通りにとれば、この引用符付きの「世界」は、事物の集まり、つまり「世界内部的存在者の総体」だということになる(3)。だがこの場合は、実存論的分析の賭金である真に実存的な世界、つまり「事実的な現存在が事実的に「生きている」当の「場（worin）」」（SZ, 65）と解されてよいのではなかろうか(4)。たとえば、「「公共的」なわれわれ世界」や「「各人固有」の身近な（家庭的な）環境世界」（SZ, 65）のことを指すのだ、と。古代ポリス以来の「公的なもの《ト・コイノン》／私的なもの《ト・イディオン》」の対がここに顔を覗かせているが、それはともかく、実存現象としての世界には、他者との共同存在の場という意味が、必ず含まれている。世界は共有される。世界という場は、そこに生きている人びとによって「ともに分かたれている」のである。

　先の引用箇所における「世界」もまた、「共同世界」を意味する。ではなぜ引用符に入っているのかと言えば、それが死者と共有されるという特別な意味での共同世界だからであろう。死者の肉体が滅んでなおその霊魂が存在するかどうかは、現存在分析論の埒外《らちがい》にある問いと言わざるをえない。だがそれでも、死者の存在は世界内存在の現象学のれっきとした主題となりうる。なぜなら、われわれは、死者が暮らしたその同じ世界に暮らすという仕方で、彼らと今まさに関わっているからである。逆に言えば、死者とのこうした関係性を一切捨象して、そのつど現に生きている人びとにとっての世界の共同性を論ずるだけでは、まったく不十分なのである。

　われわれは、生きているかぎり「あの世」について語りえないとしても、それを介して死者と関係を保ち続ける共同世界を論ずることならできる。それはまさに「この世」を積極的に語ることなのである。死者はなおわれわれと世界を共有して居る。なるほど死者は「世界を去った」が、それとともに「世界をあとに残していった」。ここで問題となるのは「世界を立ち去ること・他界（Aus-der-Welt-gehen）」（SZ, 238）という現象である。他者が死ぬことは、無に帰することではないし、亡骸《なきがら》や遺影を残すことだけでもない。なるほど、遺品を大切にすることは、物件への関わり――ハイデガーの術語では「配慮（Besorgen）」――であるが、それにとどまらない。哀悼を捧げ、葬式を行ない、墓参りに出掛け、供養することは、まずもって人格への関わり――「顧慮（Fürsorge）」――である。「顧慮」

が共同存在の接し方を意味するかぎり、死者に対して顧慮を払うという仕方で、生者は死者と共同世界を現に共有していることになる。ここでの世界とは、純粋意識の観念的相関者などではなく、死者との関係がそれによってリアルに保たれる事実的絆である。

生きている者どうしにとってだけではなく、生者と死者との関係においても、「この世」は、共同世界として紐帯《ちゅうたい》の役目を果たす。しかもこの場合の世界は、そのつどの個人対個人の人格関係を超えている。個々人の生死を超えて存続するのが、世界なのである。世界が存立し続けるからこそ、われわれは時代を隔ててなお共同存在について有意味に語ることができる。生死を超えた世界の「超越」性はこれまで必ずしも注目されてこなかったが、ハイデガーの死の分析の成果の一つとして再考に値する。「伝統」や「歴史性」にしても、各時代を超えて持続する世界という概念を前提してはじめて意味をもつ。

先に進む前に、留意すべき点が二つある。一つは、「世界を立ち去る」という意味で死ぬことは、現存在の可能性としての死の概念を大きくはみ出すという点である。ハイデガーの用語法からすれば、「世界を立ち去ること」は、「死亡すること（Sterben）」と区別された「落命すること（Ableben）」（SZ, 247）に当たる。実存不可能性の可能性へと関わりゆくことではなく、まさに命を落とすことが問題となっている。自己自身の死への再帰的関係性が実存の基底をなすこととはまた別に、他者の落命によってそこに現に残され、生者に託された共同存在の場は、世界内存在の現象学の真正のテーマとなりうる。

もう一つ、こちらのほうがいっそう決定的なのだが、「世界を立ち去ること」に対応するこの世的な現象を、われわれは忘れるわけにはいかない。「世界にやって来ること・生誕（Zur-Welt-kommen）」がそれである。死んでいった者を顧慮して世界が護持される必要があるのと同様に、これから生まれてくる者を顧慮して世界は保持される。このもう一つの「超越」問題をまともに引き受けたのが、アーレントの誕生の哲学だった。可死性とともに出生性を人間の根本条件に据える活動的生の現象学は、世界内存在という考え方を、死のみに回収しない仕方で受け止めることによって可能となった。『人間の条件』の次のくだりを、『存在と時間』の上掲箇所と引き比べてみれば、その継承関係は明らかだろう。

> われわれが生まれたときそこにやって来、死ぬときあとに残すもの、それが共通世界である。世界は、過去と過去のどちらの方向にも人間の寿命を超越している。世界は、われわれがやって来る以前からそこにあったし、われわれの短い滞在期間を超えて続くことだろう。われわれと世界を共有するのは、われわれとともに現に住んでいる人びとばかりではない。以前ここにいた人びと、われわれのあとにやって来る人びともそうなのである。（HC, 55）

世界とは、誕生とともにわれわれがそこへとやって来ては、死によってそこから去ってゆく、共同存在の場である。そうした世界概念は、世代という現象と結びついている。

四　世代の概念――その双面性

もう少しだけ『存在と時間』の復習を続けよう。「時間性」の具体相たる「歴史性」の議論でも世界概念が中心に据えられ、しかも時代を超えた存続性が認められるからである。

歴史の問題はさしあたり、過去の遺物を手引きとし、現在との断絶に着目して説き起こされる。博物館に現に陳列されている古道具が「歴史的」なのは、それが属していた「世界がもはや存在しない」(SZ, 380) からである。その道具を使って暮らしていた人びとは、もはや実存しないが、だからといって「過ぎ去った」のではなく、「現に既在的 (da-gewesen)」なのである (SZ, 380)。一般に「他者は世界のほうから出会われる」(SZ, 119)。往時の人びと、つまり「現に既在的な現存在」も、「既在の世界」(SZ, S.381) のほうから、現在のわれわれにはじめて出会われる。既在の世界はこれはこれで、それに由来する道具的存在者――「世界歴史的なもの」(SZ, 381) ――にことよせて、みずからを告げてくる。

世界の「既在性」は、それに帰属していた物が伝承され保存されていることを条件に、当の世界が「復活」する可能性を秘めていることを含意する。現存在の歴史性は、現に既在的な現存在――つまり先人たち――の実存可能性へと遡行しそれを「反復」する「瞬間」に宿る。そうした「応答」(SZ, 386) のためにも、かの可能性を痕跡として保つ遺産が代々伝えられねばならない。遺贈されたものを甦らせるのが、反復なのである。

現存在は、他者とともに存在している以上、その歴史性の内実たる生起は「共同生起」であり、その運命は「共同運命」である。この文脈において「民族」や「世代」が取り沙汰されるが (SZ, 384f.)、それも当然である。「同時代」に生まれた「同胞」とともに何ごとかを為すこと、その共同生起こそ、歴史の歴史たるゆえんなのだから。ハイデガーの議論に問題があるとすれば、それは、民族や世代について語った点にあるのではなく、むしろわずかしか語らなかった点にある。[5] 目下のわれわれの関心からすれば、世代の概念が重要である。ここで立ち止まってあらためて考えてみよう――「世代」とは何か。

ハイデガーが「世代」の概念に言及するさい参照を促しているディルタイの論文「人間、社会および国家に関する諸科学の歴史の研究について」[6]によれば、「世代とは〔……〕まずもってある時間的間隔を表わす名称である」（MGS, 36）。「この時間的間隔は、誕生から、世代という木に新しい年輪が平均して生ずる一定の年齢まで、つまり約三十年間である」（MGS, 37）。「年輪」の比喩に示されているように、世代とは、次世代、次々世代と、連続的、周期的に積み重ねられ、絶えず更新されてゆく新旧の間柄なのである。生きられ体験される時間を数える単位たるこの期間において、おのおのの時代に生まれた人びとは、成長し、大人になり、ひいては親になってゆく。世代の概念には、生誕、発育と学習、成人、対化と生殖といった「生の諸連関」が包含されていることが分かる。世代とは、まさしく出生性という人間の条件の具体化されたかたちの一つなのである。

他方、世代は、通時的関係にとどまらず、共時的関係でもある。「世代とは、次いで、個人どうしの同時性の間柄を表わす名称である。いわば相並んで成長した人びと、すなわち、共通の幼年時代や共通の青年時代をもち、壮年期をほぼともに迎える人びとのことを、われわれは同一世代と呼ぶ」（MGS, 37）。たまたま同じ時代に生まれた者たちが、成長期の「多感な時代」（MGS, 37）に同じ事件に遭遇し、そこから影響を受ける。そういう「因縁」（MGS, 37）――ハイデガーの言う「共同運命」――によって、ある世代が形成されるのである。ディルタイの伝記的作品がまさに示しているように、世代とは、たんなる形式的時間単位ではなく、特定の時代に具体的刻印をおびて登場する「何々世代」なのである。逆に言えば、ある人物の生涯とその特徴を記述するためには、当人の家族、性別、故郷、民族、風土等とともに、世代という出生規定も考慮しないわけにはいかない。

確認しよう。世代は二つの契機からなる。共時的な同世代と、通時的な世代交代である。同時性と継起性という、世代のこの時間的双面性を考えるうえで考慮すべきは、たんなる他者との共生にとどまらない、異なる世代の間での世界の共有という面もそこに具わっていることを忘れてはならない。

もともと「世代（Generation）」とは、言葉からして、発生・生殖に関わる事柄であり、そのかぎりでは、明らかに生物学的現象である。だから、動植物についても「世代」ということは語られる。[7] これに対して、人間存在に固有な世代ということが語られうるとすれば、それが世界と結びついて意味をなすことによる。同じ世界に生まれ、その同じ世界を現有しているのが「同世代」であり、生まれては死んでいくことにおいて同じ世界を引き継ぎつつ存続させているのが、次々に交代を繰り返す「新旧世代」なのである。

ハイデガーはかつて、石は「無世界的（weltlos）」であり、動物は「世界に乏しい（weltarm）」のに対し、人間は「世界形成的（weltbildend）」だとした。[8] 世代とは、まさにそういう意味での人間的世界を共有する者たちなのである。しかも、世代を形づくる人びとは、「死すべき者たち」である以上に、「生まれ出ずる者たち」である。ディルタイの世代概念にも見られたように、世代を規定するのは、可死性というよりは、出生性である。言いかえれば、われわれがこの世界に生まれ出ずるという事実こそが、世代を成り立たせる。

他方で、世代交代の意味には、旧世代が退場すること、つまり先述の意味で「世界を立ち去ること」が含まれている。「世界にやって来ること」と「世界を立ち去ること」のバランスをもった統一において、世代の継起性は保たれる。旧世代がいつまでも現役のままでいようとし、退場を拒むなら、世代交代の恒常性は乱され、世界は古いものに満ちて停滞を余儀なくされる。世界にやって来る者たちをわれわれが待望し、歓迎するのは、彼ら新人が、そのままでは古くなってゆく世界を、新しくしてくれるからである。(9)

かつてニーチェがツァラトゥストラにいみじくも語らせたように、子どもとは「新しい始まり(10)」である。世界と世代の問題を瞥見したわれわれは、子どもについてのアーレントの考察にようやく立ち入ることができるようになった。

五　子どもという二重の存在

これまでをまとめよう。ひとくちに「共生」と言っても、そのあり方には、世代の双面性に応じて、二つの根本形式がある。一つは、この世界に現にともに存在している者たちとの共同性。もう一つは、かつてこの世界に存在した人びととの、またこれからこの世界に存在するであろう人びととの、時代を跨いだ共同性。世界はこの二通りの仕方で共有される。前者を、世界の「同時的共有」、後者を、世界の「継起的共有」と呼ぼう。世界の広がりに応じてその同時的共有にはさまざまな範囲があり、狭い範囲を超えた連帯可能性が模索されてもいる。だが、世界の継起的共有に関しては、「世代間倫理」という仕方で取り沙汰されるようになっているものの、まだまだ議論が尽くされているとは言いがたい。(11)

一つには、近代という新しさの時代、さらにはその近代をも早々と超克したがる現代において、世代を超えて続いてきた既在の世界をいかにして引き継いでいくか、つまり伝統の継承という問題がある。世界の存続に関わるこの世代問題は、われわれ現代人にとって他人事ではありえない。われわれ自身、われわれの世界を次の時代に引き継いでもらわねばならないからである。世界が次世代に受け継がれていくこと――たとえば、ディルタイは「ヨーロッパ的学」の「学的精神の連続性」(MGS, 38f.) について語る――に無関心を決め込むことは、人間的世界の荒廃と動物状態への退行を招来することだろう。

もう一つ、伝統の継承とワンセットで問題となるのは、この世界にこれからやって来る者たちをどのように迎え入れ、その者たちの新しさとどう折り合いをつけていくか、である。世代の連繫には亀裂が走る。教育の課題もここに存する。世代問題の広範な裾野のうちに教育問題は位置する。まさにその教育が危機に瀕しているとすれば、それは小手先の改革によって切り抜けられるものではなく、原理的省察のテーマとされねばならない。

われわれがまずもって立てるべきは次の問いである――子どもとはいかなる存在か。

アーレントは「教育の危機」においてこう述べる。「子どもは、当人にとって見知らぬ世界における新しい存在であり、かつ、生成の過程にある。子どもとは、新しい人間存在であるとともに、人間になりつつある存在なのである」(BPF, 185)。新しさの存在者と生成する存在者、新参と成長、「世界への関係」と「生命への関係」(BPF, 185)。この二重の面を、子どもという存在者はそなえている。しかも両面は相反し、「敵対」(BPF, 186) しさえする。一方が偏愛されるとき、もう一方は犠牲にされるおそれがある。

生殖によって次世代を産み、後継者に育てることは、上述のとおり、人間のみならず、動物が一般に営んでいることである。もちろん人間も、生物種であるかぎりにおいて、この「養育」を行なっている。人間は人間を生む。だが、それにとどまらないものを、われわれは子どもに対して行なう。種別的に人間的と言えるその対子ども的活動が、世界への導入としての「教育」なのである。養育は主として家庭において、教育は主に学校において行なわれるが、それは程度問題であって、家庭にしろ学校にしろ、子どもという二重の存在を相手とするかぎり、どちらも養育ならびに教育の場であることには変わりない。

第一に、子どもは、まだ大人になっていない未熟な存在である。完成性の観点からして子どもを幼稚と規定すること自体、現代では反発を買うおそれがあるが、養育に携わる大人がそれを認めないのは、不誠実と言うべきだろう。まだ不完全な存在であるからこそ、子どもは庇護を必要とする。家庭という安全地帯の被膜によって、発育途上の者たちはことさら保護されなければならない。生命を育《はぐく》む家庭という私的領域においては、愛護と引き換えに、子は親の言いつけに従う。子どもをただ甘やかしたり、横並びの友だち関係を築こうとする親は、子どもを大人へ育て上げる責任を放棄しているのである。

幼い者たちが保護されるべきであるのは、世界に対してである。公的世界の荒々しい光を遮断するためにこそ、家庭というプライヴェートな「防護壁」（BPF, 186）が必要とされる。未熟なものを守り慈しむこの「養育」の機能は、学校という特別の空間にもそなわっている。つまり学校は、語の強い意味での世界ではない。つまり、対等な資格で張り合う大人たちによって形成される公的領域ではない。それゆえ、子どもに対する大人の態度は、世界との関係を遮断させるという一面をもつ。だが、第二に、教育は世界への積極的な関係を引き受ける。つまり、子どもたちを世界の一員たる「市民」に育てる、という責務をである。これを世界のほうから言えば、大人である親や教師には、自分たちがともに担っている世界を、世代を超えて存続させる役割がある。世界が、そのつど現存している住人にとってだけのものではなく、継起的に共有される以上は。これまでの世代によって受け継がれてきた世界を、これからの世代に引き継いでいってもらうために、大人はその世界のあり方を子どもに教え、伝えねばならない。その世代間連携活動こそ教育なのである。

学校という区域も、教育のこの世界関係性のほうから規定される。子どもを——より正確には「若者」をだが——、公的世界への参入の準備のために「教育」する中間的な場が、学校である。「学校とは、家族から世界への移行をそもそも可能にするために、われわれが家庭という私的領域と世界とのあいだに挿入した制度である。学校に通うことは、家族によってではなく、国家すなわち公的世界によって要求される。それゆえ学校は、現実にはまだ世界ではないとはいえ、子どもに対してはある意味で世界を代表する」（BPF, 188f.）。世界への参入の予備段階として、子どもたちは、学校で世界について学ぶのである。

六　世界への責任――権威の問題

教育は、「子どもの生命と発達」のほかに「世界の存続（the continuance of the world）」という「責任」を負う（BPF, 186）。この二通りの「責任（responsibility）」概念は世代間倫理の根本をなすものであろう。わけても、教育の危機を考えるうえで、ひいては世界疎外という根本現象を見据えるために、世界への責任という観点は決定的に重要である。ここでも、欠如の相において当の問題はあらわとなる。子どもの前で大人は、世界への責任から逃れようと躍起になっているのだ。あたかも、それが子どもに対する自由で民主的な態度であるかのように。彼らの特徴は、子どもに対して「権威的」でないことを誇りにする点にある。

「教育において、世界へのこの責任は、権威という形式をとる」（BPF, 189）。ここに言う「権威」とは、世界へ子どもたちを導き入れる側である教師が、たとえ現状の世界に対して批判的意識を抱いていようとも、あくまで「世界を代表する者として」（BPF, 189）生徒の前でふるまう毅然たる態度のことである。教師は生徒に向かって次のように臨まねばならない。「これがわれわれの世界であり、そこにわれわれは君たちを迎え入れるために、世界に関する共通の事柄を教えるのだ」と。この権威なしに教育はありえない。それを欠くや、世界をともに担う共同責任者を育てる、という教育の根本機能は失われてしまう。

ところが、現代では――アーレントの同時代にもすでにそうだったが――まさにこの権威を振り捨てることが教育者の良心でもあるかのごとく信じられている。「権威を見捨てたのは大人たちであった。これが意味するのは次の一事にほかならない。すなわち、大人は子どもを世界のうちに導き入れておきながら、その世界への責任を負うことを拒絶しているということ、これである」(BPF, 190)。反権威主義を鼓吹する、いや隠れ蓑《みの》とする無責任な大人たちが世にあふれ、そのあおりで子どもたちは、世界へ参入していくために当然身につけるべき事柄を手ほどきしてもらえない哀れな状態に打ち捨てられている。

近代における「権威の危機」(BPF, 91) 全般について、アーレントは姉妹論文ともいうべき「権威とは何か」のなかで論じているが、ここでその議論に立ち入ることはできない。代わりに、子どもの前での大人の心性がえぐり出されている「教育の危機」のくだりを引いておこう。子どもに対して世界への責任を果たそうとしない「現代人が、世界に対して抱く不満感、あるがままの事態に対して抱くむかつき」を、アーレントはこう表現する。

親たちは日々こう言っているかのようである。「この世界では、われわれ大人でさえ、心からくつろいではいられないのだ。この世界でどうふるまうべきか、何を知るべきか、どんな技術を身につけるべきか、われわれにだってじつはよく分からない。できるかぎり何とかお前たち自身でやってみるしかあるまい。とにかく、お前たちにわれわれの責任を問う資格などない。われわれには負い目などないし、お前たちとは関係ないのだ」。(BPF, 191)

ここには、世界疎外という近代の動向が習い性となった「無世界的主観」の苛立ちがよく表わされている。自分たちの受け継いだ世界を次の世代に引き継いでいくという大人としての責任の拒否。その根底には、世界に対する、そしておのれの世界内存在に対する「むかつき（disgust）」がある。子どもがいじめ対象に「むかつい」たり「切れ」たりする以前に、大人自身が、世界へのむかつきを心底抱え込んでいるのだ。それでもまだ足りずに、大人たちは、みずから持て余している世界嫌悪を、学校で組織的に子どもたちにせっせと教え込んでいる——生徒を自立した主体として扱う優しい教育改革という美名の下に。

子どもに対して大人は世界への責任を負う。親や教師は、子どもに迎合するのではなく、世界を代表し権威をもって彼らに立ちはだかる存在であらねばならない。この教育思想は、「進歩的」試みを学校に導入したがる改革派からすれば、「保守的」とのレッテルを貼られることだろう。これに対してアーレントは、なるほど「保持するという意味での保守主義は教育活動そのものの本質に属する」としつつも、こう断わっている。「だがそのことが言えるのは、教育の領域、あるいはむしろ大人と子どもの関係のみであって、政治の領域には当てはまらない。政治においてわれわれが行為するさい相手としているのは、対等な大人なのだから」（BPF, 192）。大人にすることが教育の目標であるとしても、いやそうであればこそ、大人に対しては、教育は意味をなさない。逆に、政治における対等同格の関係を、そのまま教育に持ち込むことは許されない。市民間の約束事は、家庭や教育では通用しない。教育と政治とは別物なのだ。それゆえ、政治において「革新的」であることと、教育において「保守的」であることとは、相反するどころか、立派に両立する。

世界はそのまま放っておけば古くなり、確実に朽ちていく。なぜなら、「世界は死すべき者どもによって作られるがゆえに消耗する」（BPF, 192）からである。人間のこの可死性に抗して世界を守るためには、その世界を「絶えず新しくセットし直す」必要がある。だが、古くなっていく世界を新しくするのは、旧世界の住人ではない。そこに新たに参入してくる新人たちである。可死性は出生性によって埋め合わされる。「われわれの希望はつねに、各世代がもたらす新しいものに懸かっている」（BPF, 192）。新世代の新しさがいかなるものであるかは、旧世代には予測できない。それを予測可能なものにして統御しようとすれば、新しさは窒息させられてしまう。なぜなら旧世代は、新世代からすれば、どうあがいても古いからである。いかに革新的な教育プログラムであろうと、子どもたちのもつ新しさに対しては阻害的にしか働かない。教育のなすべきことは、子どもに新しさを教えることではない。ましてや政治や哲学を教えることなどではない。これから世界の一員になっていく者たちに、古いもの、つまり世界を教えるのが教育なのである。それゆえ、「教育の危機」におけるアーレントの結論的テーゼはこうである。「どの子どもにもそなわっている新しく革命的なもののためにこそ、教育は保守的でなければならない」（BPF, 192）。

先に、子どもは「未熟」で「不完全」であると性格づけられた。だがこの目的《テロス》論的規定は、世界に新しさをもたらす子どもの「原初性」には当てはまらない。子どもにあって大人に乏しいもの、それが新しさである。始《アルケー》まりは、欠如ではなく、自由を意味する。

七　ある世代の断末魔

アーレントは、学生運動をリアルタイムで論じた『暴力について』[12]のなかで、世を賑わせていた当時の「新しい世代」について面白いことを言っている。大学解体と暴力革命を夢見た彼らが、それ以前の世代よりも「世界の終わりの可能性にはるかに敏感なのは、彼らが若いからではなく、世界における彼らの最初の決定的経験がこれだったからである」(OV, 17)。生まれるやいなや世界の破局と荒廃の光景に立ち会わされた戦後第一世代の彼らは、そもそも世界が存続するという確信をもてず、どうせ早晩無に帰する運命ならいっそ全部取り替えてしまったほうがいい、と世界打ち壊し運動にいそしむのだと。

元革命家世代はとっくに旧世代となり、今や世界からの退場を迫られつつあるが、老いゆく定めを潔しとせず、いつまでも若いつもりでいる[13]。大人になれずじまいの彼らは幼時以来染みついた、世界の存続を信じられない虚無感から、いつになっても脱却できない。往年の愛用語こそ使わなくなったものの、懲りずに「改革」を連呼しては世界破壊を繰り返してきた。世界への責任を拒否する彼らが唱えてきた「教育改革」が、そのたびごとに教育現場を混乱に陥れてきたことは、未来の世代に対する背信行為と言うべきであろう。

アーレントが同時代批評を引用して言うには、学生運動世代にとって未来とは、「現在の中に埋められ、確実にカチカチと音を刻み続けている時限爆弾のような」ものである(OV, 18)。そのような「世界の終わり」の意識を彼らに深く植え付けた原初的経験とは、何と言っても、人類史上初の原子爆弾の炸裂であった。全人類の滅亡というシナリオを幼少よりレッスンさせられた彼ら「原爆世代」が、世界の存続という考え方そのものに冷笑的となっていったのは、その意味では当然だった。二世代を閲《けみ》してもなお彼らの世界虚無化的思考は衰えず、世界疎外の全般的危機の一翼をいまだに担い続けている。

だが、原爆世代の断末魔の叫びがこだまするなかにも、新しい世代は次々に押し寄せてくる。未来は彼らのものである。世界の存続への懐疑と絶望がどれほど膨れ上がろうとも、新しい世代の参入は、危機をくぐり抜けて世界が未来に向けてしぶとく引き継がれてゆくことを、如実に物語っている(14)。それゆえ、世界に一足先に逗留《とうりゅう》しているわれわれのなすべきことは、新しい世代をわれわれの世界へと責任をもって導き入れ、彼ら若者たちが、生まれ出ずる者たちの持ち味である「新しい始まり」へと乗り出す力を思いがけなくも発揮するのを見守り、そのような仕方でわれわれの共同世界を是認することなのである。

第六章　子ども、学校、世界
――「リトルロック考」再考

一　アーレントと「リトルロック考」

私のような一介の哲学研究者が、居並ぶ先生方に向かって、高いところからお話しするのは畏れ多いのですが、こんなことになったのも、高校時代に同級生だった小太刀周先生から久しぶりに電話があり、思いがけずお誘いを受けたからです。上尾市教育委員会主催の研究発表会の教育講演という大役を務める自信はなかったのですが、これも何かの縁と思い、お引き受けした次第です。

私は高校生の頃、小太刀先生――小太刀君――たちと一緒に水泳部に属し、部活動に明け暮れました。その傍ら、哲学という難しそうな学問に憧れ、友だち同士でよく議論しました。学園闘争の余燼《よじん》くすぶる一九七〇年代後半に高校時代を過ごしたわれわれは「シラケ世代」などと呼ばれましたが、当時はまだ、往年のバンカラふうの哲学青年的気風が高校に残っていました。サルトルの『実存主義とは何か』や『嘔吐』、カミュの『シーシュポスの神話』等を高校生が読みかじり、語り合った時代です。

大学の哲学科に入ってからは、ドイツの哲学者マルティン・ハイデガーの哲学を勉強しました。われわれの世代は大学生の頃は「新人類」と呼ばれましたが、同世代から二十世紀末を騒がせた者も出て、「オウム世代」と言われたりもしました。私自身は、大学で教えるようになってから、ハイデガーと縁浅からぬフリードリッヒ・ニーチェの哲学に惹かれ、さらにその後は、ハイデガーといっそう縁の深いハンナ・アーレントという女性哲学者に惚れ込みました（たまに夢に出てきます）。今回お話しする内容は、アーレントの教育哲学的省察に基づくものです。

本日は、「子ども、学校、世界」という訳の分からないタイトルを掲げました。要するに、学校とは子どもにとっていかなる場所であるかについて、しばし考えをめぐらしてみたいと思います。よりにもよって、学校にお勤めの先生方に向かって「学校とは？」という話をするのは、僭越至極なのですが、哲学というのは「Xとはそもそも何か？」と呑気に問い直すのが仕事なので、寛大にお付き合いいただきたく、お願いいたします。

まず、アーレントという人について、ごく簡単に説明します。少しずつ世に知られるようになってきましたが、私が思うに、二十世紀を代表する哲学者の一人です。少なくとも、戦争と革命の世紀の真っただ中を生き抜いた女傑であったのはたしかです。

ハンナ・アーレントは一九〇六年、ドイツのハノーヴァー郊外に、ユダヤ系上層中産階級の一人娘として生まれました。一九二四年にマールブルク大学に入学、新進気鋭の哲学教授であったハイデガーと運命的な出会いをします。哲学と政治との相克という終生のテーマを摑みとったのも、ハイデガーのアリストテレス解釈にふれたことがきっかけでした。一九二六年からはハイデルベルク大学に移り、実存哲学者カール・ヤスパースに学んで博士号を取っています。しかし一九三三年、ナチスが政権を掌握すると、ゲシュタポに捕まりかけて、フランスに亡命します。しかし、一九四〇年にはそこも危なくなり、収容所送りの難を逃れ、一九四一年、大西洋を渡ってニューヨークに辿り着きます。無国籍ユダヤ人として苦労しますが、一九五一年には市民権を取得、一九七五年に死ぬまで、アメリカ合衆国にとどまります。一九六三年、シカゴ大学教授に就任、六八年からは、ニューヨークの社会科学新学院（New School for Social Research）の哲学教授を務めました。問題意識あふれる多くの著述を発表して反響を呼び、また、おりにふれての歯に衣《きぬ》着せぬ発言で注目を浴びました。同時代の卓越した多くの知性と交わり、独自の哲学を切り拓いたユダヤ人女性の波瀾に満ちた六九年の生涯は、それ自体が一個の美しい作品であるかのようです。

アーレントは、第二次世界大戦直後に大作『全体主義の起源』を発表、反ユダヤ主義、帝国主義、そして全体主義という巨大な世界史的現象に鋭いメスを入れたことで脚光を浴びました。しかしアーレント哲学の本領は、「政治的なもの（the political）」を原理的に究明した点にあります。このテーマを掘り下げた『人間の条件』が、彼女の第一の哲学的主著といえるでしょう。それが公刊された一九五八年、つまり哲学者として脂の乗り切った時期に、アーレントは教育に関する論文「教育の危機（The Crisis in Education）」を書いています。これは、政治と教育はいかなる関係にあるべきかを真正面から論じたものです。

この原理篇と前後して、アーレントはもう一つ教育に関する論文を発表しています。それが、「リトルロックに関する省察・リトルロックについて考える（Reflections on Little Rock）」――略して「リトルロック考」――です。リトルロックというアメリカの地方都市の高校で当時起こった事件を題材にした時事論文で、アーレントの教育哲学の応用篇というべき性格のものです。教育の現場にそくした議論ですし、日本人のわれわれにとっても非常に興味深いので、以下では、主にこの「リトルロック考」を中心にお話ししたいと思います。

二　教育哲学的省察のアクチュアリティ

それにしても、教育現場に携わるわれわれ教師が、なぜそんな哲学論文に付き合わねばならないのか――そう疑問に思われる先生方もおられることでしょう。そこで、以下のお話の意図をあらかじめ申しておくことにします。それは、今から半世紀も前に外国の哲学者によって書かれた文章を読むことが、いかに現代のわれわれにアクチュアルな意味を持ちうるかを体感していただきたい、ということにあります。

先ほど、「教育の危機」というタイトルのアーレントの論文に触れました。その中で「教育の危機」を招いている現象として取り上げられているのは、まずもって、学校生徒のいわゆる「学力低下問題」です。この点にしばし注目してみましょう。

当時の全米ベストセラーに、「なぜあなたの子どもは読み書きができないのか――そしてこの問題に関してあなたになにができることは」という本があるそうです。(1) 五十年前のアメリカで、子どもの学力低下の惨状に親たちが頭を抱える、という問題が起こっていたのです。この事実は、アメリカ教育史を少しでも知っている人には常識らしいですが、(2) もともとそういうことに疎《うと》かった私は、アーレントが現代日本にそのまま通じる現象を扱っていることを知って、大いに驚きました。それが二十世紀半ば過ぎの話であるとは、ちょっと信じられないくらい、アクチュアルな問題が、そこでは論じられていたのです。

ちなみに、アーレントが「教育を荒廃させる原因となった措置」（BPF, 180）の基本前提として挙げているのは、次の三つです（cf. BPF, 180-184）。

（一）子どもには子どもの自立的な世界・社会というものがあるはずで、大人はそれに干渉してはならない。子どもたち同士の自主性に任せるべきだ。

（二）教師は、とにかく教え方一般を技能として身につけるべきであって、特定の専門教科内容に習熟するのは二の次でよい。

（三）人間が知ることができるのは、自分で行なったことだけであるから、学習（learning）を行動（doing）に変え、仕事（work）を遊び（play）に変えねばならない。

このうち、（一）は、子ども同士の閉鎖世界の内部に「多数派の僭主制《せんしゅ》」（BPF, 181）を生むことになる、とアーレントは指摘します。大人が子どもたちをただ放任することは、子ども一人一人を孤立させるとともに、陰湿な「いじめ」の温床となる、と言うのです。また、（二）は、生徒よりはるかに知識・教養があることで成り立つ「教師の権威」（BPF, 182）を失墜させます。教養も権威もない教師は、生徒に向かって厳命したり威嚇したりしなければ、言うことを聞かせることができません。逆に、優しいだけのお友だち先生は、生徒になめられ、果ては学級崩壊を引き起こしかねません。さらに、（三）は、「生きる〈力〉（the "art" of living）」を育むと称し、その実、「通常必要とされる標準カリキュラム」を教えることに失敗しています（BPF, 183）。その典型例として、アーレントは、読み書き軽視の会話中心型語学教育を挙げています。外国語を、「文法や構文を学習することによってではなく、話すことによって、つまり行動することによって」学ばせるようにすることは、生徒にとって、「年長の子どもを、可能なかぎり幼児のレベルにとどめようと意識的に試みる」ことだ、と言うのです（BPF, 183）。遊びながら外国語に親しむ、といった一見通りのいい謳い文句の愚かさを突くアーレントの指摘は、現代日本の英語教育のゆくえを考えるとき、はなはだ興味深いものがあります。

　さらに興味深いのは、アーレントが「アメリカにおける危機」と呼んでいるものは、正確には、以上のような教育現場における荒廃状況やその基本前提そのものではない、という点です。そうではなく、教育問題の深刻さが認識されることで、「教育システム全体を改革しようと躍起になる」さらなる改革熱が生じていること、しかもその改革案がたいてい「復古」――たとえば権威の復活とか、遊びの廃止とか、学力重視路線とか、教師自身の学習義務とかいった、たんなる反動・逆行――に終始していることこそ、アーレントが危機と呼ぶ当のものなのです（BPF, 184）。なるほど、アーレントは、教育における権威の必要性を説いていますし、権威の喪失が教育現場を荒廃させていることを指摘してもいますが、だからといって権威なるものを性急に復活させようとする改革案にも、これまた批判的なのです。むしろ、そういうとっかえひっかえの改革騒動によって、学校教育の現場がくるくる変えられてしまうことこそ、根本的に問題だと見ているのです。

現代日本のわれわれは、その点でどうでしょうか。ついこの間、議員や役人、御用教育学者たちが総出で「ゆとり教育」を謳い文句に教育改革を進めたかと思うと、数年でその路線が見直され、学力重視にさっさと方向転換する。しかも、ゆとり教育路線のいかなる点が問題であったかへの反省抜きに、あたかも純然と新しい改革を進めているかのように、性懲りもなく、です。あるいは、「生きる力を育む」とか「ノーベル賞クラスの科学者養成」とか、その場の思いつきのような看板を掲げては、とにかく改革を、と叫ぶフリをする。そういった場当たり的な教育行政そのものが、根本から「危機」いや末期的状況に陥っているのではないでしょうか。われわれはむしろ、教育の本質とは何か、学校とはどういう場所か、子どもとはいかなる存在か、とじっくり問い直し、顔を洗って出直すべきときではないか。アーレントの教育哲学的省察は、たんにアクチュアルなだけでなく、そういう深刻な反省を現代のわれわれに迫るものがあります。

　そして、これから取り上げようとする「リトルロック考」という論文もまた、そのような深い反省をわれわれに強いる、稀有《けう》の教育哲学的エッセイなのです。とりわけこの論文には、並々ならぬ迫力があります。なぜなら、そこには、アメリカ社会の暗部というべき黒人差別の問題を公教育の現場で解決しようとする政治的志向に対する、アーレントの異議申し立てが含まれているからです。差別問題を学校に持ち込むのは是か非か——そういう難しいテーマを、以下では呑気に考えてみたいと思うのです。

にしましょう[3]。

三 「リトルロック事件」とは？

まず、この論文で扱われている「リトルロック事件」とは何であったか、ごく簡単に見ておくことにしましょう。

アメリカにおける黒人の地位向上をめざす「公民権運動」は、一九五四年から一九六八年にかけて非常な盛り上がりを示しました[4]。その主戦場の一つとなったのが、公立学校でした。白人と黒人の子どもを別々の学校に通わせていたそれまでの人種分離教育に対して、合衆国憲法（南北戦争の結果とされる、すべての市民の法的平等を定めた修正条項第十四条）に違反するとして訴訟が次々に起こされ、最高裁判所は、学校における人種分離政策を違憲とする判決を下したのです。この最高裁判決は、人種差別撤廃を悲願とする人びとにとって大きな励みとなりましたが、逆に、人種統合に反対する側からは憤激の的となりました。とりわけ、アメリカ南部の諸州では住民のなかに抵抗感が強く、実力行使も辞さない構えでした。統合派と分離派とのそうした政治的対立が集約的に現われたのが、リトルロック事件だったのです。

リトルロックとは、アメリカ中南部のアーカンソー州の州都の名前です。この街の中央高校（Little Rock Central High School）は、恵まれた設備を誇る白人専用の公立学校でした。そこに黒人の子どもを入学させるという新たな統合政策を、州の教育委員会が決定したのに対して、人種分離派から猛然と反対の声が挙がったのです。一般市民や高校の父母会、州知事や州議会の多数派が、この反対陣営を形成していました。一九五七年九月、教育委員会の指示で、黒人生徒九名がリトルロック中央高校に入学しようとすると、統合教育阻止を目論んだ人びとが暴動を起こしました。暴徒と化した白人の若者から、知事に指示された州兵までが、黒人生徒の入学を実力で阻んだのです。事態を重く見たアイゼンハワー大統領は、連邦軍の空挺部隊千人を動員して、中央高校を取り囲ませました。かくして、連邦軍に護衛された九人の生徒は、ようやく登校することができたのです。

町の学校を連邦軍の精鋭部隊が包囲し、空には軍のヘリコプターが大きな音を立てて飛んでいる、といった内戦のような非常事態は、今となってはにわかに想像できないほどです。こうした一触即発の対立の構図を乗り越えて、公民権運動は一歩一歩前進していきました。その栄光の歴史のなかで「リトルロック」という名前が象徴的響きをもつようになった所以です。半世紀後、アフリカ系アメリカ人がはじめて合衆国大統領に選ばれる光景を目の当たりにしたわれわれとしては、統合化運動の勝利に至るうえでの一里塚であったリトルロックという地名を栄光とともに記憶すべし、と言いたいところです。

ところが、ハンナ・アーレントは、リトルロック事件のそのような意義づけに公然と異を唱える論文を発表しているのです。それが、「リトルロックについて考える（Reflections on Little Rock）」[5]（一九五九年発表）です。

四　アーレントの異論

アーレントのこの論文は、もともと『コメンタリー』誌編集部の依頼で一九五七年の事件直後に書かれたものですが[6]、あまりに過激な内容を含んでいたため掲載を見送られ、ようやく五九年になって、別の雑誌『ディセント』に載せられました。ただし、同誌編集部は、論文内容に同意しないとのコメントを付したのみならず、二本の反対論文と抱き合わせの形にしました。いわゆるリベラル派の良心的知識人から総スカンを食らったいわく付きの問題作が、この「リトルロック考」なのです。そういう悪評に塗《まみ》れた論文を、今回あえて取り上げてみたいと思うのです[7]。

なぜこの論文は評判が悪かったのか。それは、学校を政治的闘争の場に引き入れようとする公民権運動の戦術に対して、あからさまな違和感を表明したからです。アーレントは発表時に付した「批判者への回答」のなかで、はっきりこう述べています。リトルロック事件のような形で「教育と学校のうちに差別の撤廃を持ち込もうと試みることは、大人ではなく子どもたちに責任を転嫁するものであり、きわめて不公正なもの」であり、「この出来事の全体には、どこか現実の問題から目を背けようとする試みがある」と（RJ, 194）。つまり、「国の法律のもとでの平等」が、州の「差別的な法律」によって犯されているのに——たとえば、南部諸州の「婚姻法」のもとでは人種間の結婚が禁じられているという現状があるのに——、その事態を法的に改める前に、学校教育の現場で人種統合政策を性急に実施しようとするのは、いかがなものか、とアーレントは苦言を呈するのです。

断わるまでもなく、アーレントは差別の問題に非常に敏感でした。自身そもそもユダヤ人であるがゆえにヨーロッパを追われた身ですし、ユダヤ民族絶滅計画にまで行き着いた全体主義の思想的背景をさぐるべく壮大な探査に乗り出したのも、対等制度にもとづく政治空間の意義について誰よりも深い考察を行なったのも、アーレントでした。「リトルロック考」でも、「アメリカの歴史における原罪」（RJ, 197）を、由々しき問題だと強調しています。そればかりではありません。「教育における差別が撤廃されれば、南部における状況は著しく改善される、と私は強く確信している」（RJ, 195）とはっきり述べています。差別撤廃を進めるために統合教育を試験的に実施する学校の新設を提言しているほどです。「その場合でも子どもたちを本質的に政治的な闘いに利用することになる」が、少なくとも「家庭と学校との間には対立はない」ので問題は少ない、と言うのです（RJ, 195）。

アーレントのスタンスはそれなりに一貫しています。差別問題の重要性は認識しているが、だからといって、子どもたちを政治的闘争の巻き添えにして家庭と学校との狭間で混乱させるようなことがあってはならない──これが彼女の立場です。

「批判者への回答」のはじめのほうでアーレントが自問自答していることも、そこから来ています。リトルロック中央高校から戻る途中の一人の黒人少女が、白人の若者たちに罵声を浴びせられ嫌がらせを受けている様子を収めた写真を新聞記事で目にしたとき、「私がまず心に問うたのは、自分が黒人の娘の母親だったらどうするか、というものだった。その答えは、招かれてもいないのに、その集団のうちに迎え入れてほしいと願っているように見える状況に、自分の子どもが身を置くような事態だけは、どうしても避けたいということだった」（RJ, 193）。黒人生徒は心ならずも政治闘争に巻き込まれ、プライドを粉々に傷つけられてかわいそうだ、とするこの見立て自体、当事者たちの心情に沿っていなかったとのちに批判され、しかもアーレント自身、自分の理解が必ずしも正しくなかったと認めることになりますが、(8)その点は措きましょう。ともかく、アーレントからすれば、子どもを政治的闘争の矢面に立たせることは避けなければならないのです。

つまり、政治に関して市民として責任のある大人と、成長途上にあり保護されるべき子どもは、あくまで違う存在であり、両者は分けなければならない。ところが、黒人少女を公民権運動のヒロインに突如祭り上げることになったリトルロック事件に示されているのは、自分たちの間で解決できなくて困っている問題を、よりにもよって子どもたちにゆだね、あわよくば解決してもらおうとする、大人たちの無責任な態度にほかならない。そうアーレントは断ずるのです。「今や、大人ではなく子どもたちに世界を変革し、改善することを求める時代になったのだろうか。そして、私たちの政治的な闘いを、学校の校庭で闘わせようというのだろうか」（RJ, 204）。

公民権運動という二十世紀後半の栄光ある政治闘争に冷や水を浴びせかけるかのようなアーレントの議論には、なるほど異論の余地があるでしょう。しかし私は、教育の現場に政治的な問題を滑り込ませる発想の安易さを戒めるアーレントの論調には、なお傾聴に値するものが含まれていると思います。公民権運動ほど派手ではありませんが、現代日本にも、それと似たようなことが起こっているからです。われわれ大人たちが、政治問題をなかなか解決できないことのツケを、教育問題にすり替えて子どもに支払わせようとするのは、筋違いというものです。たとえば平和問題、環境問題、同和問題など、市民として取り組むべき困難な課題に関して、それに正面から地道に取り組むことをせずに、学校で子どもに解決への志向を植え付けようと試みるのは、いかがなものでしょうか。第一、そのことによって問題は一歩でも解決されるのでしょうか。むしろ、袋小路に陥った問題から目を背けるための口実とか、気を紛らすくらいの効用しか、見込めないのではないのか。大人がお茶を濁し、問題を偽装し、罪滅ぼしの気分を味わうだけのために、子どもたちにお先棒を担がせているのだとしたら、それほど罪作りなこともないでしょう(9)。

五　公教育の危機

教育と政治の区別を取り払おうとする試み、とりわけ教育の現場に政治的理想を持ち込んでその実現に役立てようとする目論見は、しかし、現代にかぎったことではありません。アーレントによれば、「子どもたちに将来の精神を教えこむことによって世界を変えることができる、とする考え方は、古代からずっと、政治的なユートピアの顕著な特徴の一つだった」（RJ, 197）。古代ギリシアのプラトンは、生まれるや早々に選別された汚れなき児童を、親から隔離して純粋培養して、エリート教育を段階的に施して国家防衛戦士に育て、あわよくばそのなかから哲人王が出現するのを待ち望む、という理想教育国家計画案をぶち上げました。そのプラトン以来、現実の世界の変革を夢見た理想主義者たちは、いつの時代にも、教育を政治に一体化させ、ひいては解消することを目指してきた、というのです。

この哲学史的見通しには、教育と政治の関係にひそむ問題の根深さのほどが窺えますが、これとはまた別に、教育と政治との間柄には、看過できない次元がひそんでいます。公教育の存亡という問題です。

フランス革命期に近代公教育のプログラムを打ち出したコンドルセ以来、公立学校制度は、人民の間に政治的平等を確立するための国家的制度として築かれてきたものです。国民一人一人に同レベルの学校教育を保障することが、その存在意義のはずです。ところが、まさにその公教育の平等性が、差別撤廃運動のあおりで骨抜きにされてしまうことを、アーレントは指摘しています。公立学校で統合教育という政治的実験が一斉に行なわれれば、その混乱による教育機能の低下を心配する裕福な親たちは、自分の子どもたちをこぞって私立学校に入れるでしょう。その結果、公立学校のレベルや雰囲気がみるみる悪くなるのは、明らかです。そうなると、選択の余地のない貧困層は劣悪な公教育しか受けることができなくなり、結局のところ、教育における平等な権利は保障されなくなってしまいます。平等化のための教育政策が、新たな格差を生み、格差の拡大再生産と新たな身分差別を生み出す。これでは、そもそも何のための公教育か、わけが分からなくなってしまいます。

じっさい、アーレントが当時入手した「バージニアで行なわれた世論調査によると、州民の九二パーセントが、学校の統合化には完全に反対しているし、六五パーセントは、統合された場合には公立教育機関には頼らないと答えている」(RJ, 201)。公立学校の劣化によって、私立学校に子どもを通わせられるのは、富裕層のみです。「私的な権利を確保するために、一定の経済的な地位が必要となることになり、経済的に豊かでない両親は、公立の学校に子どもたちを通わせなければならなくなる」(RJ, 211)。公立学校のレベル低下を憂う市民が、人種統合化に反対するのは、必ずしも彼らが差別主義者だからではありませんし、彼らのエゴイズムのなせるわざだともかぎりません。むしろ、公教育の機能維持を危ぶむという点では、まっとうな公共感覚を有しているとも言えるのです。

ところで、アーレントの「リトルロック考」が物議を醸して十年後に、「学校の政治化」ならぬ「大学の政治化」の季節が訪れました。時期的に言うと公民権運動の栄光を引き継いだわりに、成果らしきものを何も残さなかった、このいわゆる学生運動の悲喜劇をつぶさに眺めたアーレントは、「暴力について考える(Reflections on Violence)」という論文を発表します(一九六九年)。それを補うかのようなインタヴューの記録「政治と革命について考えたこと(Thoughts on Politics and Revolution)」もあり（一九七一年）、そのなかで、統合教育のツケによる公立学校の崩壊現象が、ふたたび指摘されています。ちょっと長くなりますが、ゆとり世代の子どもを公立学校に入れた親として身につまされるところがありますので、引いておきます。

公立校がよければよいほど、貧しい家庭の子どもが大学に入れるチャンスは大きくなり、彼らの社会的地位は向上することになります。大都市ではきわめて多数の、ほとんどもっぱら黒人からなるルンペン・プロレタリアートの重みに耐えかねて、この公立校制度は、ごく少数の例外を除いて崩壊してしまいました。子どもが一、二年も通って読み書きすら覚えていないようなこうした制度を学校と呼ぶのは、まず無理でしょう。人種融合政策の結果として都市の区域が黒人街になると、街はさびれ、子どもは非行に走る──要するに、その付近はあっという間にスラムと化してしまいます。そうなると、一番困るのは、当の黒人たちは別とすれば、イタリア系、アイルランド系、ポーランド系その他の、貧しいというわけではないものの引っ越すことはできないし子どもを学費の非常に高い私立学校にやれるほど豊かではない、エスニック集団です。

しかしそれは、上流階級であれば、しばしばかなり高価な犠牲を払うことになりますが、十分できます。〔……〕そうするだけの余裕のある白人居住者のほとんどすべては、多くの場合非常に良質な私立校か、カトリック系の学校に通わせます。上流階級に属する黒人もこれと同じことができます。労働者階級にはできませんし、中流階級の下の人たちもできません。この人びとがとくに憤慨しているのは、中流階級のリベラル派が提案した法律であるにもかかわらず、その結果は彼ら自身には痛くも痒くもないという点です。彼らは公立校における人種統合を要求し、近距離通学区域制度を廃止し、居住者の人種統合を強行しておいて――自分の子どもは私立校にやったり、郊外に引っ越したりしているのですが、それは一定のレベルの収入がある人にしかできないことなのです。(10)

一部の人びとの政策決定によって一国の公教育のシステム全体が変えられた結果、公立学校の機能が低下し、公教育全般への信用が失われ、私立学校に生徒が流れていく――こういった事態が、かつて米国で現に起こったのです。

現代日本ではどうでしょうか。学力偏重の学校教育のあり方への反省として「ゆとり教育」というスローガンが唱えられ、従来の教科カリキュラムが大幅に削減されました。その結果、不安を募らせた親たちは、子どもを地元の公立校に入れたくないと思い、私立受験に熱を入れるようになりました。お受験突破を請け負う塾は栄えるでしょうが、塾に行かせてもらえない子どもはどうなるのでしょう。地域によっては、私立と格差の開いた公立学校がひどく荒れています。しかも、こうした教育改革を推進した役所の役人やら大学教授やらは、自分たちの子弟を、あたかも当然であるかのように都内の私立学校に入れているのです。

これでは、かつてアーレントが警鐘を鳴らした公教育の危機を、現代日本のわれわれがご丁寧にもなぞっているだけ、ということにはならないでしょうか。

六　保守派？　いや革命派

これまでの荒っぽい紹介だけ聞くと、アーレントはいかにも保守的な思想家であるように感じられることでしょう。なるほど、平等主義を貫徹しようとする進歩教育に異を唱え、親や教師の権威の重要性を説くのは、保守派の典型のように見えますし、じっさい、アーレントの論文は、当時の「リベラル派」から大不評を買いました。しかし、アーレントに保守主義の烙印《らくいん》を押すのは、的外れです。なぜなら、アーレントは、政治における革新の最たるものである革命なるものについて深く考察し、そこに希望を見出す「革命派」だからです。むしろ、政治において真に革新的たろうとすればこそ、教育はあえて保守的でなければならない――これが、アーレントの教育哲学の核心なのです。

しかも、革命派アーレントは、世界変革の主体としての新世代に期待を寄せます。「教育の危機」で表明されるこの思想を、最後に、急ぎ確認しておきましょう。

「世界を変革する」のは、子どもたち、つまり将来の世代です。大人のわれわれ、つまり旧来の世代は、自分たちの考えを一方的に押し付けて、「われわれにはできなかったが、子どもたちには、われわれが思い描いたように世界を変えてもらおう」などと、虫のいいことを考えてはなりません。自分たちが乗り越えられるべき古い世代に属することを自覚し、われわれが大切にしてきた世界について自信をもって新しい世代に教えて、やがて彼らが自分たちなりの判断を下すのを待つこと――これが、「世界への責任」を果たす、ということなのです。子どもたちを愛し、育むと同時に、「世界への愛」をも育む、そういう愛のかたちがあってよいのだと、そうアーレントはわれわれに語っているのです。

第七章　死なせること、死なれること

——死への存在の複数形

一　ハイデガーと「死への共同存在」

ハイデガーが『存在と時間』で提示した死の実存論的概念は、とかく評判が悪い。しばしば挙げられる難点としては、たとえば次のようなものがある。

（1）ハイデガーは、自己の死の経験不可能性ゆえに他者の死を主題に据える方式を却下し、おのれの死へと関わっている実存のあり方——死への存在——に焦点を当てた。これにより、死とは各自的、没交渉的なものだとされ、共同性の次元が無視された。

（2）ハイデガーは、現実に命を落とすこと（＝落命 Ableben）ではなく、死を可能性として孕んで現に生きていること（＝死亡 Sterben）を重視した。そのために、人が死ぬことの出来事性は、その予測のつかなさと取り返しのつかなさともども、見失われた。

（3）ハイデガーは、平均的日常的を、死を隠蔽する非本来的なものとし、その逆に、死を直視し可能性として持ちこたえること――死への先駆――を本来的なものと見なした。この選り好みによって、ありうべき死生観の豊かな多様性は切り捨てられた。

（4）ハイデガーは、死という終わりにさしかけられた実存の構造から、時間性とその有限性を取り出し、もって新たな存在論への布石にしようとした。それと引き換えに、死の終末論には回収不可能な誕生の原初性――始まりへの存在――がなおざりにされた。

（1）は死の各自性、（2）は可能性としての死、（3）は本来性における死、（4）は死の存在論化、と表わされよう。これらはすべて『存在と時間』の問題構成に深く根ざしており、網羅的に検討することは容易でない。とくに（4）は、終わり・目的（テロス）に向かうか、始まり・原初（アルケー）に遡るか、という根本問題に直結する以上、そう簡単に決着のつく話ではない。

以下では、（1）、（2）、（3）に対して唱えられてきた異議とは反対に、ハイデガーの議論に見かけ以上の利点があることを明らかにしたい。つまり、①死を各自的なものとして規定する実存論的概念は、むしろ、共生における死への関わり方を分析するのに資するのであり、②可能的に死につつある生の遂行性格を際立たせることは、かえって、死を迎えて生を終える現実のさまざまなあり方に照明を与えるのであり、③ハイデガーの議論を承《う》けつつ、本来性へと囲い込むのではない仕方で「死への共同存在」の諸相を浮き彫りにすることは、いくらでも可能なのである。

以下で取り上げるのは、メインタイトルに掲げた、死への二通りの応接の仕方である。両者ともに、あくまで複数形において話題となる。つまり「死ぬ－死なせる」、および「死ぬ－死なれる」という相関対が、本章の主題である。「死なせる」にしろ「死なれる」にしろ、他者の死に関与する仕方であり、みずから死ぬことではなく、「させること」――ドイツ語のLassen――である。「させる」はたらきの意味合いに応じて、他者が死ぬことへの関与はさまざまなかたちをとる。本稿の狙いは、死にまつわる「させること」の多義性に注目して、死すべき者たちの相互交渉の諸相を浮き彫りにすることにある。そこから、世代の問題にも光を当てられるであろう。

かつてポール・リクールは、『存在と時間』の歴史性の章が、唐突に「民族」や「闘争」等について説き始めていることに対し、ありがちな断罪的調子ではないものの、こう疑義を呈した。「私としては、死への存在は転移不可能だと繰り返し断言されているにもかかわらず、すべてのなかで最も根本的な主題である死への存在が、用心なしに共同体の領域へ転移されるのを告発しよう。この転移は、あらゆる悪用に供される英雄的、悲劇的な政治哲学の雛形《ひながた》となる点で責任がある[1]」。なるほど、死への存在に歴史的生起の源泉を見出したり、「戦士共同体」を本来的と称したりするのは、適切とは思えない。死すべき者たちではなく、生まれ出ずる者たちこそ、政治という舞台の主役であろう。だが、われわれの共生において、死が共通の関心事として浮上することもまた、否定できない。私としては、リクールの憂慮を念頭に置きつつも、「死への共同存在」をめぐっての来たるべき政治哲学的省察のための「用心・備え（précautions）」を若干試みたいと思う。

二　能動、使役、放任、受動――誕生との対比から

「ひとは一人で死ぬ」――そうパスカルは言った。これは真理であり、圧倒的な真理でさえある。だが、人間事象の真相がみなそうであるように、一面の真相でしかない。ともに居合わせているかぎり、われわれは死に関して係わり合う。たとえ冷然と「死ぬに任せる」としても、それもまた関与の仕方であり、「不作為」を咎《とが》められることもある。「見殺しにする」という消極的関与から、他者の落命を積極的に出来《しゅったい》させる殺人という意図的行為まで、他者の死に介入するというかたちでの「させること」の範囲は広く深い。人間関係の網の目は、一人ぼっちの行為者や孤立した受苦者の存在を許さない。われわれ一人一人の「死への存在」は、いかに没交渉的であろうとも、つねに「死への共同存在」なのである。ある人が「死ぬ」という出来事は、当人とともに存在している他者からすれば、「死なせる」という能動の極と、「死なれる」という受動の極とのあいだで起こる。

「死ぬ‐死なせる」、「死ぬ‐死なれる」という死の二通りの応答関係は、誕生に関する相関対である「生まれる‐生む」に、ある程度対応している。だが違いも当然ある。まず、「一人で死ぬ」とは言えても、「一人で生まれる」とは言えない。複数性の制約は、死よりも誕生のほうに著しい――そのような比較が意味をなすとしてだが。子どもの誕生にとって、生殖・出産という「行為」は決定的に関与的であって、その意味では殺人に匹敵する能動性をもつ。他方、「受胎」と言うように、母性にも受動性は当然具わっているし、「産む」というより「儲ける」と表現すべき父性は、関与は間接的であるかに見えて、「産ませる」という使役性格を有する。誕生が複数性によって規定されているのは、一つには、それを引き起こす生殖が両性の出会いにもとづくからである(2)。それともう一つ、この世に生まれてくる子どもは、両親をはじめとする既存の世界と出会うからである。そして、その遭遇によってこの地上に、たとえ微小であれ新しい何かがもたらされる。

このように誕生がさまざまな邂逅から成り立つのに対し、死とはむしろ別離である。「生まれる－生む」の対は、出会うことであり、そこから相互交渉が始まるが、「死ぬ－死なれる」の対は、別れることであり、それで相互交渉は終わる。とはいえ、死別にしても複数性によって規定されているからには、何かが終わるとともに、別の何かが始まる。死者との関係においても、生者どうしのあいだにおいても。単独者にとっては「死への存在」イコール「終わりへの存在」かもしれないが、「死への共同存在」は終わりにのみさしかけられていない。共同世界は、終わることなく世代を超えて存続する。

生まれてくる子が生を「享ける」立場であるのに比べれば、生むほうの親はたしかに「能産的」である。だが、これを能動的立場とのみ考えるわけにはいかない。出生という出来事は、そのつどの運勢・めぐり合わせの布置（Konstellation）から生じる。つまり偶然に左右され、意のままとはならない。生殖・出産には「授かる」という受動性が固有なのである。なるほど、子どもには選択権も拒否権もないが、親にだって、どんな子を授かるか、そもそも授かるのかどうか、の決定権は与えられていない。生まれてくる命を一方的に絶つことができるからといって、生む側に主導権があるとは必ずしも言えない。ちょうど、自殺の可能性を有するからといって、それがそのまま、命に対する恣意的自由の証明とはならないように。誕生という出来事において「主体」と見なされるのは、父でも母でもなく、主役はあくまで子どもである。ある赤ん坊の誕生が神の仕業と言いふらされることがあるのも、新しい命を授けられることの天与性・奇蹟性ゆえであろう。

「生まれる‐生む」には、このように能動／受動の関係とその反転が見出される。それと類比的に、「死ぬこと」に与《あずか》る共同存在のあり方は、能動／受動、使役／放任のあいだを揺れ動く。一方に「死なせる」という能動の極があり、これには「殺す・死んでもらう」という関与度の高い能作も含まれる。だが、「死なせない・生かす」というあり方を基準とすれば、「死なせる」ほうが消極的であり、むしろ無為無能だということになる。他方、「死なれる」という受動の極は、まさしく別離の経験であり、「死の看取り」を意味する。その端的な与えられ方は、「命を絶たれること・自殺されること」である。自殺とは、たんに一人で死ぬことではなく、「死ぬ‐死なれる」という相互関係における際立った出来事なのである。また、殺されて死んでゆく肉親や同胞を看取る者は、場合によっては、死者に代わって復讐するという「行為」をわが身に引き受けなければならない。このように「死なれること」も、なすすべなく佇むといった傍観にとどまらない積極性を、俄然おびることがある。「死ぬ‐死なせる」も「死ぬ‐死なれる」も、人間関係の網の目のただなかで起こる以上、加害／被害、行為／受苦の両義性を孕んでいるのである。

三　死なせることの多義性――殺害から脳死判定まで

パスカルと同じ十七世紀を生きたホッブズは、ひとは一人で死ぬという事実から目を背けることなく、「死すべき者たち」という言葉にひそむ複数性における可死性を、共生の根本条件に据えた。『リヴァイアサン』第十三章の自然状態論にここで立ち入ることはできないが、[3] その論理はまさに能動と受動の反転可能性にもとづいている。死の可能性、言いかえれば死にやすさは、各自にアプリオリに具わっており、その意味では万人が平等である。しかもホッブズによれば、死にやすさとは、誰かに殺されかねないことである。Ａの可死性は、Ｂの側からすれば攻撃可能性を意味する。だがそのＢも、同じ可死性を携行しているがゆえに、ＡにとってみればＢのうちにも攻撃可能性が等しく格納されている。この死の平等のもとでは、強者と弱者の差は意味をなさなくなる。一見どんなに強壮に見える者でも、可死性という弱みを突かれるや、あっけなく殺されてしまう。むろん、攻撃する側にも同じ弱点があるが、それをあえて逆手にとることで、それなりに有効な戦法をあみ出すことができる。恐怖の平等は希望の平等を育み、それは「死なばもろとも」にきわまる。死すべき者たちの共生は、潜在的な殺し合い可能性を原理的に含んでおり、強い意味で「死への共同存在」なのである。この相互応酬的な殺人可能性が剝き出しのかたちで露呈している切迫状態こそ、ホッブズの言う自然状態、つまり戦争状態にほかならない。

「死ぬ－死なせる」の極北としての「殺される－殺す」の間柄は、このような反転可能性を秘めている。その根底には、可死性における万人の平等が支配している。可能性としての死というハイデガーの概念は、その各自性ともども、社会契約を動機づけるお互いさま的な殺人可能性へ組み入れられ、政治哲学の原理となる。逆に言えば、ホッブズの自然状態論は、現実性から可能性へ重点をずらした一個の存在論なのであり、現実的なものの手前で無差別に成り立つ。自然状態を克服したかに見える社会状態にしても、横死《おうし》の不断の脅威を隠蔽することはできても、その除去はできない。可死の神リヴァイアサンのしつらえる平和と安全は、死すべき者たち相互の潜在的恐怖を可能性の条件としている。

ハイデガーとホッブズの存在論‐政治学から、「死への共同存在」の限界事例がこのように浮かび上がる。他方、その可能性優位の発想から逆照射されるものこそ、可死性の現実化としての「落命」の出来事性にほかならない。出来事としての死は、可能性としての死とはまた別に、われわれの共生にとって切実な意味をもつ。「殺されかねない‐殺しかねない」の潜在態とは別個に、「落命する‐落命させる」という死の現実的な与えられ方が、死すべき者たちにとって問題とならざるをえないゆえんである。

死の可能性を孕んで生きていることを表わす「死亡」が恒常的存在状態であるのに対し、「落命」は何らかの原因に襲われて降りかかってくる現実的出来事である。つとにサルトルが指摘したように、誕生と同じく落命は偶然性を刻印されている——これを「不条理」と形容すべきかは措くとしても。「死すべき者は死ぬ」は恒真命題《トートロジー》だが、いわゆる事実の真理においては、事故死、謀殺、戦死、餓死、病死、老衰死と、「付帯原因」はさまざまである。不慮の事故死にかぎらず、死因との遭遇はみな「アクシデント」である。落命は、その偶然性格を起こった途端に奪われ、揺るぎない事実へ転化するものの、それまでは予測のつかないことだったのである。誰もが間違いなく死ぬし、そのことなら誰でも知っている。だが、ある人がどんな原因で死ぬかは、死んでみなければ誰にも分からない。

天災や疫病といった不可抗力でひとが命を落とすのは、それだけとってみれば「一人で・ひとりでに」死ぬことであるように見える。しかしわれわれはそこに、何らかの関与者を想定せずにはいられない。死という重大事を埋め合わせるために、古来、死神（der Tod）とか疫病神とか祟りとか呪いとかの「仕業」が信じられてきた。応答＝責任のない存在に対しては、罪を問えない分諦めもつくが、死因のなかに人為的要因が見出されるや、そうは問屋が卸さなくなる。「殺人」やその「共犯」の疑いが少しでもあれば、徹底して捜査が行なわれる。天災と人災の境界は往々にして判然としないから、行政当局の怠慢が告発されたり、賠償問題が発生したりする。落命は取り返しのつかない出来事だからこそ、あらゆる原因究明と責任追及とによって、穴埋めをしなければ済まないのだ。

落命という転化の人為的作用因としての「落命させること」には、暴力的殺害のほかにも、多くの変種がある。たとえば、死刑執行、過失致死、自殺幇助《ほうじょ》、安楽死、尊厳死、脳死判定。これらはふつう殺人とは見なされないが、れっきとした「死なせること」であり、しかもその関与が消極的であるとはかぎらない。たとえば、臓器移植のために医師が独断で生体から臓器を摘出すれば、その関与は明らかに犯罪である。だが、倫理規程に沿って合法的に脳死判定を下してドナーを確保するのも、消極的関与とは言えない。彼の診断は、「死ぬに任せること」の反対だからである。この場合の「死なせること」は、「死なせないこと」と一対で考えるべきであり、これについては次節で見ることにしよう。

先に進む前に、「死ぬ－死なせる」の関係を考えるうえで忽《ゆるが》せにできないニーチェの言葉を引いておく。「生きるとは何の謂いか」と題されたその『愉しい学問』二六番によれば、生きるとは、死なせること、殺すことを意味する、という。

生きるとは——死のうとする何ものかを絶えず突き放すことである。生きるとは——弱くなり老いてゆくわれわれの部分のすべて、いや、われわれの部分だけともかぎらないすべてのものに対して、残酷で情け容赦のないことである。生きるとは――それゆえ、死にゆく者、みじめな者、老いぼれた者に対して、敬虔の念をもたないことなのか。不断に人殺しであることを謂うのか。――それなのに老モーゼは言った、「汝殺すなかれ」と。（FW, 400）

ニーチェの見立てでは、放任の意味にまで拡大された「死なせること」は、生きることの根本条件である。肉親はもとより、恩師、友人、隣人、市民同胞から、地球の裏側で死んでゆく見知らぬ人びとに至るまで――ここではひとまず人類にかぎっておこう――、われわれは彼らの命を踏み台にし、それを踏み越えて生きている。「われ不断に死につつ在る」というハイデガー的文法になぞらえて言えば、「われ不断に殺しつつ在る」。前者が可死性に関する言明であるのに対し、後者は落命によせて言われている。累々たる屍《しかばね》の山を踏みつけにしなければ、われわれはみずからの生をまっとうできない――やがて自分の骸《むくろ》を人びとに踏みしだかれることをどこかで覚悟しながら。モーゼの戒めとは、こうした残酷な「死への共同存在」に対する原初的な抵抗のかたちだったのかもしれない。

四　死なせないことの多義性――身代わりから延命医療まで

脳死判定は、臓器移植と一対である。つまり、臓器リサイクルが技術的に可能となるまでは、心臓死とは別途に脳死を定義する必要はなかった。一定の手続きのもとに認定された脳死状態を人の死と認め、脳死者の臓器を他の患者の治療目的に利用可能と定める法律が制定されたということは、ある人を「死なせること」が、別の人を「死なせないこと」との対において合法化されたということを意味する。しかも医療行為にとっては、むしろ「死なせない」ほうが積極的関与である。ドナーとレシピエントの授受関係の仲介者たる医師は、二重の意味で「させる」はたらきを演ずる。

この仲介者を間に挟まない「死なせないこと」の直接形が、「身代わりに死ぬこと」である。この代理可能性は、ハイデガーの言うとおり、死亡に関しては成り立たない。つまり、ある人が死んでもおかしくなかったところを、別の人がそれに代わって命を落とす、という仕方でしかありえない。逆に言えば、その意味での代替なら可能なのであり、それが重要な意味をもつこともある。言うまでもなく、ユダヤ－キリスト教の伝統は、身代わりによる「贖《あがな》い」をそもそものモティーフとしていた。ギリシア神話にしろ仏教説話にしろ、犠牲の行為と受苦のドラマには事欠かない。救命者の絶命は、「死への共同存在」の一つの極限形として、死すべき者たちの情念を激しく揺さぶるのである。

身代わりに死ぬという強い意味での「犠牲」でなくとも、結果としてある人の死が別の人の命を救うことになれば、美談となりうる。臓器を提供した脳死の人は、べつに犠牲になろうとして死に急いだわけではないが、結果としてその人の臓器が他の人の生命維持に貢献すれば、それは犠牲行為という意味づけを与え返される。脳死判定－臓器移植の対がそのように潤色されるのは、使えるのを捨てるのはもったいないという感覚よりはむしろ、取り返しのつかない出来事の欠落感をなんとか穴埋めしたいという願望に動機づけられている。ただのアクシデントが目的論的に回収されるのである（九鬼周造の言う「因果的偶然と目的的必然との異種結合」）。犬死が大死となり、侵略行為が平和の礎《いしずえ》となるように。

「死なせないこと」を考える場合、「生き永らえさせること・延命させること」を忘れるわけにはいかない。これは、「落命させること」の純然たる反対現象に見える。何が何でも落命させまいとする、可死性へのこの抵抗形態は、近代臨床医学の基調をなすものである。それは、なるほど「落命させること」ではないが、「死亡させること」ではある。「死亡させること」とは――ハイデガーの「死亡／落命」の文法に則るかぎり――「生かしておくこと（Daseinlassen）」である。死の可能性を執行猶予状態に置き、死すべき者たちを臨死の相に保持しておく技術的措置は、「死への存在」の一つの顕示とも言える。

延命医療は、「落命」という意味では「死なせないこと」であり、その場合の「させない」は積極的介入としての防止・阻止を表わす。だが、同時にそれは、「死亡」という意味で「死なせること」であり、その場合の「させる」は、使役というよりは、許容・放任を表わす。生命維持装置は、「死への存在」をあるがままに放っておくという点では、正直きわまりないほどのあからさまぶりを示す。少なくとも、現代の病棟の至るところに目撃される光景は、死を生きていることの露呈でこそあれ、非本来的「隠蔽」ではない。あくまで病棟内で、だが。

そればかりではない。可能性としての死が問題となっていることからすれば、医療行為がひとしなみに「死亡させること」として記述されうる。延命医療とは、医療のこの本質動向の顕現にほかならない。ただしその場合の医療とは、フーコーの言う意味での臨床医学、つまりビシャ（一七七一―一八〇二年）の病理解剖学に始まる近代臨床医学のことを指し、病的過程を「死化（mortification）」[4]の過程として眺めるまなざしを特徴とする。その「医学的なまなざし」は、「生と病についての説明を死に求め[5]」、その死を「生に内在する可能性」として捉え、「死へとおもむく生[6]」である病理を対象とする。実存全般を「死への存在」と見なすハイデガーの発想は、これに酷似している。落命を死の可能性の現実化として位置づけること自体、フーコーが浮き彫りにした「医学的知覚」との親和性を示している。「人間が死ぬのは、彼が病気になったからではない。人間が病気になることがあるのは、根本的に言って、彼が死にうるものだからである」[7]——この文章中の「人間」を「現存在」に置き換えれば、そっくり現存在分析論に組み込めるほどである。

可能性としての死を実存の中枢に置き、そこから時間性という存在構造を引き出す『存在と時間』の理路は、フーコーが『言葉と物』のなかで「有限性の分析論」と呼んだ近代的思考と通じるところがある。死亡／落命の区別が、現代における「死なせること、死なせないこと」の機微を穿《うが》つ射程を秘めているのは、ハイデガーの思考が深い意味で近代の刻印を受けていることを示唆しているように思われる。それは翻《ひるがえ》ってみれば、ホッブズという近代精神の主要源泉に、ハイデガーの死の概念がリンクさせられうることによって仄《ほの》めかされていたことでもあった。

五　死なれることの多様性——自殺されることから自爆テロまで

「死なせること」の極致は殺人であり、「死なせないこと」の極致は犠牲であった。また延命医療とは、「死亡させつつ落命させないこと」として、「死への存在」への能動的介入の顕著なかたちであった。では、「死なれること」の極致とは何か。既述のとおりそれは、「自殺されること」である。「自殺する－自殺される」の対は、「死への共同存在」のもう一つの極とも言うべきものである。

ニーチェの指摘のとおり、生きるとは死にゆく者たちを尻目に前に進んでゆくことだとすれば、

「死なれること」は、もとより広範な裾野をもつ(8)。言うまでもなく、親しい者との死別は人生最大の受苦の一つである。間近で看取るにせよ、訃報を伝え聞くにせよ、その受容の苦しみは、死にゆく者の苦悶のなぞりなどではなく、遺された者たちをじかに襲う。共存可能性を奪われるとは、わが身をもがれるに等しい経験である。見ず知らずの他人に傍《かたわ》らで死なれる――たとえば死亡事故を目撃する――だけですら、その「される」体験は、戦慄と嘔吐を催させるに十分である。死んでいく人が能動的に何かを仕掛けるということなしに、死はそれぽっきりで深甚な影響を及ぼす。最初に確認したように、われわれの共存はわれわれを一人では死なせてくれない。

同じことが、自殺にも言える。自生はできなくとも自殺はできるとはいうものの、その行為は不可避的に複数性をおびる。周りの人間にとって、近しい人に自殺されるのは、このうえない痛手である。その救いがたさたるや、他の原因、たとえば事故による死別を、優に上回る。事故で死なれる場合、まだしも原因や責任の追及の余地があるが、自殺されたら、そもそも責任主体がもう存在しないのだ。まさか、本人は自分で選んだ道をまっとうできて幸せだったと、喜んであげるわけにもいかない。なにしろ、遺された人びとは自殺者に、自分たちとの共同存在そのものを否認されたのだから。ともに住むことを死者から拒絶されたその共同世界に、しかし生者は、なお生きていかねばならない。かつて自殺者は死後、世界への帰属を剝奪されるという制裁を受けることもあったが（たとえば、共同墓地への埋葬の拒否）、これは、最悪の死なれ方をしたことへの遅ればせの報復であった。

このように、「自殺される」とは、共存可能性の否定という仕方で世界への愛を裏切られたことを意味し、古来、帰属意識の強い共同体にとっての禁忌であった。共同体の伝統的求心力の激減した現代では、自殺はめざましく名誉復権を遂げつつある。反逆の徒どころか、「社会の犠牲者」という意味づけをされるからである。言いかえれば、「社会（または会社、学校、行政）が悪い」式の、かつてはまずありえなかった帰責の仕方が可能となったからである。追い討ちをかけるかのように、「死なせないこと・生き延びさせること」が、生命尊重主義のもと、至るところで――医療現場にかぎらず――鉄則としてまかり通っている。当然の帰結として――「死なせてもらえないならいっそのこと……」と思い詰める末期患者のみならず――自傷嗜好《しこう》の贅沢病も大量発生する。さながらそれは、一握りのつわものどもが潔く自死を選んだ往古の絵巻物の陰画であろう。現代は、自殺がもはやタブーでなくなり、社会全体の関心事となった時代である。自殺がクローズアップされればされるほど、ナイーヴな自殺願望も膨れ上がること、言うまでもない。

自殺の動機として、自己の存在を主張せんがために自己の存在をこれ見よがしに抹消する、という「活動」願望はまれではない。少なくとも、老衰でものを考えることができなくなったので息を止めて死ぬとか、無に帰したいという形而上学的欲求に突き動かされて死んでみるとかいったケースより、はるかに多数であろう。特定の人間を責め、その人に仕返しするために自殺を選ぶというのは、絶望に追いやられた人間に残された最後の希望である。いじめに遭《あ》った子がその辛さを切々と書き残して首吊りをする、といった場合がこれに当たる。憤死された側は、その後始末にてんやわんやである。

弱者のこの自滅戦法は、しかし昔からあった。たとえば、エウリピデスの『ヒッポリュトス』では、失恋の恨みを晴らすべく縊《くび》れて死ぬ継母によって、主人公は破滅させられる。ソフォクレスの『アンティゴネー』では、王の非情さに抗議するために、女主人公をはじめ次々に自殺者が出る。最愛の息子や妃に先立たれ、王クレオンはようやくおのれの非を思い知る。ここでも、自殺は一人で死ぬことではない。それは、れっきとした復讐の形式だった。しかも、人と世を恨みに恨んで死んでいった者に対して、生者の側から借りはもう返せない。

「死なれる」の極致が「自殺される」だとして、そのまたきわみにあるのが、「もろともに死ぬ」という「死への共同存在」のかたちである。可死性を元手として相手にダメージを与える「死の贈与」については、先にその互酬性の論理を見たが、現代ではそれがテロリストの自爆戦法というかたちで噴き出している。彼らの自暴自棄の行為をもっぱら宗教的動機から説明しようとするのは、的外れである。その種の説明は一見啓蒙的に見えて、その実、殉教者を讃美する集団的狂信に肩入れしてしまっている。当事者の意識がどうであれ、現代の自爆テロはあくまでこの世的な現象である。その方式たるや、間違いだらけのこの世などいっそのこと無くなってしまえ、というニヒリズムそのものなのである(9)。

六　「死への存在」の公的現われ――切腹から老いまで

「死なせる」の「させる」には、能動や使役のほかに、放任、許容の意味がある。たとえば、近代以前の日本には「自刃《じじん》を許す・切腹させる」という慣習があった。正式な沙汰が下って切腹することは、ただの自殺とは意味が異なるし、切腹させることは、純然たる死刑執行としての打ち首とは別物である。新渡戸稲造の『武士道』には、礼に適《かな》った仕方でハラキリする往年の武士の姿が、異国人の目に映じたとおりに、印象的に再現されている。同書は、この「法律上ならびに礼法上の制度(10)」と並んで、敵討《かたきうち》という旧習も紹介している。敵討も、公的に認可されてはじめて成り立つ。それは、父君を殺されたことに対する復讐ではあっても、たんなる私刑でも謀殺でもなく、公法に沿って執り行なわれた。この公認の復仇《ふっきゅう》は、洗練された決闘の形式であって、返り討ちに遭うというお互いさま的な可能性を孕んでいた。

切腹を許すことにせよ、敵討を認めることにせよ、その「させる」は私的選択ではなく、公的決定である。ここでもやはり死の問題は、「死ぬ－死んでもらう」と「殺す－殺させる」へと複数化され、プライヴェートな秘事にとどまらない公的、政治的意味をもつ。思えば、お互いさま的な殺人可能性にしろ、現代医療現場の光景にしろ、自殺という示威行為にしろ、すべてそうであった。「死への存在」という実存論的概念は、「死への共同存在」という政治哲学の問題群へと差し戻される。以上でそのことが確認されてきたわけである。

現代では、死刑が執行されたとしても非公開であり、密室の出来事どまりである（先年、某国元大統領の死刑映像が世界に流れたとき、その残虐さが非難の的となった）。近代以前はそうではなかった。ニーチェに倣ってフーコーが『監視と処罰』で掘り返してみせたように、かつて死刑とは、「身体刑」の極致として公的空間における華々しい見世物であった。人びとは、べつに嘔吐を催すことなく、罪人が公然と殺されるのを見るために集まった。それは彼らの祝祭の一部ですらあった。近代刑法の祖ベッカリーア以来、見せしめとしての刑罰に対して近代人は次第に消極的となっていった。現代では、死刑制度は人類の汚点であるかのように罪悪視されるが、それほどの不人気の理由の一つは、隠密裡に跡形もなく技術的に処理されるその執行に、演出効果が足りないからであろうか。

出来事としての死を政治的に活用する大掛かりな装置としては、近代国民国家による戦没者顕彰制度が思い浮かぶ。英霊祭祀《さいし》は、「死なせること、死なれること」というテーマ設定の試金石とも言うべき事例であろう。「死への共同存在」を煽り立てるこの追悼システムについての検討は、他日を期すことにしたい。最後に、「死への存在」の公現のごく馴染み深いかたちに一瞥を与えておこう。それは、「老い」という現象である。

これまで強調してきたとおり、「死への存在」は複数形で考察される必要がある。その共同性を「われわれはともに死につつ在る」と書き改めた場合、ただちに気づくことがある。ハイデガーのこの用語法は、「われわれはともに老いていく」という事態を含意しているのである。「死への共同存在」は、「老い」という相においても立ち現われる。この実存現象を、個人的で私秘的な問題に局限したり、人間一般や生物一般に無差別に当てはめたりする旧弊に陥らないよう、気をつけなければならない。老年は若年との対比でのみ意味をもつ相対概念であり、そこには「世代」という根本問題が控えている。今日、「老い」について盛んに論議されるようになったが、そこでは往々にして、世代という視点が欠落しているように思われる。老人が老年について、年甲斐もなくでしゃばって語るのは、老いという事象にふさわしくない。そこで肝腎なのは、「引き際」なのだから。

老いの問題に照明を与える言葉を、アーレントは『人間の条件』の或る注に記している。

生者にとって死とは、まずもって、現われの消失（dis-appearance）である。だが、苦痛と違って死には、あたかも死が生者のもとに現われるかのような、ある側面がある。それは、老年である。

かつてゲーテは、年をとるとは「現われからだんだんと退いていくこと」だと述べた。この発言が真実をついており、老いという消失のプロセスが実際に現われるのだということを、手にとるように明らかにしてくれているのは、レンブラントやレオナルドといった巨匠たちの、晩年の自画像である。そこに描かれた人物たちの眼光には力があり、その力強さは衰えゆく肉体を照らし、司《つかさど》っているかのようである。（HC, 51, note 43）

この「老いの現象学」は、公的領域の第一の特徴とは現われ（appearance）である、とする議論に付された注に出てくる。アーレントによれば、苦痛、とりわけ肉体的激痛というのは私秘的であり、現われからの引きこもりという点で、死に近い。だが、死の場合にかぎっては、たんなる「現われの消失（*dis*-appearance）」にとどまらない、いわば「消失の現われ（dis-*appearance*）」の可能性がある。つまり「老い」とは、現われの世界から徐々に「退場」していくことであり、さしずめ、目に見えるかたちでこの世に現われる「死への存在」だというのである。たとえば、頭髪の様子や肌に刻まれた皺《しわ》、しゃがれた声や曲がった腰など、老人のありさまは、その人が死につつあることを、つまりこの世から消えて無くなる生のプロセスを、まぎれもなく示している。あたかも、暗闇に没していくフェイドアウトのその刹那《せつな》が、少しく引き伸ばされて舞台にくっきり照らし出されるかのように。しかも、必ずしもそれは、老醜の姿を無残にも晒すだけとはかぎらない。自省に秀《ひい》でた名立たる画家たちによって克明に描かれた老境の自画像には、滅びゆく肉体とは対照的に、いや増しに生彩を放つ心眼のたしかさがある。静けさのうちにも激しさを秘めたその存在感と哀愁は、引き際に宿りうる生の輝きというものを証《あか》し立てている。

生命の肉体的崩壊過程に伴う苦痛は、それ自体は名状すべからざるもの、秘すべきものかもしれないが、この世からの退場の定めをおのおのの流儀で毅然と受け止める態度は、共感を呼びうるし、ある抑制された範囲内で「公現」してよい。その立ち居振る舞いが、凛として張りつめた精神の所在を感じさせ、若輩者たちの羨望の的となることもあろう。肉体の衰えとともにかえって培われ、研ぎ澄まされた諦観のまなざしが、物事を公平無私に眺める判断力を意味する、ということだってありうる――老アーレントが理想としたように。だとすれば、老いの公現もまた、「死への存在」の顕現の一種と言うべきであろう。ただ、惜しむらくは、そのような本来性の境地はあくまでまれなケースであって、落命や延命のように、年をとれば「万人に可能」というわけではないのだが。

なるほど、ハイデガーの用語法に従うかぎり、「死への存在」が老いという相で人びとの目に晒される公的な現われ方をもつ、という言い方自体、不適切だとの誹《そし》りを免れない。だが、「死への共同存在」を考えるうえでは、この現われ方は無視できない。なぜなら、老いの問題は、どんなに若い人びとにも、死すべき身の上であるからには、順番に問題にならざるをえないからであり、先行する旧世代には、後進の次世代に「手本を示す」ことが、好むと好まざるとにかかわらず、役回りとして突きつけられているからである。老年とは世界からの「引退」のときであり、その引き際の如何が問われるのである。

第八章　世代は乗り越えられるか

――ある追悼の辞

一　若さと老いのあいだ

ニーチェが『愉しい学問』を出版したのは一八八二年、三八歳になる年であった。この書の（初版では最終）第四巻「聖なる一月」の断章三二四番の見出しにあるごとく、自分が「人生半ばに（In media vita）」（FW, 552）あることを、著者はこの頃自覚するようになったかのようである。若年と老年の中間に挟まれた年頃――「壮年」という言い方もあるが、そのまま表現すれば「中年」――は、もはや青年ではなく、しかしまだ老成してもいない「あいだ」の年代である。そのときひとは何を考えるか。

もちろんひとによってさまざまなことを考えるにちがいない。中年ニーチェは何よりも、認識の愉悦、哲学の至福について語った。認識ゆえに人生は生きるに値する、とする哲学的生の肯定は、青年期以来一貫するニーチェの基本態度だが、危機の時代を耐え抜いて書かれた『曙光』の最終第五巻に主題として浮上し、翌年の『愉しい学問』になると、全篇にわたって深い充足感を伴って表明される。「人生は認識の一手段」と笑いながら言い切る三二四番はその代表格であり、書名の示す「愉しさ」の質もここに明らかにされる。「認識のための生」の思想は、「認識の情熱」を語った一二三番「手段以上のものとしての認識」にも見出される。「私の幸福」を茶目っ気たっぷりに歌う序曲の数々、エピクロス－ルクレティウス流の「眼の幸福」を礼讃する四五番、考えるためにこそ生きているのだという実感をデカルトの「われ思う、故にわれ在り」になぞらえる二七六番、神なきオプティミズムとしての運命愛をたゆまず貫こうとする二七七番。いずれも、知を愛する悦楽を享受する心地が表わされている。だがもう一つ、中年という人生の位置ならではのモティーフが『愉しい学問』には盛り込まれている。世代の問題がそれである。

　世代とは、生きる時代を同じくする人びとの集合であり、かつ前後の世代との連関において成り立つ。生まれたときからわれわれは特定の世代に属し、人生の段階を経てはその帰属に規定され続ける。生まれ出ずる死すべき者たちの世代交代は連綿と続き、颯爽《さっそう》と登場した新人もたちまちくたびれて旧人と化してゆく。その移り変わりの鉄則には、誰しもこの世の儚《はかな》さを見てとらざるをえない。新世代のたえざる出現と台頭により、旧世代はみるみる踏み越えられ打ち捨てられる。そのつどの世代が順繰りに踏みつけにされてゆくこの光景を、人生の半ばに至った人間は、これ見よがしに見せつけられ、生きることの残酷さをまざまざと目に焼きつけられる。中年ならではのそうした眺望を、ニーチェがその残酷さそのままに描き込んだのが、『愉しい学問』二六番「生きるとは何の謂いか」である。生きるとは、若いものが老いたものを踏みつけにし、踏み台にして前に進んでゆくことなのだ、と[1]。

若さと老いのあいだに身を置いてはじめて、見えてくる事柄というものがある。かつてはほとんど意識しなかった同世代の繋がりや、新旧世代とのギャップ、とりわけ世代交代の冷酷さといったものを、切実に感ずるようになる。ましてや、肉親や旧師、友人に死なれる経験を幾つも重ねれば、世代問題の重みが骨身に沁みるようになる。親しき人たちの死を平然と踏み越えて、自分は生きてゆかねばならない――いつか自分自身が踏み越えられる時まで。だがそう思う反面、死すべき生まれ出ずる者たちの「あいだ」には、別な面もあることに気づく。つまり、次のような問いが頭をもたげてくるのである。――はたして世代間の関係は、ただ順繰りに織り成されるだけなのだろうか。時系列的に並んでいるように見える世代間には、じつは、ある種の跨ぎ越えや、逆向きの乗り越えといったことも起こりうるのではないか。だとすれば、「生きるとは屍《しかばね》を乗り越えてゆくことだ」とするニーチェの考えは一面的でしかなく、同じ事柄を別のパースペクティヴから考察することも可能ではないか。それどころか、その別様可能性なら、ほかならぬニーチェのテクストにすでに示唆されてはいないか。またそこにこそ、かの遠近法的思考の本領があるのではなかろうか。

　先に私は、「生きるとは、死なせることだ」とするニーチェの思想を下敷きにして、死生について考えをめぐらせた(2)。前言撤回というわけでもないが、ある私的体験の前と後とで揺れた考えの振幅を、以下記そうと思う。

二　世代間葛藤と哲学

『愉しい学問』二六番でニーチェは、生きるとは、死にゆく者に「敬虔の念をもたないこと」、「残酷で情容赦のないこと」だと仄めかしている。じっさい、新しい世代は古い世代をさっさと葬り去ろうとする。もっともそれ以前に、旧世代は新世代の首根っこをあの手この手で押さえつけようとするから、お互いさまなのだが。

親や教師の権威に猛然と楯突こうとする若人の姿が見られるのは、もちろん今に限ったことではない。ウラノス－クロノス－ゼウスの系図を思い起こすまでもなく、神話的世界には世代間葛藤の原型が見出される。ホメロスからペリクレスまでの偉大な先人たちに猛然と挑んだのは、クセノパネスからプラトンまでの新しく登場した哲学者たちだった。パルメニデス、プラトン、アリストテレスといった古代存在論の高峰は、いずれも「父殺し」に手を染めている。哲学はもともと、旧世代に対する新世代の精神革命的な造反として産声を上げたのだった。その原点は連綿と「継承」されてき、時代ごとに血腥《ちなまぐさ》い哲学史が形成されてきた。とりわけ近代は、デカルト以来「一切を疑うべし」をモットーとし、破壊－還元－構成の変革方式を取り柄としてきた。信仰、帰依、敬虔を事とする宗教が、そのおかげで壊滅的打撃を受けたことは言うまでもない。デカルトが神の観念を温存していることを、われわれ末裔はみな不徹底だと感じてしまうほどである。伝統を重んじようものなら、反逆精神もろとも哲学精神を失ったと白い目で見られるのがオチである。神殺し、父殺し、兄弟殺しに満ちた哲学史ほど、殺伐とした内紛劇の舞台も珍しい。

古代ギリシアに哲学者というタイプが登場したとき、世代間の公序良俗を紊乱《びんらん》するものだと警戒されたのは、それゆえ当然だった。ソクラテスをソフィストとして舞台に登場させたことで有名なアリストパネスの『雲』は、新思想にかぶれ反抗的になった息子に殴られて混乱に陥る父親の哀れな姿を描く、世代間葛藤劇にほかならない。逆恨みしてソクラテスの哲学道場に火を放つ父親の最後のセリフ「神々をないがしろにし、〔……〕神々を瀆《けが》した罪が一番だ(3)」は、啓蒙思想に対する反感のモティーフをよく表わしている。『悲劇の誕生』でニーチェがやってのけたソクラテス告発とは、そう考えればべつに讒言《ざんげん》でも妄説でもなく、むしろ祖国の美風を愛するポリス市民なら当たり前の反応だった。

歴史的ソクラテスの姿を比較的忠実に伝えるとされるプラトン初期対話篇の一つ『エウテュプロン』では、「敬虔」という徳が吟味にかけられる。その議論の出発点は――ソクラテスが告発されたという背景をひとまず措けば――、奴隷を殺した使用人を死なせた父親を、息子は告発すべきか否か、という親子間の道義問題にあった。そこで俎上に載せられる *hosiotēs* とは、あえて漢字で表現すれば、鬼神に対する「敬」、主君に対する「忠」、祖先に対する「礼」、親に対する「孝」、兄に対する「悌《てい》」等に区分しうるような、目上の存在を尊び敬うあり方のことを言う。なるほど、対話篇のなかでソクラテスは、神々への敬虔をふりかざして親を告訴しようとする若者を、得意の反問で諌《いさ》める役回りを演じている。だが、ソクラテスが対話者に突きつけたその問い「〈敬虔〉とはそもそも何か？」は、この美徳そのものを失効させる破壊力をもつ。神であれ親であれ、生まれにより自分に先んじている者に敬意を払い、その言いつけに従うことが善いとされるのは、いったい何を意味するのか、またいかなる根拠にもとづくのか。その説明が合理的に与えられないかぎり、敬虔なフリなどしないほうがよいのではないか。――この問い返しが少なくとも、伝統的な神観念の再吟味へ飛び火することは避けられない(4)。このソクラテス的反問――「Xとは何か？」――の作法は、定義を求める知的探究を生んだばかりではなく、既成の権威に挑戦する反逆精神の狼煙《のろし》となり、いつの時代にもくすぶる世代間葛藤に罪深くも公然と火を点《つ》けたのである。

三　死後の成長とニーチェ

ニーチェは、ソクラテス的反問を自家薬籠中にした末裔の一人だった。「神は死んだ」との診断は、近代全般の歴史的命運として下されたのかもしれないが、狂えるソクラテスと呼ばれたシノペのディオゲネスを髣髴させる狂人に、そう宣告させた彼は、伝統－権威－宗教の三位一体をトータルに批判した超－小ソクラテス派であった。しかもその手始めとして、元祖ソクラテスを真っ先に葬り去ろうとした。かくのごとき哲学的反逆の営みこそ、ニーチェにとってまさしく「生きること」だった。だとすれば、反逆者としてのその生き方が、『愉しい学問』二六番で自己正当化されていることになろう。(5)

だがその一方で、ニーチェは逆のことも言っている。つまり、葬り去ろうとしてもそうは問屋が卸さないものが存在する、ということが強調されてもいて、注意を要する。

たとえば、『愉しい学問』の三六五番「隠者の独り言ふたたび」(FW, 613f.)。独居を愛する「われわれ」は、時として「幽霊」に化けては巷《ちまた》の人間どもと交わるのだ、という。その化け方には、①正体を見破ろうにも、不気味なほど捉えどころがない、②通り抜け不能な戸口をすり抜けてやって来る、③漆黒の真夜中に現われる、等があるが、極めつけは、④死後に現われる、である。つまり、ここでの「われわれ」隠者とは、「死後に生きる人間」なのである。その一人はこう語る。「われわれは、死んだあとでようやく本来の生を生きるに至り、生き生きと生き」るのだ、と。死者の復活とはまた違った仕方での、死んではじめて本来的に生きる摩訶《まか》不思議な「第二の誕生」というものがある、というのである。

死んでから俄然「生気あふれる者となる」彼ら世捨て人にとって、この世を去るとは、「もはや死ぬことはないという特権」（『愉しい学問』二六二番「永遠の相の下《もと》に」、FW, 518）を手に入れるための手段にすぎないのだろう。ニーチェという著作家がその仲間入りを果たしたことは、没後百年を過ぎた今日、あまたのニーチェかぶれが世に徘徊《はいかい》している一事からして、否定できぬ事実となった。「隠者の独り言ふたたび」という文章もまた、ニーチェの数ある遺言の一つだったことになる。

ニーチェの言い残したことには、異論も唱えてみたいところもある。死は、「もはや死ぬことはないという特権」に与《あずか》ることを意味する場合があり、それが「永遠」なのだとすれば、では「神の死」のケースはいったいどうなるのか。神を殺すとは、「死者の特権」を永遠に授けてやる儀式だったのか(6)。また、キリスト教は伝統的に、死後の裁きとしての「第二の死」ということを語り「最初の死」よりも重大視してきたのに、ニーチェの議論ではその次元が看過されており、むしろ、「死んだ者勝ち」と居直る自爆テロリストや無差別殺人犯行後自殺者の論理に通じているのは、どういうことか。ニーチェはやっぱりニヒリストの総元締めだったのか。一度死ねば手に入る「永遠」など、「虚無《ニヒル》」でしかありえないのではないか。――と疑問は次々に噴出してくるが、それに立ち入るのは控えよう。

ここで「永遠」という概念を使うのは問題なしとしないが、そのつどの世代交代を超えた何らかの永続性なら、語ってもよいだろう。死によっても滅びない永生、無時間的でも超時間的でもない一定の遍時間性をもつ不死性といったものが、この地上にもありうると、そうニーチェが考えていたことはたしかである。生のこの種の持続性は、『愉しい学問』の三七一番「われら理解されがたき者」(FW, 622f.) では、「幽霊」とは別の、絶えず成長し続ける巨木のたとえで表わされる。「われわれは樹木のごとく成長する――これこそは、あらゆる生と同じく、理解しがたいことなのだ――一つの場所においてではなく、至るところで、一方向へではなく、上へも外へも、また内へも下へも、成長する」。南海に浮かぶ山島にそびえる杉の巨木が、樹齢数千年を数えてなお成長を止《や》めないように、死すべき人間の所業にも、何百年、何千年にも亘《わた》って生命力が宿ることが、まれにある。そういう不朽の生命力をかちえ、時代を超えてしぶとく成長し続ける作品が、「古典」と称されるのである。書物がそういった持続力をもつことを、われわれはえてして当然のように思ってしまうが、じつは、死すべき者どもの手によって作られたものがそれだけの不朽性を示すということは、この世にはまずありそうにない、異常な出来事なのである。ニーチェが隠者の妖術か何かのように見立てて言い表わそうとしているのも、この奇蹟性にほかならない。

ここで私は、ニーチェのテクストを若き日より愛読し、死ぬまで生の指針とした、一人の学究のことを想う。独居と思索を愛し最晩年には文字どおり「隠れて生きる」ことを選んだその人は、かねてより人間嫌いを自称し、同時代にというより後代に遺贈するために「血をもって書く」ことをみずからに課した著作家であった。そういう彼もまた、「死後の成長」を遂げて巨木のごとき不朽の作品を残す「隠者」だったのだろう。

四　テクストをめぐる出来事

『愉しい学問』には、まさしく「死後の成長」(FW, 449) と題されたフォントネル考がある (九四番)。フォントネルと言えば、啓蒙と進歩の近代派と目されるが、『新・死者の対話』(一六八三年) では、ホメロス、ソクラテスからモンテーニュ、デカルトまで、古今を代表する賢人や有名人の霊を呼び出し、人間憎悪と学問不信に満ちた辛辣で厭世的な言葉を吐かせた。それらは当時「逆説や冗談」として解されなかったが、近代が進むにつれ、思いもかけず「真理」となっていったと、そうニーチェは指摘する。

著者の生前は本気にされなかったテクストが、死後に予想外の高い評価を得るという事例と言えば、「神の死」を狂人に口走らせたニーチェ自身の著作が、その典型だろう。この場合、たまたま時流に乗ったというだけでは説明できない。フォントネルに近代の混迷を察知する人間観察眼がそなわっていたであろうように、ニーチェには歴史を巨視的に見通す眼力があった。しかし、それだけではまだ「死後の成長」の謎は説明されたことにならない。忘れ去られようとしているテクストを、時代を超えて再発見する後代の読み手たちがいなければ、新たな解釈は始まりようがないからである。言いかえれば、テクストをめぐる「出来事」は、世代を隔てた人びとどうしの邂逅がなければ起こりえない。かつて狂人が書き残したものを新たな光で読み直した (ヤスパースやハイデガーをはじめとする) 一級の読み手たちが現われたからこそ、ニーチェはわれわれの時代の哲学者として甦った。ニーチェ自身、狂気の闇に沈んだ詩人ヘルダーリンを若き日に愛読した一人だったから、その精神が脈々と受け継がれているのかもしれない。

ニーチェは、後代が自分をどのように受容するか気に病んでいた。そのことをよく窺わせるのが――自伝『この人を見よ』の壮絶なまでの大言壮語は別格として――、『ツァラトゥストラはこう言った』第四部である。第三部でついに永遠回帰思想と合体を果たし絶頂を迎えたツァラトゥストラも、やがて老境にさしかかり白髪も目立つようになる。そこに、彼の思想にかぶれておかしくなったさまざまなタイプが浮浪者然と集まってくる。通常の尺度では人間性が「壊れた」としか言いようのない彼らは、時代に対する鋭敏な感受性ゆえに「高等な人間・高人（die höheren Menschen）」と呼ばれる。じっさい彼らにはツァラトゥストラの多面的な思想の断片を体現する分身めいたところがあり、ツァラトゥストラは彼らの苦境につい「同情」を催しそうになる。その「最大の危険」を自覚し、どうにかやり過ごした主人公は、最後に、自分の真の後継者たる「子ども」がやって来つつあることに気づく。猫のようにおとなしい不思議な獅子の来着がその「徴《しるし》」とされる、この新世代の到来は、しかしついに暗示のままに終わり、『ツァラトゥストラ』の物語は閉じられる。(7) それはそうだろう。ツァラトゥストラ＝ニーチェには、新しき世代の何たるかは、逆立ちしても見通せないのだから。逆に、容易に見通せるような未来に「新しさ」はかけらもありえまい。

とはいえ、ニーチェの憂慮はそれほど的外れではなかった。エピゴーネンの登場程度なら、『ツァラトゥストラはこう言った』第三部で、都市文明批判のアジテーションを繰り出す「ツァラトゥストラの猿」が、自己批評たっぷりに描かれていることからして、とうに織り込み済みだったろう。「なぜひとを殺してはいけないの？」と嘯《うそぶ》く無邪気なニヒリスト世代が、百年後に登場してくることも、それほど意外ではなかったに違いない。(8) しかし、没後たちまち政治の世界に心酔者たちが現われ、ファシズムのイデオローグとしてのニーチェ像が確立することになろうとは、さすがのニーチェも覚悟していただろうか。いやいや、そこまで織り込んで遺言「隠者の独り言ふたたび」は書かれていたのかもしれない。

ともあれ、その名に値する歴史というのは、予測のつかなさを本性とする――歴史と呼ばれるようになる出来事が、ひょっこり出会い頭《がしら》の遭遇によって生まれるものである以上は。テクストをめぐる出来事もまた、それが出来事であるとすれば、原作者の思いもつかない仕方で、シナリオなしに不意を襲う。どのような読み手に出会うか（まったく出会わないか）は、正直な話、起こってみなければ分からない。事前コントロールなどできるはずがなく、後世に一切を委ねるしかない。善き解釈と悪しき歪曲とをきれいに線引きできると信ずるのは、ニーチェとは無縁のお人好しか、万事自分の思い通りにならないと気のすまない僭主的人間かの、どちらかであろう。だいいち、筆を滑らせると角が立つからと簡単に筆を曲げるようでは、死後の成長など望めるはずもない。

「複数性」――「他者性」という語弊のある言葉は避けて、遠近法にふさわしいこの表現を使おう――ゆえのままならなさは、人間事象の根本規定であるばかりでなく、書物の多様な読解可能性を巻き起こす解釈学の原則でもある。ここで、テクストをめぐって繰り広げられる出来事の条件としての「世代を隔てた人びとの邂逅」という本題に、照準を定めることにしよう。死と誕生とによって織り成される解釈学的奇遇は、共生のテーマであるとともに、複数性における時間性の時熟の問題でもあることが分かる。

五　死から誕生へ

ハイデガーの遺稿『哲学への寄与』の終わり近く、「将来する者たち（Die Zu-künftigen）」というタイトルで括られた、五つばかりの断章が出てくる。[9] その場合の「将来する者たち（die Zu-künftigen）」もしくは「将来的な者たち（die Zukünftigen）」とは、これからやってくる未来の新世代のことではない。この語はむしろ、とっくに死んでしまった過去の人びと――『存在と時間』の言葉遣いを借りれば「現に既在的な現存在（das da-gewesene Dasein）」――のことを指す。「将来は原初にやどる」というのが、『哲学への寄与』の根本テーゼなのである。[10] それゆえ、ハイデガーにとってみれば、ヘルダーリンこそ「最も将来的な者（der Zukünftigste）」[11] と言える存在であった。往年の「始まりの詩人」は、死後にしぶとく成長し続けて、来たるべき始まりを切り拓く、というのである。

注意すべきは、ここでは時空が、いわば逆流しつつ還流している点である。古代ギリシアに忽然と現われ、以後数千年を支配してきた既在の「第一の始まり（der erste Anfang）」との対話と対決、つまり「遣り合い（Zuspiel）」から、「あらたな始まり（der andere Anfang）」がはじめて将来させられる。『哲学への寄与』に語られる「本有化の出来事（Ereignis）」のヴィジョンを形づくるのは、かくも法外な伸び拡がりをそなえた共存の時－空なのである。これはべつに神秘的なことでも何でもなく、真にその名に値する歴史は、つねにそのようにして生起する。大昔に死んだ詩人や思索者たちは、「将来する者たち」として、大いなる出来事を呼び起こす力を秘めている。それに比べれば、若さしか取り柄のないそのつどの新世代など、たちまち旧世代に成り下がって賞味期限切れとなるだけの、乗り越えられるべき屍予備軍でしかない。

世代という現象は、共時的な同世代と、通時的な世代交代という双面性をもつ[12]。世代の時間的秩序は、一方で「追い越すことができない」という性格をたしかにもちながら、他方では驚くべき逆転可能性をそなえている。なるほど、人と人とのあいだで起こる出来事は、ひとたび起こってしまえば「歴史」となり、もはや取り返しがつかなくなる。その複数性に鑑《かんが》み、これを「共同事実性」と呼ぼう（ハイデガーなら「共同運命（Geschick）」と言うだろう）。共同事実的な平面においては、世代の継起的前後関係も、もちろん抹消不可能であり、不可逆性をもつ。だが、出来事は、まさにそれが起ころうとするその瞬間において、時間系列に沿った継起性を突き抜け、新旧世代の隔たり《エント・フェルネン》を奪取する共同企投という面をおびる。そこには、異なる世代間の同時代的連帯はもとより、異なる時代に生を享《う》けた古今の人びとのあいだでの交流、つまり「遣り合い」の可能性が成り立つ。古人の遺志を継ぐといった仕方で、幾世紀を跨いでの「約束」が交わされることもある。あたかもここでは、はるかに時代を隔てた世代間の往来が可能であるかのようである。つまり、この「共同実存性」の水準においては、再来と回帰という意味での可逆性が存する。

そのように考えれば、後戻りできない時間の流れと、相隔たった時代の相互貫入可能性とは、立派に両立する。タイムトラベルのおとぎ話が、ここでは現実となる。古人はわれわれに近しい隣人となる。伝承されたテクストとは、タイムカプセルそのものなのである。それゆえまた、ある古い時代が、新しさの点で後続の時代に優るというケースは、いくらでもある。新しさは、すぐ前の世代の習い性となった前例からよりも、むしろ、時代的に隔絶した往古の事例から、思いがけず到来してくるものだからである。

これと関連してもう一つ、世代間には不思議な関係が成り立つ。つまり、後の時代になってはじめて、古い時代のあり方が発見されることがある。後代に至って前代があらたに生まれるのである。その場合、原因と結果の関係は、時間系列の順序と逆方向で成り立つ。後の世代が前の世代を「生み出す」といった逆転現象がありうるのである。過去へ赴いたタイムトラベラーが、傍観するだけでなく行為するに及び、歴史が作り変えられてしまうという事態はパラドックスを引き起こすけれども、歴史を顧みるという行為そのものが歴史に一定の影響を及ぼすというのは、逆理でも何でもない。じっさい、埋もれた伝統の再発見といった意味での「創造」行為なら、これはもう歴史家本来の任務と言うべきであろう。しかもその行為は、「理論的」にとどまらない「実践的」意味をもちうる。つまり「あらたな始まり」を準備することがある。歴史への関わりは後ろ向きであるようで、現在に新しさを招来させる力となる。出来事は、そのようにズレをおびた仕方で遅蒔《ま》きに生み出されるのである。

急いで付け加えれば、だからといって歴史は事物と同じように「作られる」のではない。職人の物作りつまり制作のモデルで、歴史を扱うことはできない。なぜなら、歴史の生起が共同生起であるかぎり、世代間の呼応によって生ずる出来事もまた、世代を異にする人びとの幾重にも織り合わされた複数性に条件づけられているからである。歴史は、それを改作しようとする一革命家のシナリオによっては、微塵《みじん》も書き換えられない。

かつて三木清は、世代の問題にも取り組んだ『歴史哲学』のなかで、歴史における影響の仕方を、原因から結果へという時系列的な因果連関とは逆に、「後方に向って、次第に深く過去のうちへ、死から誕生へ、結果から原因へ」[13]という方向に見てとったが、たしかに歴史は、そのような可逆的呼応関係をみなぎらせて生起する。たとえば、ルネサンス期の人びとは、干《ひ》からびた文献のなかから「古典古代」という時代をあらたに産み落としたし、そのルネサンスの時代にしてからが、じつはブルクハルトら後代の史家の意義づけによって、新発見されたものだった。ニーチェの処女作とともに、ギリシア悲劇はふたたび「誕生」を迎えたし、ハイデガーは、二十世紀の新アリストテレスの生みの親となった。歴史とは、そのように再生という仕方で繰り返し生誕してくるものなのである。

この事態を、逆に言い直すこともできる。古代人は、二千年の時代の隔たりを超えて、ルネサンス人の育ての親となった。同様にアリストテレスは、トマス・アクィナスからハイデガーに及ぶ後代の思索者の母胎となるほどの多産さを誇ってきた。このように、遠く隔たった世代間の双方向的かつ非対称的な「影響作用史」によって、共同世界はそのつど革《あらた》められていく。ガーダマーによる理論化に先立つハイデガーの『哲学への寄与』に出てくる用語では、上でふれたように、「遣り合い(Zuspiel)」がこれに相当しよう。(14)

なるほど、クローン技術を人間に適用しても、世代はいっこうに乗り越えられない。かの共同事実性が、そこに厳然と立ちはだかるからである。たとえ、われわれが同時代の或る死にゆく哲学者の盛名《せいめい》を惜しみ、彼の遺伝子を複写した人間を製造したとしても、おそらく有能な、しかしまったく別の世代に属する新人に、われわれは出会うだけであろう。だがそれとはまったく異なる仕方で、その哲学者は、なお生まれ変わる可能性を秘めている。つまり、彼の著作が、後代の誰かに読み抜かれるという仕方で出会われるとき、同じ哲学者が別の仕方であらたに生まれ出ずるかもしれないのである。その暁には、当のルネサンスを成し遂げた読み手は、彼の「子」であると同時に「父」ともなることだろう。

たとえば、亡くなった哲学者の膨大な著述群に加えて、「第二の主著」ともおぼしき遺著が、われわれに与えられたとする。そして、彼が晩年に書き上げたその作品を、後進の誰かが、時間を費やして読み抜き、いつの日かその著者との対決を果たしたとしよう。彼がそれを行なうのは、恩返しという名の「父殺し」に手を染めるためだけではない。そういう面もあるかもしれないが、そればかりではない。むしろ、著者とのあらたな出会いを果たすためにこそである。そしてまた、かくして稀有の哲学者がわれわれのもとにふたたび生まれるためになのである。

六　ニーチェの「父と子」論

最後に、ニーチェの世代論をもう少しだけ取り上げよう。そこに個人的所感が混じることを諒《りょう》とされたい。

「父と子」と言えば、ニヒリスト世代の到来を告げたツルゲーネフの問題小説（一八六二年）のタイトルで有名である。その新世代に属するとおぼしきニーチェが『愉しい学問』のなかで、「神は死んだ、われわれが殺したのだ！」と口走る狂人を登場させたのは、特大版の親子間葛藤のなれの果てだったのだろう。ところがそのニーチェが、あまりニヒリスト的とは思えぬ次のような箴言を、同書に収めている。「勤勉の限度。――自分の父親の勤勉ぶりを凌《りょう》駕《が》しようなどと思ってはならない。――病気になるだけだから」（二一〇番、FW, 507）。「労わり。――父親と息子は、母親と娘よりもずっと多く労わり合う」（二二一番、FW, 510）。

前者の警句が、世の不肖の息子たちに切実に感じられるのは言うまでもない。偉大な師匠を前にしての弟子たちの引け目もその例に漏れない。では、後者の寸評はどうか。エディプス・コンプレックスの理論以前の古めかしさしかそこに見出せない連中は、人生の悲哀いまだ知らずと言いたくなる。母性のような天賦の生命力をもたずに世代に跨る何かを産み出そうとする男たちは、どこかで無理を抱えており、そこに、おたがい肩肘張って生きている父と子が誼《よしみ》を通わせる微《かす》かな余地もある。

「男はつらいよ」――そういうペーソスを全身に漲《みなぎ》らせている点では、謹厳な父親を絵に描いたようなわが師も、何ら例外ではなかった。そんなことを面と向かって言い合ったことは一度もなかったものの、沈黙は多弁である。父と子は、目配せで真に対話を交わす。不肖のまま中年を迎えた弟子には、老紳士となった旧師のまなざしや筆づかいに、独特の突き刺すような鋭さとはまた別に、さりげなくも深い「労わり」を感ずることが幾度となくあった。そういう私的経験からして、ニーチェの「父と子」論に、今はしみじみと同意することができる。

第Ⅲ部　世代をつなぐもの

東京女子大学旧体育館・二階視聴覚室　EXILE「道」の PV 撮影に使われた部屋
（2009 年 5 月 5 日撮影）

第九章　世代をつなぐもの
――東京女子大学旧体育館解体問題によせて

一哲学研究者が、なぜ東京女子大学旧体育館解体問題にこだわるのか。それは、私が常日頃考えていることにじかに連なるテーマだからである。もちろんそれは、拙著『死と誕生　ハイデガー・九鬼周造・アーレント』で論じたこととも深く関係している。

死すべき生まれ出ずる者たちであるわれわれは、世界とめぐり合い、そこに住み、ひいては、その世界を次の世代に受け渡してゆく。建物が、人びとの集う場として打ち建てられ、永年にわたって使われ続けることは、われわれがそのように世界の内にともに存在していることを如実に表わす。創設期以来の校舎を壊すべきか否かは、たんなる学内問題にとどまるものではなく、建築保存論のトピックであるばかりでもなく、拙著で扱った可死性と出生性、複数性と偶然性といった根本現象の、いわば応用倫理的意味を有する。以下、この問題によせての私見を率直に述べたいと思う。そもそも『死と誕生』刊行に当たっては、東京女子大学から出版助成を受けた。小文はその恩義に報いることになると信じてやまない。

学生グループの研究から学んで

大学教師は多忙を言い訳にできない。そもそもscholarとは「ヒマ人」の謂《い》いだからだ。忙しい人《ビジネスマン》を自任するとは、学者《スカラー》を廃業したに等しい。

学内の古い校舎、とりわけ、解体予定の旧体育館が、建築的、歴史的、教育的にいかに立派な建物であるかを、私が認識するようになったのは、二〇〇八年一月にようやく『死と誕生』を上梓《じょうし》した直後だった。多忙にかまけ知らずにいた真実を私に教えてくれたのは、学内での学生研究グループの成果発表会だった。わずか二十分ほどの発表で私は蒙を啓《ひら》かれた。名手アントニン・レーモンド(1)が一九二四年に建てた体育館が、近代建築としていかに優れているか。たんに体操場としてだけでなく、式典場や舞台としてどれほど機能を発揮してきたか。築八十五年のこの「体育兼社交館」に、歴代の卒業生の思いがどんなにつまっているか。「品格ある社会性の涵養」(A・K・ライシャワー)をめざして一九一八年に創立された女子大の建学の精神が、そこにいかに具現しているか。――無知な教員は学生の発表から大いに学んだのである。

この研究グループの代表者は、たまたま私が卒論、修論の指導を担当した院生であった。だから、この発表会以前から、私は彼女から旧体育館解体問題について聞かされていた。だが、多忙を理由にして、私はつれなく聞き流していた。彼女の熱意には感じ入っていたので、たまたま空いていた短い時間に研究発表会場に足を運び、――そこで堂々たる発表を聴いたのである。自分の指導する学生が、優れた研究をして嬉しくないはずがない。私は発表後、その院生に、「このあいだ提出された修論より良かった」と冗談を言い、しょげさせてしまったほどである。彼女の名誉のために言っておけば、同時並行的に完成させた修論のシラー研究も、なかなかの出来ばえであった。

この年度から最も優れた研究発表グループに奨励賞を贈ることになっており、彼女たちのグループが見事、栄冠を得た。そして、二〇〇八年四月の入学式直後、新入生対象に模範発表を行なった。列席した教員も軒並み感銘を受け、旧体育館に関心の薄かった層に問題意識が広まっていった。その発表では、人気グループEXILEが「旧体《キュータイ》」で踊った曲（「道」）のPV《プロモーション・ビデオ》も一部披露され、新入生は総立ちになって歓声を上げげた。今どきの若者――という言葉をいつしか私も使うようになった――は、ただ新しいだけのものに興味は示さず、古くて良いものに魅力を感ずるようだ。まっとうな感覚と言うべきだろう。

従来から旧体保存を望む内外の声は小さくなかったが、この発表を機に学内教職員の意識は確実に変わった。旧体解体再考を要望する署名運動が起きて教授会メンバーの過半数に達する勢いとなり、六月に理事長に提出された。これに対する理事会の対応については措くが、その後も勢いは衰えず、ついに二〇〇九年三月、教職員手作りの公開シンポジウムが開催されるに至った。卒業生の永井路子氏や建築史家の鈴木博之氏らをゲストスピーカーに迎え、参加者は二百五十名以上と、会場の旧体に満員の盛況となった。日本の大学で旧校舎保存を訴える学内者主催の討論会が催されること自体、異例のことらしい。シンポジウム実行委員長に名乗りを上げた私は、その開催費用に、拙著で当てた和辻哲郎文化賞の副賞の半分を注ぎ込んだ。『古寺巡礼』（一九一九年刊）の著者の名を冠し、しかも天下の名城の保存に町を挙げて取り組んでいる姫路市からいただいた賞を、伝統建築物の維持と活用について語り合う饗宴のために使ったのは、軽挙でも愚挙でもないと勝手に信じている。

世代をつなぐ共同性の基礎

旧体問題からわれわれが教えられるものに、「世代」という問題がある。ひいては、われわれはこの問題から、アーレントの言う「世界への愛」について学ぶことができる。

人間はこの世に生まれ、生き、老い、そして死んでこの世を去ってゆく。そういう生まれ出ずる死すべき者たちの去来の場が、世界である。この世界は、一人のものではなく、そこに住む多数の同時代人によって共有される。そればかりではない。時代を異にする無数の人びとによって、連綿と受け継がれてゆく。同時的、継起的にともに分かたれるという共同性によって成り立つのが、世界なのである。共同世界のこの二重性は、同世代と世代交代という、世代なるものの二面性に対応している。相前後する世代間の、それどころか相隔《あいへだ》たった世代間の、断絶をはらんだ連続性が成り立つのは、諸世代が落ち合う場としての共同世界があるからなのである。幾世代も隔絶した人びとが「協働」したり「連帯」したりすることが可能となるのも、彼らがおのおのの時空的差異をはらみつつ、同じ一つの世界を共有しているからこそである。世界は、複数の世代にまたがって存続する。

世界は、そこに住む人どうしを、そして異なる時代に生きる人どうしを、結び付けさせつつ分け隔てさせる。この媒介機能を、あまり抽象的に考える必要はない。世界は、宙に浮いたどこかにあるのではなく、大地にどっしり根ざしており、実質的には、もろもろの物たちからなる。たとえば、埃《ほこり》にまみれた本やひっそりたたずむ古い建物。そこにこそ、世代をつなぐ共同性の基礎はある。

世代間の友情のしるし

官学はともかく、私学にはそれなりの創設の父（母）たちがいるものである。そして、彼らがかつて礎を築いた学園に、いやしくも「建学の精神」というものがあるのだとすれば、それは、そのつどの学校関係者の脳髄や口腔《こうこう》にパッと浮かんでは消えてゆく、はかないものではありえない。せいぜい一代かぎりの個人的記憶に保たれるだけのものでもない。精神的なものが世代にまたがって脈々と受け継がれるには、その存続を実質的に支え、どっしりと存在し続けるモノがなければならない。創設の大志は、かの父祖（母祖）たちが語り、書き残したことを伝える文書にやどるのであり、始まり・原理（principle）を体現すべく建立された築造物にともるのである。もとより書物は、後代の解釈者によって我がものとされるとき、異化を蒙りつつ「脱構築」されるだろうし、建物だって、老朽化が進めば修復され、別の使われ方をすることになろう。そういう変形や隔たりを許容しながらも、なじみある近しい形をとってしぶとく存在し続けるのが、「物」なのである。

大正時代に創られた女子高等教育の府が「品格ある社会性の涵養」をモットーにしてきたのだとすれば、その建学の精神は、設計当初から社交館という機能を付与され、歴代の学生たちに社交の場として使われ続けてきた体育館にこそ、生き生きと働いているはずである。語の正当な意味における本質（essence, Wesen）を集約し守蔵《しゅぞう》しているそのような物を、荒廃に任せるのみならず、キャンパス再開発事業と引き替えに破壊し去ろうとする学校法人は、少なく見積もっても、建学の精神を忘れていると言わざるをえない。

旧体問題を考える先のシンポジウムで、永井路子氏は面白いことを言った――「形ある物はすべて滅びる」と言って破壊の口実にする人がいるが、この言葉は「万物は流転する」とか「諸行無常」とかいった主張に等しい形而上的命題、もしくは「夏草や兵どもが夢の跡」に匹敵する詠嘆を込めた詩句であって、現に残っている有意義な建物を壊すために使うべきではない。それを念仏よろしく唱えて法隆寺をぶっ壊す者がいるか、と。

じっさいは、法隆寺も姫路城も往時は見る影なく朽ち果て、取り壊される運命に曝されていた。放っておけば腐朽《ふきゅう》していくのが、死すべき者どもの制作物なのである。だが、そのはかなさに逆らうべくわれわれの手で営々と築かれてきたのが世界なのであり、そのなかで風雪に耐えるよう手入れされて使われ続け、ひいては世界を飾るのが、物なのである。形ある物は、限りある人間の生を超えて、世界にとどまり続ける。私の生まれる以前から、この世界は物とともに有ったし、私の死んだあとも、この世界は物とともに有るだろう。

このような世界概念を、物の実体性を無批判的に定立《ていりつ》する独断論にすぎぬと断ずる向きもあろう。だがここで言う世界の永続性とは、超絶した形而上的概念ではない。この世に生まれこの世から去ってゆく者たちが、各人の限りある生を超えて「共通のもの」を受け渡してゆくという暗々裡の共同事業を言い当てる、世俗の言葉なのである。そこには、物を大切にするという意味での「愛」がある。それればかりではない。自分たちがひょっこりそこに生まれ、たまさかめぐり合った世界に対する限りない慈《いつく》しみの念がある。自己肯定という意味での自愛と別物でないその宏き心を、「世界への愛」と呼んでもよかろう。

私は自分の今後の仕事を、アーレント譲りのこの言葉で総称したいと思っている。私にとって旧体問題とは、この不思議な愛のかたちの実習だということになろう。

聞けば、東京女子大は、東洋の女子高等教育推進のためにと北米の超教派キリスト教伝道事業によって募られた寄付金をもとに、創立当初の校舎群を築造できたのだという(2)。そこに「文化帝国主義」を見出すか否かはともかく、海を越えての多額の浄財により創建されたことの意味は、重い。その現存最古の一つである体育兼社交館を壊すとは、インターナショナルかつイン、タ、ー、ジ、ェ、ネ、レ、ー、シ、ョ、ナ、ルな「友情のネットワーク」により集められた無数の志を、葬り去ることに等しい。現に存在している旧体は、九十年にわたる国際的‐世代間的な連帯の証なのであり、この友愛のしるしを大切に守り将来に贈り与えることは、愛校心の作法にして世界を愛する仕方なのである。

拙著を出すのに多忙を極めたと思いきや、その後旧体問題にのめり込み日々奔走する我が身を省みるに、お前は学者を廃業したのかと呆れられても仕方ない。小文を書いているのは〔二〇〇九年〕三月末だが、本誌〔『UP』〕に載せてもらう五月には、うかうかすると解体工事が始まってしまう。そうならないことを切に祈る。もし保存が叶ったら副賞の残りも修復資金に充てると、姫路市での受賞スピーチで公言した身としては、「旧体クジ」がこの先どう出るか、固唾《かたず》を呑んで見守りたい――というか、愛する学園のため、もうしばらくヒマ人稼業に暇乞《いとま》いせざるをえない。

第十章　死と誕生　もしくは世界への愛

本日のお話は、演題に掲げた通り、拙著『死と誕生　ハイデガー・九鬼周造・アーレント』に関連します。この本は、別の本を書くための助走のつもりで出しました。その本論のタイトルは「世界への愛」に決めています。しかしその手前でうろうろしていて、なかなか本論には至っていません。そこで本日は、どういう意味で「世界への愛」というタイトルを選んだのか、そのあたりの事情もお話ししようと思います。本論の完成がいつになるか分かりませんが、できれば自分の生きているうちに仕上げたいものだと念じています。

この二つのタイトルに関するお話の間に、二〇〇九年に起こった或る出来事と、それによって考えさせられたことを、差しはさむことにします。大正期に建てられた古い校舎、東京女子大学旧体育館——以下「Q体」と表記——の解体をめぐって、大学を挙げての騒動が勃発したのです。あの事件は、学内問題にとどまらない重要な意味があると私は確信していますし、私にとって生涯忘れられない経験となりました。本日はその総括という意味も込めて、本件に関する考察を交えたいと思います。

一　『死と誕生』の成立事情

私は二〇〇三年度、ドイツのフライブルク市に一年弱、研究滞在しました。フライブルクを留学先に選んだのは、私が学生時代から研究してきた哲学者マルティン・ハイデガーが、かつて学び、長く教えた大学があるからです。一九三三年のナチの政権掌握直後にハイデガーがフライブルク大学の学長となったことが、しばしば取り沙汰されますが、地元の世界的哲学者に対する市民の愛着には根強いものがあり、ハイデガーの哲学に距離を取るようになっていた私も、フライブルク滞在中に、当地の親ハイデガー的な雰囲気にどっぷり浸かって、往年の関心を呼び覚まされました。

かつての私の関心は、一つには、ハイデガーが主著『存在と時間』で展開した「死」についての思索に向けられていました。われわれの生は、死とつねに隣り合わせの「死への存在」であり、その意味での「我死につつ在る」というテーゼこそ、デカルトの「我疑いつつ在る」という近代の基本命題に代わって、哲学の究極の基礎となるべきだと。卒業論文以来のこの死というテーマを今一度目覚めさせること、そしてそれとワンセットで「誕生」について考えることが、フライブルクでの学びの課題の一つとなったのです。

それにしても、なぜ「誕生」なのか。誕生について哲学的に考察したのは、ハイデガーの弟子に当たるハンナ・アーレントです。アーレントは、ハイデガーから強い影響を受けつつも、ナチ・ドイツを追われてアメリカに渡り、『全体主義の起源』を皮切りに独自の思索を展開した、二十世紀を代表する哲学者の一人です。この傑出した女性哲学者に魅了されてきた私ですが、正直言って当初、「誕生」というテーマ設定にはピンときませんでした。アーレントの誕生の思考は、哲学史上それほど比類ないものだったのです。そこで、ハイデガーによって主題化され哲学の歴史でもえんえんと議論されてきた「死」との対比において、「誕生」について集中して考えることを、みずからに課すことにしたわけです。

突破口となったのは、ドイツに行く前、二〇〇一年という特異な年に成立した論文「始まりへの存在」でした。ひとは、誕生という始まりでもってたまたまこの世にやってくるが、この「第一の始まり」のいわれなさを引き受け直すことで、「第二の誕生」を迎えることがありうる、という「あらたな始まり」の思想に、この論文を書いてようやくたどり着くことができたのです。その内容は、『死と誕生』の「序説」となりました。

誕生において重要と思われるのは、その偶然性です。われわれは必ず死なねばならないという必然を生きていますが、この世に生まれてきたのはたまたまであり、われわれはみな偶然の申し子です。かねてより私は、九鬼周造（一八八八－一九四一年）の『偶然性の問題』に関心を抱いていました。九鬼もハイデガーからじかに教えを受けた一人です。われわれはいわれなくこの世に投げ出されて存在してしまっている、というハイデガーの「被投性」の考え方を独自に摂取しつつ、九鬼は帰国後の一九三五年、『偶然性の問題』を刊行します。九鬼の偶然の哲学を仲立ちにして、ハイデガーの死の思索とアーレントの出生の思考を結びつけるという見通しが私に立ったのは、ドイツ留学をきっかけとしてでした。

はじめにふれたように、またあとでもお話ししますように、私はドイツにいたとき、帰国後には「世界への愛」と題する本を書こうと決め、章立てのアイデアを眺めては悦に入っていました。しかし日本に帰ってからは、自分で播《ま》いた種で忙しくなったこともあり、本の構想は膨らむ一方、なかなか纏《まと》まりそうにありません。そこでとにかく、これまで書き継いできたものを纏め、本にして出そうと思い立ちました。紆余曲折の末、東京女子大学の出版助成という嫁入り持参金付きで、東京大学出版会から出してもらいました。

ちょうどその頃、学内で起こっていたのがQ体問題です。この問題に入る前に、ドイツから戻って忙しくなった原因の一つについて、お話ししたいと思います。その経験が、多少とも『死と誕生』に活かされていると思うので。

二　ハイデガー・フォーラム創設の経験から

これは私の口癖なのですが、学者は本来、「ヒマ人」でなければなりません。忙しさとは無縁のはずの学者先生が、しかしそのときだけはさすがに忙しいのが「師走」です。学者が日々の業務に明け暮れ、業績作りに忙しい時代、この言葉はもはや意味をなしません。有閑人たることを返上し、社会に役立つ奉仕活動に従事している者は、学者 scholar であることを辞めた研究労働者 academic laborer です。「小人閑居して不善を為す」も一つの真実ですが、だからといって自由な時間がなくなったら、ものを考えることはできません。「哲学は驚きから始まる」が永遠の真実であるのと同じだけ、「哲学はヒマから始まる」のです。リベラルアーツも、古代自由市民の自由時間《スコレー》を起源としています。

研究労働者に成り下がるのは学者の自己否定だと思いつつ、私も日頃ヒマのない生活を送っていて、内心忸怩《じくじ》たるものがあります。その理由の一つは、大学での業務増大にありますが、もう一つには、自分で勝手に仕事を増やしている面もあり、こちらは自己責任です。二〇〇四年に帰国して少しして、ハイデガー・フォーラムという新組織を研究仲間と一緒に立ち上げました。哲学の終焉が語られる時代、ハイデガーの思索を機縁にして自由闊達に議論を交わせる場を設け、現代における哲学の可能性を考えよう、という趣旨です。

ゼロからの出発でしたが、創設趣旨に賛同してくれる方は予想以上に多く、賛同人は二百名を突破しました。二〇〇六年九月の第一回大会の統一テーマは、「哲学の終焉と思索の課題」。同志たちと心を一つにして、イベントを企画し、それを実行する。二年にわたる準備は途方もなく大変でしたが、創立大会開催のときの感動は、今でも忘れられません。ありそうにないことが、それでも起こると信じていい、いい、いい、いい、いい、いい──そう思えた瞬間でした。

それは一つの「新しい始まり」でした。哲学界に革命を起こすという大目標はやや遠大すぎるものの、これまでと違う何かが始まった気がしたのは確かです。以来、ハイデガー・フォーラムは毎年開催され、そのたびごとに参加者に感動を与え続けています。

始まりには、古くて新しいという逆説がひそんでいます。始まりの始まりたるゆえんは、一回かぎりで消えてしまわず、以後も続いていく点にあるのです。何かを始めた人びとは、つねに初心に立ち返って、最初の「約束」を思い起こし、確認し合う必要があります。始まりは、いつまでも古びない原点であり、新しさを湧出させる源泉であり続けます。神による無からの創造という絶対的始まり

principium とは異なる、人間の為す相対的始まり initium には、「第一の始まり」と「あらたな始まり」の両極がそのつど成り立つのです。

ハイデガー・フォーラムにしても、無から始まったのではありません。哲学的議論を愉しむ時空を求める根源的欲求という、学会 academy なるものの原点。ハイデガーの思索を伴侶《はんりょ》としつつ展開してきた近代日本哲学史とその蓄積。ハイデガー哲学の研究から出発して哲学の道を歩んできた各人の経験。そうした数多くの「第一の始まり」が、「あらたな始まり」としてのフォーラムを築く礎石となったのです。そして、今後このフォーラムが存続するかぎり、それはつねに創立時の大志の再確認として、つまり始まりの反復として行われることでしょう。脆弱な組織ですからいつまで続くか分かりませんし、毎年「板子《いたご》一枚下は地獄」同然の綱渡り興行ですが、自由の深淵とはそういうものでしょう。

新しい始まりはつねに、かつての始まりの再来として生ずる――この「始まりの二重性」は、『死と誕生』の中心思想となりました。その意味で、この本はドイツ留学の成果であるばかりでなく、日本に帰ってからの「始まりの経験」の賜物でもあったのです。逆に言えば、そういう経験の裏付けがなければ、この本は書けなかったに違いありません。

「共に事を為す」という意味で何かを始めることは、ギリシア語で言えば *praxis*（行為）です。古来、哲学とは究極的には、ものの本質を一人静かにじっと見つめる営みとされてきました。これをギリシア語では *theōria*（観照）と言います。ハイデガー・フォーラムの創設と実行に携わってきたおかげで、観照《テオーリア》的生と異なる活動《プラクシス》的生について、私は何ほどか学ぶことができました。アーレントの主著『人間の条件』のドイツ語版のタイトルは、『活動的生（*Vita activa oder Vom tätigen Leben*）』です。また、姉妹編の『革命について』では、始まりと革命について、とりわけ共同体の「創設（foundation, Gründung）」について詳しく論じられています。そのようなアーレントの議論に関する一定の理解を、私はハイデガー・フォーラム創設の経験から学びとることができました。

哲学はヒマから始まる――とはいえ、忙しさの中ではじめて知ることのできる事柄というのもあります。プラクシスは身を以て経験しないと分からないのです。しかし、ハイデガー・フォーラムの経験だけでは、いまだ「世界への愛」を理解するには至っていなかったようです。この特異な愛の予感に、私はフライブルク留学中襲われましたが、その正体はまだ分かっていませんでした。今でもそれほど分かっているとは言い難いのですが、少しは進捗《しんちょく》したような気がします。その実感を私に与えてくれたのが、Q体問題なのです。

三　Q体解体問題に取り組んで

『死と誕生』の出版準備は、じつは私の母の病状悪化と同時並行的でした。難産の末に本が出たのは、母が死んで二か月後でした。それとは別に、この本の誕生はもう一つの死と隣り合わせでした。出版して十日ほどして恩師の渡邊二郎氏が亡くなったのです。ハイデガー研究者として長らく学界をリードしてきた先生は、不肖の弟子が初めて出した著書を、最後の優しさを示すかのように見届けてくれました。それればかりではありません。癌との壮絶な戦いを続けた一年弱の間に、自身のハイデガー研究の総決算とも言える大著を書き終えて、後進の者たちに遺していったのです。

私はその学恩に報いようと思い、遺族や他の弟子、編集者と協力して、著作集の刊行準備に取りかかりました。全十二巻の大きな企画です。その計画開始に奔走していた頃、もう一つの「死活問題(Existenzproblem)」が、私の前ににわかに浮上してきました。築八十五年のレーモンド建築であるQ体を解体してオープンスペースとする大学側のキャンパス整備計画に対する、学内教職員有志による再考要望運動がそれです。

これより以前、同じくレーモンド建築で貴重な文化財だった東寮が、解体の憂き目に遭いました。そのときは、主に学外の卒業生や建築の専門家を中心に、ねばり強い反対運動が続けられました。その東寮が残念なことに解体されたのは、二〇〇七年夏です。当時、学内の教員は学部再編問題にかかりきりで多忙を極めており、教授会での議論でもキャンパス整備計画は二の次というのが実情でした。ところが、学部再編論議が一段落した二〇〇八年二月、学生による旧体育館の共同研究の成果が報告会で披露され、学生研究奨励賞に輝きました。その表彰を兼ねて四月に再度、今度は新入生全員と多くの教職員の前で披露されました。これをきっかけに学内での関心が急速に高まっていきました。Q体問題は静かに、しかし確かに大学の「共通の関心事」となっていったのです。

学生の発表を聴いて感心した私も、いつしかQ体解体再考要望運動に関わっていくようになり、気が付いてみると、Q体問題を考える公開シンポジウムの実行委員長をやっていました。その直前に姫路市で開かれた和辻哲郎文化賞授賞式のスピーチでは、「副賞百万円の半分はQ体シンポのために使う。残りも保存が叶ったら寄付したい」と宣言するほどいかれていました。二〇〇九年三月一四日にQ体で行われたそのイベントの直後に書いたのが、小文「世代をつなぐもの」です。Q体クジの命運やいかに、でこの文章は終わっています。

その後も、「旧体育館保存を要望する有識者の会」が結成され賛同者が二百名近くに及ぶなど、それまでは予想もつかなかったような驚くべき出来事が、次々に起こりました。二〇〇九年前半は、ジェットコースターに乗っているかのような疾走感覚で日々が過ぎていきました。出会いとすれ違い、連帯と敵対、人間愛と人間不信。入り乱れた人間関係の網の目は、そのなかに入り込んだ者たちを捉えては、もみくちゃにしました。その中で私はしかし、共に事を為すうえでの「約束」と「信頼」の重要性を、あらためて学ぶことができました。この一連の「プラクシス」も、私にとって、「ありそうにないことが、それでも起こると信じてよい」との確信をいっそう深める経験となったのです。

さて、では「Q体クジ」はどうなったか。勝ち負けの観点から見れば、「外れた」ということになるのでしょう。四月二二日の教授会で、解体再考を理事会に要望する動議は、惜しくも僅差で否決されました。投票のとき、どうか可決されますように、と手を合わせて祈り続けたのをよく覚えています。あれはまさに、クジが当たりますようにとの神頼みそのものでした。教授会から正式な要望がないと見るや、大学当局は、内外の保存要望の声がいかに高まろうと、理事会決定を一切変えようとしませんでした。

清楚で優美な建物は、われわれの渾身の訴えも空しく、法人の計画どおり破壊されていきました。二〇〇九年七月、愛すべきその姿は、ほぼ完全に消え去りました。現在、跡地には芝生広場が造成されています。キャンパスの中央に「無」が広がっているそのさまは、見る目をもつ者には、ニヒリズムそのものです。ニーチェが「人間は、何も欲しないよりは、まだしも無を欲する」と喝破《かっぱ》した虚無主義が、まさにそこに現前しています。

何がなくなったのでしょうか。重要文化財級の建物だけではありません。その建物に刻まれた八十五年の歴史が、今や「実体」を失ったのです。毎年の卒業生がそこで学び、飛び跳ね、歌って踊ったその記憶をやどす、生きられた空間が、取り返しのつかない仕方で失われたのです。大切なものをもぎ取られた感覚は、「殺された」と表現しても、比喩とは言えない気がします。そこには「いのち」が確かに息づいていたのですから。

四　記憶を守る物たち

学校には、とくに私学には、「建学の精神」というものがあると言われます。それは往々にして、ただの空語か宣伝文句にすぎません。公立出身の私もずっとそう疑ってきました。Q体問題が起こるまでは、東京女子大に長年勤めていながら、九十年の伝統と学風と言われてもピンときませんでした。迂闊と言えばあまりに迂闊な話です。しかし、当り前の空気のような「良き伝統」――第二代学長の安井てつは、something という言葉を使いました――は、それが失われそうになってはじめてその存在に気づかされるものなのです。そして、その「何か」の実体をなす既存の個々の具象物も、何気なく存在し続けているがゆえに、ふだんはその意義をなかなか理解されないのです。

これを、『死と誕生』の「始まり」の議論に沿って説明し直してみましょう。

大学の創設者たちは、その教育・学問の理念をこの地上に実現すべく、多くの話し合いを重ね、ついに大いなる約束を交わし、ある時代、ある場所に学園を築きます。これは「新しい始まり」ですが、それが開かれるには、先例となる「旧い始まり」が必ず仰ぎ見られなければなりません。たとえば、内外の模範的な大学や、歴史上の偉大な学園。それを再現しようと新しく開かれた学びの園には、志を同じくする者たちが、新しい始まりを共に為そうと、集まってきます。人間的自由の空間がそこに開かれるのです。偶然の出会いが数々の物語を生み出し、語り草となって伝えられます。建学の理念は、創立記念日や入学式、卒業式といった節目に語り直され、次の世代に継承されていきます。とりわけ、大学が存亡の危機を迎えたときには、「第一の始まり」に立ち返り、原点を甦らせようという試みが盛んになります。たんに過去を懐かしむためにではありません。現在を見据えて、未来へと大胆に踏み出すためにです。ここに「あらたな始まり」があります。

このように、始まりの両義性は、大学という組織が創立され、発展していくという事例にも顕著に見出されます。しかしそのためには、物的な支えがどうしても必要です。この点は、『死と誕生』では必ずしも強調されていませんでした。始まりを存続させる条件としての「物」について、私は、Q体から実地に学んだのです。失われてますますその学びは痛切となりました。「世界への愛」の途上でのこの経験を言葉にすることは、それを学ぶきっかけを与えてくれたQ体に対する、私の務めだとさえ思えるほどです。

建学の精神は、初代から次代、そして後代、末代へと連綿と伝えられます。そのような「間世代的（intergenerational）」な伝承・継承のためには、ひいては「あらたな始まり」をなすためには、精神という非実体を実体化するどっしりとした物たちが存在し続けなければなりません。入学と卒業を繰り返す学生はもとより、教職員にしても毎年どんどん入れ替わり、数十年もすれば顔ぶれはすっかり変わってしまいます。人間というのは健忘症の動物です。偉大な原初を心に刻もうとしても、生身の人間だけでは当てになりません。死すべき者たちの記憶は、物的な基盤があってはじめて安定します。ましてや建学の精神などという、もともとあるかなきかの代物《しろもの》の場合、具象性の確保は急務です。そこで、創立期のさまざまなドキュメントを収めた書物が作られ、建学の父（母）たちの教育理念が吹き込まれた校舎が大切に守られるのです。そのつどの世代の新人たちが、往時の偉業を伝える書物を繙《ひもと》き、旧い建物に立ち入り、床を踏みしめるとき、時代を隔てた人びとの間の交流が成り立ちます。そのような出会いこそが「あらたな始まり」をもたらすのです。原点を忘れかけ、危機に瀕していた共同体は、「第一の始まり」に思いを致すことによって、未来への推進力を吹き込まれます。歴代の人びとの共同記憶の物的基盤である学び舎《や》は、数々の文書や記念品とともに、大学に守られることで、大学を守り続ける存在となるのです。

一九二四年、新渡戸稲造や安井、ライシャワーといった創設者たちは、気鋭の建築家レーモンドと相談して、自分たちの教育理念を体現すべく、キャンパスの中央に体育兼社交館を建てました。Q体は、近代女性にふさわしい健康美と社交性とを培《つちか》う最高水準の女子高等教育施設として造られたのです。以後その建物は、八十五年の長きにわたって、時代ごとの「あらたな始まり」の拠り所となってきました。それが取り壊されようとしたとき、私たちははじめてこの大学の守り主の偉大さに気づかされました。建物を保存し、現代に甦らせることは叶いませんでしたが、われわれの運動そのものも一つの「あらたな始まり」だったのだと、今はそう思います。その始まりは、Q体という実体が亡くなってしまった以上、今後は私たち自身が、実体化を通して記憶を確かなものとしてゆかなければなりません。のちの人びとによって、いつの日か、さらなる「あらたな始まり」をもたらすために。

五　近代という時代を問い直すこと

Q体解体問題は、ある小さな私立大学の事件にすぎません。しかしそこから、多くのことを学ぶことができます。「始まり」についてのレッスンは、私たちがなおそのうちを生きている近代という時代のはらむ根深い問題を、究明することに役立つのです。

私は、ニーチェ、ハイデガー、アーレントを中心に西洋近現代哲学史を研究しつつ、近代という時代について考えることを自身の研究課題としています。この三者に関心を寄せてきたのも、近代なるものを考えるうえで有力な手がかりを提供してくれるからです。ニーチェの言葉「神は死んだ」は、近代を集約する一句ですし、ハイデガーからアーレントへの流れも、ニーチェのかの言葉の意味を掘り下げる試みだったと言えるほどです。

近代という時代などという、そんな一過的で特殊な問題に関わるのは哲学とは言えない、と鼻白《はなじろ》む人もいます。しかしそうでしょうか。近代という時代は、今から四百年前に本格始動しましたが、それに規定された人間のあり方はみるみる広がり、今や地球を覆い尽くす勢いです。今日この動向は、「地球化（globalization）」と呼ばれています。日本も一世紀半ほど前、ヨーロッパ原産の近代の仲間入りをし、今やそのトップランナーを自任するほどです。人類挙げての近代化の勢いは、そう簡単には収まりそうにありません。近代という時代は、特殊でありながら、少なくとも人類にとって恐るべき普遍性を有しているのです。

その普遍性に見合う学問は、私の知るかぎり、哲学しかありません。それに、私たちは近代という時代に生きており、その中で翻弄されていますが、哲学とは古来「汝自身を知れ」という自己知・反省を事とする営みです。近代とは何か、という問いは私たちにとって、みずからのあり方を問う自己反省であり、そういう意味で高度に哲学的なのです。「永遠の真理」を求めてきたはずの哲学自身が、果たして真理なるものが本当にあるのか、と疑問に思い、真理の永遠性をカッコに入れて語らなくなってしまったのが、近代です。その一事をとっても、近代という時代を哲学的に問い直すことの意味は明らかだと思います。

近代とは何かという問いの重要性に対しては、逆の反応もありえます。「もはや近代は終わった。次なる時代に突入している今、この問いはもう時代遅れだ」と。しかし、私が思うに、近代の超克やポストモダンといった言説の流行自体が、近代の特徴をなすのです。そういった言説が巷《ちまた》を賑わせば賑わすほど、近代という時代の支配はそれだけ確立してゆきます。なぜそう言えるか。答えは簡単で、近代とはまさに「新しい時代（modern age, Neuzeit）」であり、新しいものを次々に生み出していく時代だからです。近代を「超える」という発想そのものが、ほかでもなく近代的なのです。先見の明のあったニーチェは、近代人全体の目標として、「超人（Übermensch）」という、人類を超えた新種の創出を掲げました。「超－」という言い方は、今では子どもでも使っています。

近代とは、これまでにない新しいものを作り出すことにもっぱら意味を見出す時代です。そこでは、生産、創造、独創、変革といった言葉が評価語となります。逆に言えば、新しいものを何も生み出さない「保存派」は、改革を阻む抵抗勢力として根絶の対象となります。フランス革命以来、「保守 vs

革新」「右翼vs左翼」といった政治上の対立図式が作られましたが、今ではそれも衰え、旧弊・現状をすげ変えて新しいものにしようとする「改革熱」は、党派の別なく世に蔓延しています。その熱気はますますヒートアップするばかりです。

しかし、新し物好きの近代のこの動向には、一つ困ったことがあります。近代自身が歴史をもつことになる、という点です。近代化は何百年も続いてきたプロジェクトであり、日本に上陸してからも百五十年経っています。古いものを打ち壊して作られた新しいものも、次第に古くなります。それらをさっさと壊して、また新しいものを作り続ければそれでよいかと言えば、そうも言えないのです。なぜか。これまた答えは簡単で、そこには人間が生きているからです。この生き物は、自分たちの生活空間・環境世界と無縁ではありません。私たちは——ハイデガーの哲学用語で言えば——「世界内存在（In-der-Welt-sein）」なのです。世界を打ち建て、そのうちに住む、というあり方をとって私たちが生きるかぎり、私たちの世界は、私たち自身の存在の一部をなすのです。その世界を形づくっている物たちを壊してしまうことは、自分の存在をもろともに否定し去ることに等しいのです。

自己を肯定できず、その無力感の埋め合わせをしようとすればするほど、ますます無が広がっていくというニヒリズムを、近代は内奥に抱えています。ここに近代建築保存問題の本質もひそんでいるように思われます。そこで、建物に例をとって考えてみましょう。

六　近代建築保存問題にひそむもの

コンクリートを最大の特徴とする近代建築は、それ以前の建築様式とはまったく別種の、まさに

「新しい建築」として名乗りを上げてきました。しかし一定の年数が経てば、近代建築も当然古びて、古色蒼然としてきます。可塑性《かそ》にとむコンクリートは経年劣化しやすいから、というだけではありません。近代全般がそうであるのと同じく、近代建築も、どんどん進化し変身を遂げてゆくという本性をもっており、この本質動向に従うかぎり、片っ端から壊しては作り変えてゆくのが当然なのです。拡大再生産をめざしてやまない資本の論理は、回転の加速を要求しますし、建築家だって、収入を得るためにも技量を発揮するためにも、全面建て替えのほうがいいに決まっています。建物を享受する側にしても、古くて不便なのよりは新しくて便利なほうを選ぶことでしょう。

しかし、それまで住み続けてきた者たちにとって、建物が無くなることは共同記憶の座が失われることを意味し、共同記憶の保持が脅かされることは自己同一性が脅かされることを意味します。ひとは身体が使いなれて住みなれた空間あってこそ、くつろぐことができます。目まぐるしく変わる居住環境に、生身の住人は耐えることが難しいのです。

住む者の立場に劣らず、建てる側からしても、建設のテンポの速さは、必ずしも好ましいことではありません。建築家にとって、自分で苦心して作ったものがどんどん壊されてゆくのは望ましくないからです。丹精込めて作った作品であればあるほど、それだけ作り手は、その作品が人びとに愛され、大切に使われてゆくことを欲します。新築ラッシュともなれば、建築業界は表向き景気がよくなるかに見えますが、深いところでそれは、建てることの自己否定なのです。どうせすぐ壊されるなら、立派なものを建てても仕方ない、と。

建てたい。建てるためには、壊さなければならぬ。だが、壊すことは建てることに反する。建てようとすればするほど、建てることは自己破壊に陥る。――建てることに内在するディレンマがここにはあるかに見えます。しかしそれは見かけでしかありません。なぜなら、建てるために壊し、いわば壊すために建てる、といった慌《あわただ》しいサイクルが成り立つのは、生産と消費をひたすら繰り返す近代産業社会の巨大なリサイクルのなかに、建てるという営みがはまり込んでしまっているかぎりにおいてのみだからです。

　作ることには、使うことが後続するように、建てることには、住むことが後続します。作られたものは、長く使われ続けるために存在するのであり、建てられたものは、長く住み続けられるために存在するのです。人間によって作られた道具は、一定の耐久性を有し、建てられた住まいは、一定の永続性を有します。そしてそれは、労働によって得られたものが、たちまち消費されてなくなってしまう運命にあり、そうであってこそ労働が繰り返し必要となる、という意味での絶えざる循環性とは、原理的に異なるのです。

　アリストテレスは、*theōria*（観照）や *praxis*（行為）と異なる、*poiēsis*（制作）という人間の営みを際立たせました。さらにこの制作を、労働と区別することを提唱したのがアーレントです。では、制作つまり物作りは、労働つまり汗水垂らして働くことと、どう違うのか。

　大きな違いは、労働が終わりなき反復を課せられているのに対して、制作にはそれなりの終《エンド》わりがあるという点です。制作の目的《エンド》でもあるこの終わりとは、完成された制作物のことです。制作の終わりは、しかし制作物自身にとっては、存在の始まりです。しかも、制作物は、道具としてさらなる目的のために使われ続けるという仕方で、耐久性を示します。美しく仕上げられた作品は、使われずに芸術作品として鑑賞され、末永く大切に保存されます。実用本位の建物であっても、その住人の生死を超えて持ちこたえられる、という永続性を示します。個々の人間の生命より長生きするそれらの物たちによって、死すべき者たちの住まいたる世界は形づくられるのです。

物からなる世界を築くのが、ポイエーシスです。物的世界の作り手としての建築家は、建築物が存続することを欲します。この傾向に逆らって、建てては壊すことを繰り返すとすれば、その建築業者は、企業に雇われている労働者でこそあれ、もはや建築家ではありません。そうした物作り職人の労働者化が、地球規模の産業化によって推し進められています。これは、近代という新しさの時代にふさわしいと言えるでしょうか。近代の求める新しさとは、生鮮食料品か何かのように、作られるやたちまち古くなり、とっておけば腐って捨てられるようなものなのか。それだけではないだろうと、私は思うのです。

新しさは、始まりとともに生じます。しかし、前に述べたように、その始まりは、旧さと新しさの両立においてはじめて可能なのです。「新しい始まり」とは「あらたな始まり」であり、それは、第一の始まりの甦りとしての「別の始まり」です。ルネサンスとは、古代の「復活・再生」という意味ですが、それが同時に「新生」となるのです。始まりは、それが始まりであるかぎり、いつまでも古びません。既在の始まりに由来しつつ、いつの日か始まりをふたたび到来させるような「将来」をやどしているのが、「原初」なのです。

近代のめざす新しさが、作られるやすぐ古くなり取り換えられるものに尽きないことは、近代を近代たらしめた大いなる出来事、つまり「革命」のことを考えてみれば分かります。革命 revolution は、改革 reform とは違うものなのです。

改革は、「改善」のプロセスです。つまり、現状の良くない点を直して改め、より良くすることです。改革は、改善であるかぎり、何度でもやり直しがききます。というより、やり直せばやり直すほど良くなると信じ込まれているのが、改革です。この進歩幻想の改革熱に、現代人は取り憑かれています。政治改革、行政改革、教育改革、そして大学改革――どれも、きりがないほどとっかえひっかえ行なわれています。その根底にひそんでいるのは何でしょうか。現状に満足できない無力感です。無がいっそうの無を求め、みずからを塗りたくってやまない自己否認症候群、ニヒリズムがそこにとぐろを巻いているのです。

これに対して、革命とは「創設」の出来事です。つまり、新しい始まりが開かれ、それを礎《いしずえ》にして新しい共同体を築いて、後代に継承させることです。一時的な新しさは、ここでは問題になりません。革命は何度でも起こることではなく、まれな出来事です。ありそうにないことが起こるとき、ひとは「革命」という言葉を口にします。しかも革命は、いったん起こってしまえば、容易に後戻りできません。なるほどその突発は、旧態依然たる過去のしがらみとの断絶を意味しますが、それでいて、往古の第一の始まりを反復するあらたな始まりとして生じます。新しさと旧さの共存が、革命の意味には属しています。革命記念日を毎年祝うことは、最初の約束に立ち返り、その約束を再確認することです。

「革命」というのは、国家共同体をあらたに始めることであり、大きな言葉ですが、「創設」なら、いろいろなレベルでありえます。敗戦後を生きた日本人なら、平和憲法の制定が、思い浮かぶでしょう。あの出来事は、戦争放棄を誓う「最初の約束」だったのです。健忘症ゆえに忘れ去られることのないように、その約束が、憲法記念日や終戦記念日に再確認されるのです。先には、学問共同体を築くという大学設立を引き合いに出しました。宗教共同体の「創基」もよい例です。クリスマスとは、始まりをお祝いする約束の再確認行事です。卑近なところでは、家族共同体を築く「結婚」だって、れっきとした創設です。

新しい始まりを築く「創設」は、物作りである「制作」とは違います。しかし、深く結び付きます。結婚に際しては、婚姻届を出したり指輪を交換したりしますが、これは約束の物的な証です。忘れっぽい生き物である私たちが、最初の誓いを忘れないように、始まりの出来事を物に刻み込んでは、それに繰り返し立ち返ることができるようにするのです。始まりを蔵する物たちに守られつつ、創設は風雪に耐えて存続していくのです。そのような物を作るという制作の営みは、労働とは違います。職人のこだわりは、自分の作った物が、そのつど消費されるのではなく、末永く大事に使われ続けてゆくことにあります。

ここでふたたび建物の例にもどります。一家族の住居にしろ、教会の礼拝堂にしろ、大学の校舎にしろ、建物は、始まりをやどす物たちです。人間の作った物ですからだんだん古くなりますが、それでもしっかりした建物なら、人間の寿命より長く持ちこたえるようにできています。その建物を大切にすることは、始まりを大切にすること、創設の精神を継承することです。その場合、そのつどの「リフォーム」つまり物の修復も大事です。そしてさらに、「リヴォルーション」つまり第一の始まりを後代に伝えてゆくためにこそ、あらたな始まりたる「リフォーメイション」つまり再興が企てられねばならないのです。

七　「世界への愛」のかたち

私が近代建築保存問題に目覚めたのはQ体運動がきっかけでしたが、大学時代にも古都古寺研究会というサークルに属したりして、伝統建築には関心がありました。しかし世界への愛の予感に襲われたのは、ドイツのフライブルク市に滞在したときのことです。

フライブルクといえば環境先進都市で有名ですが、私が感心したのは、古い街並みを大事にする市民たちの不屈の努力のほうです。第二次大戦末期に連合軍の行なった爆撃は、街の中央にある大聖堂を残し、都市全体をあらかた廃墟にしましたが、その惨禍をものともせず、市民は戦後復興に力を注ぎ、旧市街には昔ながらの町並みが再現されています。もっとも、ニュルンベルクにしろヴュルツブルクにしろ、ドイツの伝統ある都市は軒並みそうなので、フライブルクだけの話ではありません。私が最も印象深く思ったのは、私たち家族が滞在したフライブルク近郊の集落、ヴァルターズホーフェンの美しいたたずまいでした。

ヴァルターズホーフェンは、田園風景の広がる小さな町で、ワインの産地でもあります。中心に小さなカトリック教会があり、バス通りに沿って家々が建ち並んでいます。歴史的な建物は、数百年前に建てられたレストラン一軒くらいだと思いますが、ひなびたなかにも奥ゆかしさのあるきれいな町並みでした。日本の田舎の農村とは相当違ったその趣は、そこに住む住民たちの不断の努力によって支えられています。最寄りのバス停の向かいにあった墓地にも感心しました。色とりどりの花に飾られている墓地へと、住民は毎日のように花の手入れにいそいそ出掛けるのです。墓地もまた、市民の憩う公園なのです。いやそれを言うなら、町全体が一つの公園のようでした。

家々の庭やベランダには四季折々の木や花が活けられていて、散歩する人の目を楽しませてくれます。その手入れだけでも並大抵のことではないと思います。通りを美しく飾ることに、市民たちは並々ならぬ力を注いでいるのです。自分たちの町を、自分たちで守り、自分たちで美しくする。そしてそのために、住まいを飾る物たちの手入れをし続ける――そういう寛大な人びとによって営まれた町は、異国からの一時的闖入者《ちんにゅうしゃ》である私たちをも、快く受け入れてくれました。私たちは一年足らずでそこを去りました。しかし考えてみれば、どんな住人だって百年も経たずに去っていくのです。町はその後もどっしりと残り続けます。町を美しく保持する住民たちの日々の努力は、そのような将来のために行なわれているのです。そして同時にそれは、町が開かれて以来、積み重ねられてきた人間たちの不断の努力の継承なのです。かつてそこに住んでは去っていった住民たちの願いと祈りが、そのつどあらたにされては、次世代に贈られてゆくのです。

ドイツに滞在して半年ほど経ち、ヴァルターズホーフェンで秋を迎えた頃、通りを散歩していて、ふと不思議な気持ちに充たされました。そのとき口をついて出た言葉が、「世界への愛」なのです。アーレントが主著のタイトルにしようと一時考えていたとされる、この言葉を、それまで私は実感できていませんでした。しかしそのとき、「ああこれが、世界への愛というものなのか」と、分かったような気がしたのです。自分たちの住む町を美しく守ること。これまで受け継がれてきた世界とその物たちを、後代にしっかり伝えてゆくこと――それを「世界への愛」と呼んでよいのだと、そう確信した瞬間でした。

日本に帰ってから、自分がずっと前から勤めていた大学にあった校舎の存廃問題に係わり合うことになったのは、その因縁だろうと思います。Q体運動は私にとって、世界への愛のレッスンだったのです。愛を捧げるべき本体が失われたのは返す返すも残念ですが、しかし私は、この愛を別なかたちで結晶させようと思っています。『世界への愛』と題する作品をささやかながら残すことによって。

第十一章　ある恋から教わったもの
——退職にあたってのスピーチ

この女子大に移り住んで十五年経《た》ったころ、私はある恋をしました。相手は、皆さんご存じの老婦人です。奥ゆかしい魅力をたたえてキャンパスの中央にずっと佇《たたず》んでいたのですが、私はそれまでほとんど彼女のことを意識したことはありませんでした。恋に落ちて私はいろいろ不思議な経験をしました。そうザラにない大恋愛でした。一年半もしないうちに別れざるをえなくなり、身も細るほど悲しい思いをしました。しかし、それで恋が終わったとは思っていません。別離の間際の半年間は、ジェットコースターに一緒に乗っているようなハラハラドキドキの連続でした。そのとき彼女からじつに多くのことを学びましたし、今でもそれは私にとって大切な宝物となっています。それを糧にして、悲しみの淵から立ち直り、絶えず前進してゆくことが、宝物を授けてもらった相手に対する恩返しになると、堅く信じています。

この恋から私は何を教わったのか。これまで絶えず反芻《はんすう》してきたことではありますが、改めて振り返ることで、私が東京女子大学で学んだことの総括に代えさせていただきます。

まず私は、人と人とが連帯すると、いかに大きな力がそこに漲《みなぎ》るかを学びました。

哲学とは一人で考えることが中心ですから、群れたり徒党を組んだりはしないものです。私にとって、一人で考えに耽《ふけ》る時間が大事であることに変わりはありません。しかし、二〇〇九年前半の濃密な経験によって思い知らされたのは、たった一人では成し遂げられないことでも、仲間と力を合わせて取り組めば道が開けてくることがありうる、ということでした。たとえ大成功を収めるには至らなくても、人と人とが心を一つに合わせれば、思いがけないパワーがそこに発揮されるのだということを、実感したのです。

もちろん、それ以前にも似たような経験をしたことはあります。「とてもありそうにないことが、それでも起こると信じてよい」——これは『死と誕生』の中心テーマでもあります。しかし、この偶然性の問題を、真に体感できたのは、本日この場に集まってくださった皆さんと一緒に、イベントを考え、計画を練り、それを実行に移した、まさにその瞬間でした。あのときの一つ一つの経験が、私にとって活動 action、ギリシア語で言う *praxis*（行為）そのものだったのです。活動とは同時に、人間を信じ、かつ言葉を信ずることです。言論のもつ力を信じて、他者を説得し、また相手の言うことに耳を傾けたうえで、人びとともに事を為すこと。そのようにしてはじめて、この地上に自由の空間が開かれるのだということを、私は、机上《きじょう》の理論としてではなく、このキャンパスで実地に学びました。

逆に、人も言葉も信用せず、有無を言わさず脅かしたり暴力を行使したりすること、絶叫したり恫《どう》喝《かつ》したりすることは、自由の空間を閉ざすということも、学びました。

次いで私は、事を為すこととはまた別に、物を作るということを教わりました。ただしそれは、何らかの制作術を身につけた、ということではありません。作ること・仕事work、ギリシア語で言う*poiēsis*（制作）は、物が出来ればそれで終わりではなく、作られた物を、使うという仕方で本領を発揮させることが後続する、という単純なことを学んだのです。作られた物、作品が、活用されず、むざむざ投げ捨てられてしまうようでは、作ること自体に意味がなくなります。しかし、まさにそういう、作るという営みの意味の空洞化が、大量生産、大量消費の現代には、至るところで生じているのです。古き良きものを重んじてきたはずの大学も、遺憾ながらその例に漏れません。

作ることと使うこと、つまり制作と使用のペアは、大学キャンパスにおいては、建てることと住むこと、つまり建築と居住というペアの形で現われます。地上に人間の住まいを打ち建て、そこに住み続け、その住まいを維持し大切に守ることが、建てることの意味には属しています。反対に、建てては壊し、またすぐ建てるといった生産と消費のサイクルの中をクルクル動き回るだけでは、真に人間的な世界が築かれることはありません。

人間の手によって築かれながら人間の命を超えて存続する世界というものがあり、それを人間は守っていかねばならないのだということを、このキャンパスは教えてくれました。それは、さらに3・11の出来事を通して私の確信となり、『死を超えるもの』の中心テーマになりました。

プラクシスとポイエーシス、行為と制作。アリストテレスやアーレントによって指摘された人間存在のこの二つの基本的あり方を、私はこの大学で学びました。その手ほどきをしてくれたのは、私がぞっこん入れあげた恋の相手でした。

そしてもう一つ、この大学を去ろうとしている私が、今まさに学んでいることがあります。それは、プラクシスとポイエーシスの合体としての「世代出産性」、つまり心理学者エリクソンの術語を使えば generativity です。

行為とは、何か新しいことを始めることです。始まったものが、それきりで終わってしまったら、それはもともと始まりではなかったのです。始まりは、始まったあとにも保たれ、成長していくのでなければなりません。始めることには、始まりを守り、育て、のちのちまで伝えることが、属しているのです。ここでは、革新は保守と別物ではありません。

この場合、改めて問題になってくるのが、終わりです。始めた者たちは、始まりを保つことに尽力しますが、彼ら自身はいずれ引き際を迎えます。始まりと一緒にいつまでも居続けるわけにはいきません。彼らは終わりに至ろうとするとき、何をするでしょうか。

始まりを愛する者たちが、あとは野となれ山となれと、やり散らかすことはありえません。自分が去ったあとにも、なお始まりが続くよう、できるかぎりのことをし、次に来る者たちにあとを託します。これをやりすぎると次世代を阻《はば》む余計なお節介になるので、注意が必要ですし、いずれにせよ世代間の葛藤は不可避です。始まりの継承にそのつど新しさが生ずるからには、そのような葛藤はむしろ望ましいものですらあります。

始まりが終わりを内に含んで存続してゆくことを知る者たちは、始まりを愛するがゆえに、終わりへの存在を自覚的に引き受けます。おのれの終わりを先取りしつつ始まりを大切に育てることが、同時に、次世代の育成つまりジェネラティヴィティなのです。

かつて、この大学の卒業生たちは、キャンパスに木々を植え、緑なす学園へと育て上げました。自分たちが去ったあとの母校のことを、先駆しつつ世話したその足跡は、まさにジェネラティヴィティを体現するものです。思えば、私が恋した相手も、体育と社交における間世代的出産の母胎そのものでした。

最期の日々にも、彼女、つまり東京女子大学旧体育館は、ジェネラティヴィティを存分に発揮しました。そこに育まれたものを、育てていく務めが、われわれにはあるのです。

私はこの大学を去りますが、旧体が育んでくれた皆さんとのご縁を、これからも末永く大切にしていきたいと願っています。ありがとうございました。

第十二章　せめて五十年後を考えよう

――ある女性建築家への手紙

奥村まこと様

東北大の森です。ご無沙汰してしまい、すみません。仙台に移って一年半、こちらの生活にもだいぶ慣れてきました。篠田望さんのブログに寄稿された「私見　愛知芸大の建物の行方」と、それに対する篠田さんのコメント拝見、いろいろ考えさせられました。私も応答してみたくなり、キーボードを叩いています。題して、「せめて五十年後を考えよう」。

日本の至るところそうですが、仙台も相変わらず「普請中」です。私が家内、次女と移り住んだ教員宿舎の目の前では、地下鉄駅工事の真っ最中、いつも騒々しいです。駅舎はほぼ出来ているのですが、典型的なハコモノで、規模こそ異なるものの、見た目は原発建屋そっくり。せっかく杜《もり》の都に新地下鉄を造るのだから、もう少し気のきいたデザインを採用してくれたらなあ、と窓から眺めるたびに溜め息です。最寄りのキャンパスに新しく建てられた事務棟も、似たり寄ったりのハコモノで、既存の校舎群と凡庸さを競い合っています。

ハコモノ乱造ばかりか、都市緑化に関しても、劣化があちこちで進行中です。

街路でもキャンパスでも、再開発工事をしているところはどこでも、そこに生えていた草木を一掃し、アスファルトやコンクリートで固めてしまいます。ハコモノの周りには申し訳程度の植樹しかせず、潤いもへったくれもありません。かつて、道路を敷くとは、それに沿って街路樹を植えることであり、学園を開くとは、大樹となる若木をキャンパスの隅々に植えることでした。仙台市も、戦災復興の過程で、定禅寺《じょうぜんじ》通りをはじめとして、大通りに青葉の大木を傑作なほど茂らせました。ところが今日、気がつくと、日本中どこでも、街路樹の一本もない通り、もしくはみすぼらしい木をまばらに植えただけの通りが、ものすごい勢いで増えています。こんなことを続けていては、砂漠化した都市の高温化がさらに殺人的となるのは確実です。地球温暖化の危機を煽り立て――て原発再稼働に弾みをつけ――る前に、街に緑樹をもっと増やせ、と言いたくなります。

植樹した街路は、何十年かしてはじめて、その本来の姿を現わします。植樹を行なった世代は年をとって退場していき、次世代、次々世代がようやくその恩恵に、つまり緑光に浴するのです。木々が育ち、並木が保たれるには、住民の理解と貢献が求められます。街を愛するとは、空語ではなく、日々の具体的実践であり、絶えざる世代間共同事業なのです。敗戦後の焼け野原から七十年後、大きく成長して鬱蒼と茂った街路樹の下を、今日のわれわれは闊歩しています。われわれが当たり前のように享受している快適な都市環境は、歴代の市民の不断の努力の賜物なのです。
では、われわれは、これからの世代に果たして何を贈ろうとしているでしょうか。今日造られているものは、五十年後に街並みの一部としてなお健在でしょうか。後代の人びとは、われわれの時代が遺したものを、愛し続けてくれるでしょうか。とてもそうは思えないのです。なにしろ、われわれ自身、かつて人びとが築き、守ってきたものを、愛するどころか、片っ端から壊しまくっているのですから。

掘立小屋然とした地下鉄川内駅舎や大学事務棟が、後代の人びとに愛され続けることはないでしょう。それればかりではありません。旧仙台市民図書館を建て替えて画期的デザインと評判を呼んだ一面ガラス張りの「せんだいメディアテーク」（二〇〇〇年竣工）も、東日本大震災のダメージこそ乗り越えたものの、使い勝手の悪さが目に付くようになっており、今後末永く愛されてゆくかは定かではありません。新しさ追求一辺倒のモダン建築は、まさにそれゆえに、古くなればなるほど価値を減じてゆくのです。新奇さとはまた別の、どっしりした建築思想が求められるゆえんです。

半世紀にわたって人びとの記憶をやどし続けた国立競技場は、いともあっさり取り壊されてしまいました。その跡地に建てられるべきものをめぐっては議論が賑やかですが、壊してしまった責任は誰も取ろうとしません。壊すことに現代人がいかに執着しているか、ここに如実に表われています。同じく五十年前に産声を上げた愛知県立芸大キャンパスも、再開発の轟然《ごうぜん》たる嵐に、久しく見舞われています。古くなったからには建て替えるほかはないという結論を得たいがために、保守監理はなるべく行なわないできたと言わんばかりの惨状が、日本のあちこちに見られます。

私が現在住んでいる官舎でも、事情は同じです。築半世紀になろうとするアパートは老朽化が目立ちますが、メンテナンスを施せばまだ十分住める、しっかりした造りです。なのに、朽ちるに任せているのは、早く壊して公有地を民間に払い下げ、バブル（あぶく銭）を得ようという算段でしょうか。そう疑いたくなるほど、法人化した大学は、もはや学問そっちのけで、どれだけ儲けるかにしか興味を示さなくなっています。

半世紀前、全国津々浦々に造られたコンクリート建築には、とっくに壊されたものも多く、残っているものも総じて破壊の標的となっています。一九六二年生まれの私は、同世代の建物たちが次々に壊されてゆくのを見聞きするたびに、自分の寿命が尽きてゆくのを感じてしまいます。人間が、歳をとるにつれ心身ともポンコツになってゆくように、建物も、躯体《くたい》も外壁も内装も老衰してゆくかのごときです。

いや、そうではありません。建築や街造りを、人間の生死と同じスケールで考える発想から、われわれは脱却すべきなのです。五十年経ってはじめて真価が現われるものこそ、家であり庭であり、通りであり街並みなのです。五十年過ぎたということは、世代交代が起こったということです。見ず知らずの世代にも愛されるものを産み出すことは、生半可な心掛けではできませんが、まったくできないわけでもありません。のちのちの人びとに受け継がれてゆくに足るものを建て、築くことが、死すべき者たちにも可能だということを、人類は古来、実証し続けてきました。いつの時代のものであれ、有形、無形の文化財というものは、人の生き死にを超え、世代から世代へ、連綿と持ちこたえられてきたものです。それが、現代人にどうしてできないはずがありましょうか。伝承されてきたものを食い尽くすばかりで、永続的なものを何一つ残さないでよいとは、何と虫のいい考えでしょう。原子力という宇宙エネルギーを手に入れた高度技術文明とは、文化以前への逆戻りなのでしょうか。

二十世紀の大破局を経験してもなお発展進歩を信じてやまない二十一世紀の人類は、後代に何を残すのでしょうか。瞬間的景気浮揚に汲々とする公共事業や住宅政策によって建て散らかされた老朽コンクリート建築の林立する荒野、でしょうか。まさか、原発廃棄物という不滅ゴミをうず高く積み上げてやったことを、誇りとするつもりなのでしょうか。

そんなアクロバティックなことなどせずとも、われわれにはできることがあります。五十年後に愛されるものを建てること、そして、五十年前に建てられたものを愛することです。想像力がどんなに貧困でも、五十年後を想到することは、誰でもできるはずです。なぜなら、五十年前に作られたものを、誰しも少なからず享受して暮らしているからです。

五十年前に作られたものに、われわれがどれだけ多くを負ってきたかを考え、それに見合うだけのものを五十年後に残すためには、今われわれは何を為すべきかを考えること。そういう前後百年のスケールで考えた場合、ただやみくもに作る――ために壊す――ことではなく、これまで作られてきたものに手を入れ、それを保ち、伝えていくことの重要さが、明らかになってきます。また、何かを新しく作るさいにも、五十年後の人びとに愛されるようなものを作ることが目指されるでしょう。私の言っているのはじつに単純なこと、要するに「職人気質」ということです。人間の文化を下支えしてきたこのエートスが失われるということは、文化の基盤そのものが掘り崩されることを意味します。

哲学には、少なく見積もっても二千五百年の歴史があります。東西のさまざまな文化にしても数百年単位の錬成期間をもち、そうでなければ文化とは呼べません。なので、欲を言えば、百年後、あるいはそれ以上を望見したいところです。とはいえ、五年も経たずにモデルチェンジするノリで一切合切（大学改革も教育改革も）とっかえひっかえしている現状では、「せめて五十年後を考えよう」という倹《つま》しい勧めにとどめておきましょう。

えっ、それでも長い？――なるほど、自分たちが死んだあとを考えるというのですから、死んだら終わりと念仏のように呟くニヒリストたちに、敷居が高すぎるのは当然です。七十に届く年頃になっても、あたかも自分は伝承されてきたものの世話になったことなどないかのように、過去と未来の厚みと重みを否定したがる刹那主義者が、世に憚《はばか》っています。あなたがたが世に憚っているおかげで何十年間も積み上げてきた年金制度が崩壊しかねないというのに、死んだら終わりとよく言えたものですね、とついこぼしたくなります。

ともあれ、団塊世代の死なばもろとも論は敬して遠ざけておきましょう。われわれは前向きに、つまり五十年後にどんな街並みを市民が闊歩し、どんなキャンパスで未来の学生が語らうか、に思いを馳せながら、建てることと住むことを考えようではありませんか。

二〇一五年晩秋　仙台川内にて

森　一郎

第Ⅳ部　メンテナンスの現象学

東京女子大学旧体育館・応接室　燃える暖炉と故・奥村昭雄氏
（2009年5月5日撮影）

第十三章　作ること、使うこと、そして働くこと

——着物と洗浄の現象学

「技術の現象学」は、3・11以後いかにして展開されうるか。以下では、この問いを追究すべく、アーレント『人間の条件』——ドイツ語版では『活動的生』——での「労働」と「制作」の区別に手がかりを求める。アーレントによれば、活動的生には「行為」も含まれ、働くこと、作ること、為すことの三者が等しく問題となるが、「技術」というテーマ設定からして、作ることに重きを置くことにしたい。作ることには、使うことが後続する。このごく当たり前のことを確認したうえで、使うことと絡み合う働くことの側面に光を当てよう。とりわけ、着物と洗濯という事例にもとづいて、制作、使用、労働それぞれの時間性の織りなすさまを望見し、もって3・11以後の世代問題を見据えたいと思う。

一　建てる、住む、保守する

働くことと食うこと、作ることと使うこと

われわれは、生きるかぎり働かなければならない。生活の必要を確保する営みが、労働である。労働によって生み出される生活必需品の代表は、「糧《かて》」つまり食べ物である。これは、日々の食卓に並べられては、そのつど食べ切られるべきものである。もちろん保存される場合もあるが、あくまでそれは食べるのを延期されるだけの話である。われわれは食べたら、また働く。労働と消費の果てしない反復から、われわれの日常は成り立つ。

このように、労働は消費と一体となってはじめて意味をもつ。とくに現代では、労働者は同時に消費者であり、労働者社会は同時に消費者社会である。

では、作るとはいかなる営みか。制作によって作られるのは、「物」である。物にもさまざまあるが、たいていは、一定の目的のために用いられる「道具」である。たとえば、書物は読まれるために、建物は住むために作られる。書かれた物を読むことも、建てられた物に住むことも、作られた物を使うことである。作り手としての作家や出版者、設計者や建築士は、使い手としての読者や居住者に使ってもらうために、企画を練り材料を手に入れ技術を操って、作品を生み出す。制作物は、制作者本人が使う場合以外は、譲られるか売られるかして誰かの所有物となり、この所有者によって使用される。

所有と使用とが後続する点で、仕事は、労働と消費の循環とは異なる。もちろん制作者も、一個の生活者である以上、食うために働かざるをえない。職人は、企業に雇われ、賃金労働者となる。だが、

生活の必要という発想だけでは、物作りは成り立たない。たんに生きることではなく、作ること自体でもなく、作られた物そのものへのこだわりが、物作りを物作りたらしめる。それでいて物は、それ自体で意味があるというよりは、他の何かの用途に役立ってこそ価値がある。有用な道具として使われることに、物の存在理由はある。

生活の必要を満たす労働生産物が消費されるのに対し、制作の産物である物は、使用という目的のための手段であり、使用対象物である。働くことと食うことが一体であるのと同じく、作ることと使うことは一組である。この二通りのペアは、あり方が根本的に異なる。

労働と消費は、ワンセットとなってひたすら同じことを繰り返す。生が続くかぎり、その過程に終わりはない。これと違って、制作は、そのつど明確な始まりがあり、制作過程が一定のあいだ続き、物が仕上げられ完成すると、明確な終わりを迎える。物は、制作にとって目的＝終末なのである。作ることがいったん終わってはじめて始まるのが、使うことである。ここでは、物は道具手段として、別の目的のために用いられる。そしてこの使用が、これはこれで一定の期間続く。物は、それが物らしい物であればあるほど、長く使い続けられる。本は読まれ続け、家は住み続けられることが、物としてはふさわしい。すぐ読み捨てられるモノは、書物とは呼べないし、建てたそばから壊されるモノは、建物とは呼べない。

このように、物は一定の耐久性をもつ。しかも、ただ存在し続けるのではなく、持続的に使用される。同じことの繰り返しとは異なる、恒常的存続性が、物の存在には固有に属するのである。もとより、死すべき人間の作った物は、いずれ古くなり、擦り減ったり壊れたり朽ちたりする。人工物もそれなりの「寿命」をもつ。とはいえ、その命運が、作り手自身の寿命より長い場合もまれではない。世代を超え時代を超えて、読み継がれる書物や、住み続けられる建築物が、「不朽」の永続性をもつことだってある。

作られた物を、使い捨てるのではなく、長く使い続けるには、そのつど手入れを施さなくてはならない。維持し保存するとは、ほったらかしにしておくことではなく、保守、補修、修理することである。ただ放っておけば自然の掟に従ってダメになってしまう物を、使用者としての人間は、手間をかけて大切に保ち、存続させる。これは基本的に、自然的消耗や劣化に対して倦まず繰り返される労苦と骨折りである以上、一種の労働である。食を賄《まかな》う炊事と対照をなす家事労働としては、衣と住に関する洗濯と掃除がある。

世界への愛、学園への愛

そのような「保守」作業は、たんに生活の必要を満たすためではなく、物の永続的使用に属するものである。しかも、たとえば再製本や改修工事のように、物作りと技術的に連携するから、制作の側面も具えている。保存という営みは、人間によって作られた物を労わり、慈しむことであり、あえて言えば「世界を愛すること」なのである。この場合の「世界」とは、同じことをえんえんと繰り返す自然に抗して、人工的に作られた耐久物からなる人間の住み処《か》全体のことである。世界という言葉が大げさに聞こえるなら、「街」と言いかえてもいい。物作りは、「街造り」という仕方で公的に展開されるのである。

たとえば、大学に集う学生や教職員にとっての公的空間たる「キャンパス」。この小世界は、校舎や蔵書をはじめとする数多くの物からなる共通の場所であり、優れて公共性をもつ。その所有者は「法人」かもしれないが、主たる使用者は学生である。この場合、教室で授業を受け、図書館で本を読んで学生生活を過ごすことが、物の「使用」に当たる。学生はキャンパスを私物化するのではなく、公共の物として大切に使わなくてはならない。この場合、世界を共有する人びとは、現在の同時代人だけではなく、時代を異にする過去と未来の人たちも含まれる。学園を創《はじ》め校舎を建てた創立者以来、最初に学園に集った学生たちの時代から、現在に至るまでの、大学の歴史を担った人びとが、共同使用者としてキャンパスに関わってきた。歴代の学生や教職員によって大切に使われてきたからこそ、今日の学園があり、また現に大切に使われているからこそ、学園の将来もある。大学を愛するとは、即物的に言えば、キャンパスを愛することである。校風の確立と継承、卒業生間の連帯といった、いわゆる精神的なものは、物的な拠り所なくしてはおぼつかない。

　このように、物を保存し保守することは、物作りに後続する物の使用の際立ったあり方である。労働という面を兼ね備えたこの仕事は、使い手が働き手となって作り手と連携する共同事業である。長持ちする物の場合、それは間世代的な共同性をもつ。そのつどの学生が、使いっ放しであとは野となれ山となれの消費者としてではなく、使用者として責任をもち、先人から受け継いだキャンパスを大切にして後代に引き渡すこと、そこに学園への愛が育まれる。また、卒業生のみならず、設計や建設に関わった人びとも、作りっ放しではなく、各々の責任に応じてこの保守作業に共同参画することが望ましい。

作ること、使うこと、そして働くことのテンポ

先に進むために、作ることと使うことの間柄について、一般的に考えてみよう。

制作に使用が後続することを、われわれが強調するのは、制作と使用が手段と目的の関係をなすことを否定するものではないが、かといってそれだけではない。制作は、使用可能となる物が完成することで終わりに達するが、制作のこの終わりは同時に、使用の始まりなのである。いわば制作の時間性に使用の時間性が接《つ》ぎ合わされることで、終わりがそのまま始まりとなる。完成という仕方で物は「終わる」が、それは使用対象として存在し「始める」。しかも、作られたあとで一定期間存続して使われることが、物の存在にはもともと属している。制作とは、使用によってはじめて成就《じょうじゅ》するものなのである。

『存在と時間』でハイデガーは、実存を「終わりまで考える」ことでその時間性の次元を発見することとなった。それと同じことが、物の存在にも当てはまる。物が「終わりに達すること（Zu-Ende-sein）」は、なるほど実存の「終わりへの存在（Sein zum Ende）」とは異なるし、いわんや「始まりへの存在（Sein zum Anfang）」ではありえない。しかし、物にも物に固有な終わりと始まりというものがあり、そこに一定の「時間性」が見出される。とはいえ、物に何らかの時間性が帰されるとき、その「時熟」は、実存の時間性との協働においてのみ可能となる。使用対象物の時間性は、使用する営みの時間性と独立にはありえない。しかもそこに、労働する営みの時間性が介在している。物の耐久性を成り立たせるのは、制作と使用、そして労働である。言いかえれば、物を持ちこたえさせ

るのは、同じことの繰り返しにおいて恒常的に現前させる労働の「あるがままにあらしめる働き（Seinlassen）」なのである。そのような制作、使用、労働のテンポの絡み合いにおいてこそ、間世代的な共同事業としての「世界への気遣い」は成り立つ。

物の時間性との連係において、実存の時間性は、共同存在の時間性へと伸び拡げられる。逆に言えば、道具への配慮と他者への顧慮という奥行きを、既在と将来の両地平への伸び拡がりにおいてそなえていなければ、まったき世界内存在の時間性とは言えない。物たちのもとでの存在と、人びととの共同存在とを等しく具え、複数性において時熟する世界内存在全体の時間性のことを、あえて「共－存在時性（Co-Temporalität）」と呼ぼう。

共－存在時性の「時熟」の際立ったあり方が、建てることと住むことの協働に見られる、終わりと始まりの時間性なのである。書物をめぐる書くことと読むことの協働も、やはり範例的な仕方で、共－存在時性の問題群をなすことが分かる。

やや先走りした感があるが、ふたたび「物」に即した例解を続けることにしよう。

二　着物の現象学――労働、制作、行為の区分とその絡み合い

技術的に制作される「物」として、これまで書物と建物を例に挙げてきたが、もちろんその他にも、物たちは、われわれの身の周りに各種見出される。たとえば、「着物」。衣食住の一つに数えられるこの重要な道具的存在者にそくして、「働く／作る／為す」の区分とそれら相互の絡み合いを見ていこう。以下では、帽子から靴まで含む最広義の「衣類」のうち、ひとが胴体にまとう着衣を総称して

「衣服」と呼び、それに属する下位分類としての「着物」に焦点を当てることにする。

着ることと洗うこと

衣服は、着るための道具である。着るという目的のために、衣服は作られる。そして、いったん作られた衣服は、何度でも繰り返し使われる。衣服は、飲食物とは違って、耐久性をもつ。この物的性格をもつ衣服のあり方のことを、とくに「着物」と呼ぶことにする（「洋服」との区別における「和服」の意ではない点に注意）。

着物は、使い続けられて使い古されるまで、おのれを保つ。すぐにダメになったりはしない素材で、服はできている。タンスを我がもの顔で占領している「古着」は邪魔だが、ちょっと古くなっただけで捨ててしまうのは、もったいない。思い出の品や、年代物、とりわけ親から譲られた高価な和装ともなれば、そう簡単に処分できない。

着物は、長く使われるためには、手入れを必要とする。まずもって、着たあとには洗濯しなければならない。洗濯は、掃除とともに、物の世界の維持保全にとって無くてはならない労働である。

衣・食・住にそれぞれ対応する基本的な労働が、洗濯・炊事・掃除である。炊事には、中心となる調理のほか、食材の調達と後片付けがある。食事自体、最も重要な消費であるが、食材の調達も、今や典型的な消費活動である。かつては、調理されるべきものは、戸外で獲得して家に持ち込まれた。田畑や山野、川や海からである。貨幣経済の浸透と賃金労働の一般化は、買物という交換行為を消費の中心に押し出した。これに対して、食後の後片付けが何も生み出さないのと同じように、掃除と洗濯は「保守的」な労働である。

家のなかを掃《は》き清めても現状維持がやっとだし、いくら洗濯しても服が増えるわけでも、より美しくなるわけでもない。鼻唄交じりに洗い物をしているうちはよいが、同じことの繰り返しの空しさが、責め苦のように家事労働者を苛《さいな》むこともある。洗濯機が洗ってくれると安心するのは早い。清潔志向の現代では、少し着ただけで不潔と見なされ、すぐ洗い物に回されるからである。山のような洗濯物を毎日のように洗い、干し、取り込み、たたむ作業は、むしろ増えている。毎年の季節の変わり目の衣替えだけでも、相当な手間である。だから、新品を季節ごとに買って、使い捨てるほうが楽だ、と割り切る人が増える。

かつては、そういう使い捨ては許されなかった。服は長持ちする素材で作られたし、作る手間自体、相当なものだったからである。家事労働としての裁縫は、高度の熟練労働であった。家を建て保全する大工仕事が、腕に覚えのある殿方に割り振られたように、織り、紡《つむ》ぎ、裁《た》ち、縫い合わせる仕立て仕事は、婦人の腕の見せどころであった。風雪に逆らって朽ちない家を保有するには相応の技術が求められるが、裁縫の素養も女性の誇りであった。綻《ほころ》びを繕ったり継ぎ当てをしたりする修繕は、労働であるとともに制作である。作ること、使うこと、そして働くことが、針仕事のうちに凝縮していたのである。

家事の尊厳は、何も生み出さない「無償労働」と化すことにより、ごっそり奪われた。労働ですらなくなった家事は、消費行動となった。お金さえあれば誰だって買物はできるし、少し古びたら捨てて、新しいものにすげ換えればよい。洗って干し、漂白や糊付けやアイロンがけをし、たたんで収納する、という保守作業の一切が、無くもがなの疎《うと》ましい労苦と化した。そこで主婦も賃金労働者となり、消費者の資格たる労賃を手にするようになった。自分の家の家事はほどほどにして、衣料大量販売店やクリーニング店に勤めるのである。

衣料、着物、衣装

ここで起こっていることを、物のほうから考えてみると、「着物」が総じて「衣料」に変貌していることが分かる。着ることがそのまま消耗であるような消費財としての衣料が、着続けられるべくして作られる使用対象としての着物の耐久性を、駆逐してゆく。着物もいずれ襤褸《ぼろ》となり果てる運命にあるが、そのつど消費されるべき衣料は、新品としての「鮮度」が重要であり、ちょっとでも洗濯されるや、たちまちゴミに近づく。

今日、着物は衣料と化しつつあるが、かつては、着物ならざる衣料という消費対象は、そもそも存在しなかった。なるほど労働用の作業服はすぐ汚れるが、だからといって使い捨てられたわけではない。逆である。何度でもゴシゴシ洗えるよう、特別頑丈に作られた。耐久性のない「使い切り衣料」というカテゴリーは、物が総じて物性《もの》を失っていく現代にはじめて有意味となった新参モノなのである。

ところで、衣服には、「衣装」というもう一つの相がある。これは、たんに身をおおうためというよりは、身を飾るためのものであり、おのれを公然と現わし、他人に見てもらうためのツールである。舞台上で芝居を演ずる役者つまり行為者《アクター》がまとうべき装束として、衣装は、仮面、髪型、化粧と並ぶ、活動《アクション》に必要な演出手段である。檜《ひのき》舞台は、狭義の演劇や祭礼のものだけとはかぎらない。実戦における真剣勝負にも、派手な装身具は必須なのである。晴れ舞台のきらびやかな衣装として、戦場に出陣するときの「鎧《よろい》」「兜《かぶと》」があった。玉虫色の袈裟《けさ》や、白尽くしの死装束《しょうぞく》も、日常性と異なる特殊服である。

このように、衣服にも、公的なものと私的なものとの区別がある。普段着として使われる着物と違って、衣装は、人前にことさら見せるための晴れ着である。近代になると、かつては隠すべきものとされた労働が、いわゆる生産性ゆえに社会貢献とされて公的性質をおび、人に見せるべきものとなったが、それに見合った形で、労働者の制服も一種の「衣装」となった。[1] 大衆が、ファッションやモードという仕方で衣装を身にまとって街中《まちなか》に公然と姿を現わすようになったのも、「社会」という擬似公的領域の台頭にもとづくのである。

同じ衣服が、その扱われ方に応じて、衣料、着物、衣装としておのれを現わす。量販店に陳列され、安値で売りさばかれるのは、消費されるべき衣料である。愛用者が幾度も着ては洗濯し、家のたんすにしまってはまた着るのが、物としての着物である。特別に誂《あつら》えるか貸衣装屋から借りるかして、一生に一度着るか着ないかであるのが、公的な衣装である。ただし、この衣料／着物／衣装の違いは、労働／制作／行為の区分とピッタリ重ならない。衣服とはもともと制作の産物であり、その使用形態に関して三様に区別されるにすぎない。とりわけ、衣料という消費財化現象が突出しており、使用対象としての着物の耐久性を脅かすものとなっている。衣料の特異性を、着物との対比で考えてみよう。

着物と洗濯、衣料とゴミ処理

裁縫によって仕立てられる着物は、使用されるために制作される物である。その使用が着ることであり、同じ着物を着続けるためには、洗濯や修繕といった維持管理労働が必要である。洗濯とは、着物に付いた汚れを落とす作業であり、きれいにしてまた着るために、使用の後始末として繰り返される。労働の永遠回帰が、使用の恒常性を可能にしている。逆に、使用対象物の恒常的現存性を確保するためにこそ、労働が倦むことなく繰り返される。反復と持続が結びついてはじめて、物は物となる。修繕の場合には、器械的肉体労働というよりは、手仕事的制作という面がより強くなる。

このように、着物という物において、制作と使用と労働とが交差し、絡み合う。労働によって支えられた使用に供《きょう》されるべく、物は制作されるのである。

衣料の場合はどうか。そこではもっぱら、同一規格の工業製品を大量生産し、大量販売することが問題である。可能なかぎり人間労働を合理化し、できるだけ安価に製造しなければならない。ただし、廉価《れんか》なだけでは売れないので、新品状態で見栄えのするデザインと着心地のよさが案出される。何度か洗濯すれば、すぐ古びてくる。消費者のニーズに合わせて最初から古着のような作りのものもあるが、着込んで味わいが出てくるわけではない。デザインはシーズンごとに変えられ、翌年にはまた新しく買い求めてもらうようにできている。要は生鮮食料品と同じで、新しいものが一番いい。何度か着て鮮度が落ち、洗濯が面倒になれば、ゴミ箱へポイと捨てればよい。

消費財としての衣料は、究極的には、作ったそばから使い捨てられる。マスクやコンタクトレンズはすでにそうなっており、衣服一般がそのような刹那《せつな》的用済み性へと向かいつつある。維持管理の手間がかからないし、そのほうが清潔だというわけである。何といっても、安価であることが、使い切り衣料を促進する最大の条件である。

衣料が作られる場合も、制作と労働は深い関係にあるが、それは着物の場合とは異なる。衣服を仕立てることが、制作という面を削《そ》ぎ落されて、単純労働へ還元される。労働力の安価な外国工場で分業体制によって機械的に製造される衣料は、もはや物として作られるのではない。売り出されるや、たちまち使い捨てられる「可能的ゴミ」として、はじめから作り出されるのである（百円ショップに並んでいるのも、そういうゴミ予備軍である）。では、衣料は、機械化された食糧産業の工業製品と化した今日の生鮮食料品と同じではないのか。そうではない。衣服は、もともと長持ちするようにできており、そうでなければ衣服としての用をなさない。物をずっと使い続ける場合であればそれほど危機的とならない世界破壊問題、とりわけゴミ処理問題が、物ならぬモノでは、深刻化するのである。

物は、一定の期間使用されるべく、丈夫に作られる。衣服もそうで、いくら衣料が使い切り用に生産されても、そのままでは消滅しないし腐敗したりもしない。だから、下手《へた》に取っておかれたりすると、引き出しの中に衣料があふれる。新しい衣料を買うには、大量処分する必要がある。かくして、ビニール大袋いっぱいの衣料ゴミが出る。可能的ゴミとして誕生させられたモノが、そのような仕方でわれわれに復讐しているかのようである。

衣料はたいてい化学繊維製だから、燃やすと汚染物質が出る。幸か不幸か、今日では家庭では燃やせず、ゴミ処理場に集められ、高性能の焼却炉の中で焼き尽くされる。だからわれわれ善良な消費者は、その業火《ごうか》を見ないですむしくみになっている。

消耗性、持続性、一回性

同じことは、他の産業廃棄物処理についても言える。もともと頑丈に作られているから、処分するのは容易でない。電化製品は、「耐久消費財」という形容矛盾の呼び名の通り、回転速度を高めるために耐久年数が低下させられ、すぐ壊れるようになった。パソコンなどのOA機器に至っては、新製品がすぐ流行遅れとなり、まだ使えるなど悠長なことは言っていられない。オフィスを占領させておくこと自体、スペースがもったいないからである。これに対し、消費されるべくして生産される食料や飲料の場合は、事情が異なる。飲み食いすれば、消滅するはずだからである。もちろん、飲み残しや食べ残しはもったいないし、大量に残ったものを処分すること自体、産業廃棄物問題となっている。だが、それと違った様相を呈するのが、物がすぐ使い捨てられる場合の処理問題である。

恰好の例として、ペットボトル入り飲料がある。ガラス瓶なら、中身を飲み切ったあと、洗浄しラベルを貼り替えて再利用可能だが、ペットボトルの場合、使い切りが原則である。スーパーや自販機で大量に売られる飲料品が軒並みペットボトル入りとなった今日、その消費によって吐き出されるゴミの総量たるや、想像を絶するものがある。なるほど、軽くて持ち運びが容易だし、飲み切れなくても蓋ができ便利なので、われわれ現代人は愛用してやまない。その最終処分も、消費者の目の届かないところで行なわれ、リサイクル可能と喧伝されて、あたかも決着がついたかのようである。だが、事はそう簡単ではあるまい。ペットボトルの反乱の脅威は伏在している。少なくとも、各家庭でペットボトルのゴミ出しが不可欠の家事労働になったことは確かである。

本節を終える前に、衣服についてまとめておこう。その三つのあり方に関して、使用済みという終わりに着目して、次の区別を立てることができる。衣料は、処分に困ることはあっても、使い捨てを本質としており、消耗されるべきものである。着物は、持続するようにできており、着古されたあとでも、仕立て直されたりぞうきんにされたりして、別の用途に振り向けられる。衣装は、物としては高級品であり大切に扱われるものの、めったにない晴れ舞台に一度かぎりで用いられる。つまり、衣料には消耗性が、着物には持続性が、衣装には一回性が、それぞれ帰せられるのである。これら存在性格は、永遠回帰性、恒常的現前性、瞬間性と歴史性という活動的生の三区分に割り当てられる時間性に、おのおの対応している。衣料とは、労働と消費の循環過程をクルクル回転する物資であり、衣装とは、人前で見られ、のちに語り草となるパフォーマンスを演出する晴れ着である。しかし何といっても、衣服のあり方の中心をなす道具的存在者は、着物である。

着物という物への問いを掘り下げるべく、次に、洗濯という労働に目を向けてみよう。

三　洗浄の可能性と不可能性――共‐存在時性と反‐存在時性

着物とは、身体にまとうものである。身体がわれわれの自然的存在そのものをなすかぎり、その身体とじかに接触する着物は、物として人工的世界をなしつつ、ある種「自然的」影響を蒙《こうむ》る。身体が汗をかけば、着物も汚れるのである。つまり、ここでの「自然」とは、身体の発汗作用といった生理現象がそれに属する、人体の新陳代謝のことである。大自然というよりは、むしろ小文字の自然とでも言うべきこの「ピュシス」は、生きとし生けるものすべてに具わっているが、自然に抗して世界を建て、そこに住む人間の場合、とくに問題となる。荒ぶる小自然の循環過程をそのまま放っておくことは、できない相談だからである。要するに、服が汗臭いのは耐えがたい。そこで、汚れた着物は「洗濯物」、つまり洗って干し、たたんでしまうという一連の洗浄作業の対象になる。

　このように、家事労働としての洗濯は、自然に逆らって世界を築く生き物が、自分自身の自然的側面に立ち向かい、とりわけ身体性を自覚させられる、一種の反省作業である。洗顔から入浴、排泄まで、この除染作業は多大な労力を要する。そのような身体の日常的次元に焦点を当てる「身づくろいの現象学」があってよい[2]。なかでも、身体と接触する物を、持続的に使用するための洗濯は、自然的必需を足すための便所掃除と並ぶ、重要な世界保全労働である。自己の内なる自然という事実性に直面させられる経験であり、熟考に値する。

水――洗浄の可能性の条件

　洗濯には、大量の水を要する。たんなる臭いなら大気中に発散させればそれですむかもしれないが、生地にこびりついている場合、その臭いの元を、液体の媒質によって拡散させる必要がある。拡散させることは、消滅させることではない。汚れを洗い流すとは、汚れを薄め、散らし、拡げることである。水は、洗浄の可能性の条件である。

　ただし、水洗いには限界がある。ここに投入されるのが、洗剤である。洗剤は、汚れを落とすための手段だが、それ自体が確実に水を汚す。洗剤を用いた洗濯が大量になされれば、それは世界保全労働であることをやめ、有害物質を大気中にまき散らすゴミ焼却にも似た、世界破壊活動となる。お婆さんが川で洗濯しても、河川が圧倒的に大きければ、何の問題もなかった。それは、お爺さんが山で柴狩りをしても、山野が広大であれば、大勢に影響なかったのと同様である。ここではっきり分かることは、自然に比べて人為の規模がはるかに小さいことが、汚れが洗い流されるための可能性の条件だということである。

自動洗濯機は、回転運動により洗濯物の汚れを落とす。きれいな水を繰り返し注入し、最後に脱水するまで、洗濯過程は循環運動を示す。だが考えてみれば、自然そのものが、日が照ったり雨が降ったりと、壮大な循環運動をなして万物を洗い清めている。河川や地下から採取された水道水が、洗濯に投入され、洗濯に使われた汚染水は、下水道を経由して自然に還ってゆく。世界と自然を往き来する水の還流あってこそ、自然に対して閉鎖系というより開放系として築かれた世界は、恒常性を保持してゆけるのである。

人体の発汗作用から生じ衣服を汚した物質は、衣服から洗い流されることはあっても、地上の自然から消えることはない。自然の大いなる循環過程のうちへ戻ってゆくだけである。家事に属する洗濯せっけんの大量使用が「公害」問題となるのは、そのせっけんに、自然回帰に逆らう成分が含まれているからである。人類の総人口が百億人に膨れ上がろうと、その汗の汚れだけでは公害にはならない。そうではなく、自然回帰を拒否する化学物質が大々的に使用、いや消費されるとき、洗濯という労働は、はじめて世界破壊活動となる。

逆に言えば、洗濯が、制作された使用対象物を自然に抗して保全する世界美化労働でありうるのは、世界の内部に発生した汚れを、水を通して自然へ還帰させるという仕方で、自然と世界とをつなぐ技術的営為であるからである。つまり洗濯とは、大自然の循環運動の一コマを各家庭で微小に再現するという、日常的な「自然の模倣」なのである。

とすれば、この点では、家の掃除も同じではないか。たしかにそうである。ほうきで掃き出されたちりやほこりは、消えてなくなるのではなく、かき集められたうえで、埋められたり燃やされたりして、自然に還るからである。いったん集積されるにせよ、結局こちらでも、拡散という処理法が基本となっている。ただし、水という自然的媒質を用いるか否かの違いは、小さくない[3]。

ぞうきんに時熟する共‐存在時性

ところで、ひとくちに掃除といっても、むしろ洗濯的な側面を色濃くおびたものがある。水を用いて家の汚れを拭き取るぞうきん掛けが、それである。

着物が着古されて——あるいは、衣類である手ぬぐいが使い古されて——その布地からぞうきんが作られ、それが今度は掃除のために使われる。洗っては繰り返し使われ、干してはまた使われるこの道具的存在者には、掃除と洗濯の両面が、いわば取り集められている。制作と使用と労働が、それに纏綿《てんめん》する技術ともども、幾重もの仕方で、ぞうきんという目立たない「物」に凝集しているのである。その一方で、ここにも、着物の衣料への転化の波は確実に押し寄せてきている。化学ぞうきんは、物性を剥奪された使い切り用具だが、そうでなくとも、衣料のあふれている今日では、古着の布でぞうきんを縫い、幾度も洗って使うという作法そのものが、急速に廃《すた》れつつある。

われわれは、着物と洗濯の現象学に手を染めたあげく、いささか意外ながら、物としてのぞうきんに辿りついた。襤褸《ぼろ》となった物が、使い尽されて擦り切れるまで、なお世界と自然とをつなぐ役目を果たすのである。そこには、取るに足らぬように見えながらも、日常性における「共-存在時性」の時熟がある。

着物として作られ、使われていた物が、汚れては洗濯されるうちに、使い古されてゆく。その使命をいったん終えたのち、仕立て直され「再生」されると、今度は、家の汚れを拭き取り、住まいを美しく保つ掃除のために、やはり幾度も洗われては、使われ続ける。着物と建物の狭間にある、その何気ない物に、制作と使用、労働の時間性が、つまりその持続と反復のテンポが、絡み合い、反照し合う。そればかりではない。水の循環を介して、自然の永遠回帰が世界の永続性を可能にすることが、そこに映し出されるのである。

原発事故処理という洗浄問題

最後に、それと異なるもう一つの、極端な「洗浄」問題を例に挙げよう。つまり、原子力発電所の過酷事故によってまき散らされた放射性物質の除染作業である。われわれはそこに、共-存在時性の時熟ならぬ「反-存在時性（Kontra-Temporalität）」の爛熟を見出す。

核燃料棒——「使用済み」であれ——の冷却のために、大量の水が必要だということが、まず驚きである。その前に、原子力発電がそもそも超特大の湯沸かし装置であること自体、驚くべきなのだが。水力発電でもないのに、海洋や河川に接して発電所が建てられるのも、水に依存せざるをえないことを物語る。「ただの水」が、生命の源であるばかりか、原子力発電の可能性の条件なのである。電気を湯水のように使うためには、水を大量にかき集め、かつ湯を大量にまき散らして発電所を維持しなければならない（水ではなくナトリウムで、炉心のプルトニウムを冷やす高速増殖炉は、あまりに不安定である）。水は万物の元《アルケー》なりというわけだが、ともあれ、洗浄とは一般に、水を使って汚れを拡散させることである。上述の通り、洗濯とは、水で汚れを散らして着物をきれいにし、それと引き換えに汚れた水を流し去る作業であり、ぞうきんを使っての水洗いの掃除と基本的に同じである。

汚染水のゆくえは、化学洗剤の場合からしてすでに厄介だが、水銀を含んだ工場排水がたれ流される場合、まさに「公的に厄介」となる。自然の循環過程に還ることを拒否する物質が海中にまき散らされ、そのあおりで劇薬化した魚を食べ続けた沿岸住民が難病に冒されるという「公的厄介モノ（public nuisance）」つまり公害問題を、半世紀前に全世界へ向けて発信した国は、そのさらに半世紀以上前に、銅の採掘による土壌汚染が公的関心事となった国でもあった。近代を凝縮するような大事件がそのつど勃発してきたその同じ国土に、今日、もう一つの洗浄問題が発生している。原子力発電所事故によって生み出された放射能汚染をいかにきれいにするかという、大いなる清掃問題がそれである。

ぞうきんになれない作業服

3・11以後われわれの直面しているこの重大問題への一視角を得るために、ここで具体物をもう一つ挙げよう。事故処理活動に用いられる作業服というモノである。

すでに見たように、労働者が身につける着物は、かつて、頑丈な材質でがっしり仕立てられていた。

肉体労働をすれば汗をかくだけでなく、ほこりや泥で衣類はたちまち汚れる。労働の継続可能性には、労働力の再生産――労働者の疲労回復――のみならず、労働手段の再利用が属する。洗濯とは、同じことをえんえんと繰り返す日々の労働を支える、これまた果てしない反復労働なのである。その連動的循環過程のなかでしぶとくとどまり続ける物が、着物であった。ハイデガーの芸術作品論に出てくるゴッホ描く「百姓の靴」にも、物のそういう不断性が見出されるが、継続的使用のために労働が絶えず投入される点で、労働着には、ぞうきんに劣らぬほどの、制作と使用と労働の共‐存在時性の時熟が見られる。

では、原発事故現場で働く作業員が身にまとう作業服はどうか。

この着衣も、並外れた頑丈さを持たねばならない。だがそれは、幾度でも洗浄するためではない。それに身を包んだ作業員を、放射能汚染から守るためである。生身の身体への攻撃を防ぐべく、全身を鎧兜もしくは宇宙服のような特殊加工服で覆って、作業部隊は出動していく。彼らは、放射性物質に汚染された事故現場の片付け作業を一定時間続けると――清浄な光の星から飛来した宇宙人＝超人《ウルトラマン》が地球上に数分間しかいられないのと似て――、被曝限度を越えないように、現場から撤退することを命じられる。帰還した労働者にとって、自分の身を覆い、守ってくれた作業服は、命綱であったはずなのに、それを冷淡に扱わざるをえない。掃除でさんざん酷使されてボロボロになり最後はポイと捨てられるのがぞうきんの運命だが、特殊作業服を見舞う運命は、はるかに不吉である。洗って繰り返し使われるどころか、一度使ったら、見た目は新品もいいところなのに、洗うことも燃やすことも捨てることも許されない。ただひたすら地上にたまってゆくのである。そのゴミ問題は、使い切り衣料の場合とは質的に異なる。暴走した原発の遅々たる復旧作業の進捗のために、一度しか使えないのに使い捨て不能という公的超厄介モノが続々と生み出されてゆく。

原子力発電所が丸ごと本体である原発ゴミの処理作業は、終わりなき闘いである。人類は、地上の生物の絶滅手段を創ってしまい、その事後処理いや罪滅ぼしとして、「原子力の平和利用」に邁進してきた。気がつくと、何万年も滅びることなき成果が、地上の至る所に鎮座している。それでも現代人は、未来永劫に続くであろう超粗大ゴミとの闘いをあたかも無視できるかのごとく、今さら止められないと呟きつつ、理由にならない理由――そのつどの景気浮揚とか地域振興とか宗主国のおぼえとか――を持ち出しては、将来の人類が持て余すほかない副産物をせっせと出し続けている。

生身の人間には原発事故の清掃はムリと、掃除用ロボットの開発が期待されても、そのロボット製造自体、使い捨てを封じられた厄介モノを増殖させてしまう。この場合、使用済みロボットは、その存在自体が反乱に等しい。事故処理専用に人間の身代わりとして作り出され、原子力の犠牲に捧げられた余計者の復讐。しかも、犠牲となるモノは――最も重大な労働者の被曝問題はここでは措く――、清掃作業服や掃除用ロボットだけではない。破損した原子炉を冷却すべく投入され続けている膨大な水が、決定的に処理不可能なのである。放射能汚染水は、海洋投棄も禁じ手となり、地表に陸続と建設される貯蔵用タンクに、これでもかこれでもかと溜まってゆく。メルトダウンした原子炉を虚無化中枢に埋め込まれ、汚水タンクまで林立させられた大地は、ますます回復不可能となる。

反－存在時性の問題群

ここに見出されるのは、共－存在時性ならぬ「反－存在時性」の問題群である。

労働とは同じことの器械的反復だが、そのかぎりでは自然親和的である。なにしろ、働いて食って寝てまた働くという労働のリサイクル自体、自然過程の一部なのだから。労働で汚れた着物をきれいにする洗濯は、制作された人工物を存続させる労働として、内なる自然との付き合いであるとともに物の世界への気遣いであり、自然に対抗して世界を保持する人間的営みではあっても、自然を破壊するものではない。ところが、単純労働に還元されて機械化された生産過程により、衣料という消費物資が大量に作られると、そのような産業廃棄物は、世界をじわじわ破壊する。人間の住まいたる環境世界が、あふれ返るゴミによって、またゴミ処理に伴う汚染によって、人間の住み処《か》でなくなってゆくからである。とはいえその場合でも、自然は破壊されない。むしろ、安楽さの追求という人間の内なる自然の猛威によって荒廃させられるのは、世界のほうである。湾岸汚染や大気汚染の公害はこの段階にあり、破壊されるのは世界である。世界に比して圧倒的に広大な地上の自然は、その絶えざる循環により、世界の汚れを最終的には浄化する。

これに対し、自然破壊が真に問題となるのが、原子力時代である。人為の規模とは比べようもないほどの広大さを誇っていた大地も、自然科学ならぬ「宇宙的＝普遍的（universal）科学」にもとづく原子力テクノロジーの猛攻撃に曝されると、さすがに傷つけられる。ここでは、洗浄は原則的に不可能である。洗うための水が、洗い物の総量よりずっと大量であるときにのみ、物を洗うことは可能なのであって、洗い流すことでいっそう深刻な汚染が発生してしまう場合には、洗うことがそもそも意味をなさない（なるほど巨大タンカーの海難事故は重大だが、使用済み核燃料搬送船が事故を起こせば、それとは比較にならない重大な事態を招く）。

事故処理作業服は、洗うに洗えないし、再利用の可能性を奪われている。損傷した炉心を冷却するのに用いられた水は、海洋にも地上にも放出できない。放射能汚染物質の浄化を、自然過程の大いなる循環に任せるのは、海水と地表の全体、つまり大地が総じて宇宙ゴミ廃棄場と化すことを意味するからである。かりにそのゴミを、無限に広がる宇宙空間に排出できたとすれば、それは故郷へ還すことに等しいから、最終決着がつくかに見える。しかし、危険物を大地から離脱させること自体、虚無化のリスクを伴う。下手をすると、火山爆発による火山灰ならぬ放射性人工元素搭載ロケットの爆発によって降り注いだ死の灰で、地表が覆い尽くされかねず、果ては生命絶滅に至りかねない。

大地は、宇宙ほど無限大のスケールをもたない。「宇宙的」自然とは異なるのが「地上的」自然だということを、かつてアリストテレスは、「天上の世界」と「月下の世界」の区別でもって表わした。秩序も調和も欠いた近代の無差別的「普遍＝宇宙（universe）」像の出現によって、アリストテレス的区別は無効化され、その挙げ句に原子力という「宇宙的」技術が開発されたのだった。その兵器を手にした宇宙人による地球侵略という、この世ならぬ光景を目のあたりにした３・11以後のわれわれは、かの伝統的区別に意味があったことを思い知らされている。宇宙的技術でもって、宇宙全体は寸毫《すんごう》も傷つかないが、その導入によって、世界は破壊されるのみならず、大地も回復不可能なほど傷つくのである。

宇宙的なものによって世界と大地が危機に陥っている現代世界では、時間性はもはや協働しない。

永遠回帰を特徴とする自然のリズムと、恒常的現前を特徴とする物の世界のテンポは、どちらも攪乱され、その逆さまの取り合わせの相乗効果により、「反‐存在時性」の爛熟を迎える。何がそこで決定的なのか。人びとの共同世界が後戻り不可能な仕方で生み出してしまった原子力テクノロジー出現の出来事のもつ、行為のテンポに固有な瞬間性と歴史性がそれである。生命の繁殖力でも物のしぶとさでもなく、死すべき者たちがよってたかって、つまりその複数性の威力を最大限に発揮して、圧倒的に死を超えるものを生み出してしまったということこそ、問題の核心にほかならない。

予測不可能な仕方で「宇宙」へと乗り出した共同事業の取り返しのつかなさを、洗い流すことも焼き尽くすことも、死すべき身には決してできないのである。

現代技術の現象学は、ピュシスでもポイエーシスでもなく、プラクシスをどう見るかに懸っている。このことを無気味に裏書きしているのは、原発事故現場の清掃作業服というモノそのものである。さながら戦場のような現場で苦闘する作業員によって一回的に身にまとわれ、しかも不滅の存続性をおびるのが、この異形の「衣装」だからである。公的な行為《プラクシス》は、政治哲学の主題であるとともに、現象学的科学技術論の主題なのである。

第十四章　リニア中央新幹線について、立ち止まって考える

われわれは二〇一一年三月の出来事を経験し、多くを学んだ。なかでも、日本各地に原子力発電所を建造してきたことに関して、反省せざるをえなくなった。あの衝撃がなかったら、われわれはなお国土核基地化を何食わぬ顔して推進し続けていたことだろう。多大な犠牲を払いつつ、われわれが学習してきたことの貴重さを、改めて思い知らされる。以下の小考も、むごい経験を境にして物の見方が変わったことを活かして、思考を新たに始めようとする試みの一つである。

一　「作っては壊す」という発想

二〇一四年で、東海道新幹線が開通して五十年。二〇一五年三月には、北陸新幹線が金沢まで開通した。整備新幹線計画はまだ幾つも控えている一方、さすがに半世紀も使っていると、大規模改修も必要となる。大地震の心配もあり、東海道と別ルートで東京―大阪間に新幹線を、という計画が持ち

上がるのも分からない話ではない。この中央新幹線新築路線に相乗りしているのが、やはり五十年の歴史をもつリニアモーター開発プロジェクトである。

一九六〇年代前半生まれのわれわれ世代は、子どもの頃、「夢の超特急リニア」の話をよく聞かされた。「夢の原子力」がやはり半世紀経って悪夢と化したのを尻目に、リニア中央新幹線は、新幹線開業五十周年の年に着工が認可され、年末には起工式があった。JR東海が二〇〇七年に発表した計画は、着実に走り始めているのである。他方、この国土再開発計画はあまりに無謀との議論も根強い。これほどの公共の事柄《レス・プブリカ》を、一般市民の関心は高くないまま、一企業の思惑通り進めてしまってよいのだろうか。ここはちょっと立ち止まって考えてみるに如《し》くはない。

なにしろ、総工費九兆円超という史上例をみないこの一大建設事業、完成までに三十年以上を要するとのことである。二〇二七年に品川－名古屋間を開通させたあと、中休みを経て二〇四五年に新大阪までようやく延伸予定だという。時速五〇五キロ最速六七分というのが謳い文句だが、実現するとしてわれわれの世代が死に衰えた頃の話である。(1) だからといって、われわれには関係ないということにはならない。将来の人びとに何を残すか、がまさに問われているのである。

東海道新幹線は建設に五年を要したが、それはまだ序の口で、その後の五十年の安定した営業実績こそ、この戦後有数のプロジェクトの誇りとなった。往年の超音速旅客機コンコルドのように、鳴り物入りで登場しても失墜し破綻すれば、作ったことの一切が、負の教訓以外は意味を失う。ここにひそんでいる問題は、単純なことである。作られたものは、使われなければ意味がない。

作ることには、使うことが後続する。この当たり前のことが、現代では顧みられなくなっている。

その理由も単純である。「作って使う」ではなく、「作っては壊す」という発想が支配的だからである。使用をめざす制作が、完成という終わりをもつのと違って、生産と消費のサイクルは、生命過程のように果てしなく続き、より以上の生産と消費のリサイクルをめざして突き進んでゆく。維持や保守はしないで、古くなったからと廃棄にかかる。生産にとって消費とは破壊と同義であり、それによって再生産が促進されるしくみである。

この「作っては壊す」という連鎖が、「建てて住む」という人間の営みを侵食している。日本各地で――大学でも――再開発ラッシュがえんえんと続いているが、そこには、「古い物はさっさと壊し、とにかく新しく作り変えよう。使い続けるのは後ろ向きだ」という発想が蔓延している。なるほど、ごちそうなら早く食うのが一番だろう。だが建物の場合は、公共性のある建築物ならなおさらのこと、「とりあえず建てるが、建てっぱなしであとは知らない」で済まないのである。

建てることに後続するのは、住むことである。しかも、住むのは、同時代人だけでない。後代の人びとも、住むのである。建物とは、世代間の共有物なのである。たとえば、千年に一度の津波対策と称して、海辺の至るところコンクリートの巨大防潮堤を築き上げる復興事業は、その施設のメンテナンスを少なくとも千年続けなければ、そもそも意味をなさない。しかもコンクリートの劣化はめっぽう早い。誰が面倒を見るのだろう。気の遠くなるほど長きにわたる永代事業を、建設を計画する側はどこまで考慮に入れているのか。

使い続けるメドの立たぬまま作り続けてきた建造物の典型が、原子力発電所である。過酷事故のリスクの話ばかりではない。耐用年数が過ぎたからといって容易に解体できない巨大な原子核反応器。

使用済み核燃料をはじめとする、どんどん増える一方の放射性廃棄物。遺棄不可能な不朽の反自然ゴミが国土に所狭しと残存する光景を、かつてそれを計画し建設した者たちは、どこまで考慮に入れていただろうか。

それと似たような後代への贈り物に、リニア中央新幹線建設がならない保証はどこにもない。日本列島の地底を深々とくり抜いて巨怪な縦断トンネルを掘るプロジェクトは、「作ってみるが使い続けられるかは分からない」では、もちろん済まないのである。五年かけて作り五十年間以上使い続けているのが、東海道新幹線である。もしリニア中央新幹線を三十年かけて作るのであれば、その十倍とまでは言わなくとも、どんなに少なく見積もっても百年は、使い続けられる見通しが立たなければならないはずなのである。

二　宇宙的なものの暴走

さて、リニア中央新幹線の特徴の一つは、地下をひた走ることである。今さら東京－大阪間の土地を買い上げていたら九兆円でも全然足りない。とにかく超高速が売りなのだから、地権の発生しない（ようにと法を整備した）地下四十メートルの深さに一直線の横穴をぶち抜き、抜け道を走らせようという寸法なのである。東京－名古屋間はじつに八六パーセントが地下経路で、南アルプスの山岳地帯を貫く長大トンネル工事にも挑むという。途中に駅を造るのは申し訳程度で、地上の区間もすべてシェルターで覆われる。これはもう、ただの地下鉄計画ではない。大地の底を、宇宙まがいの無差別空間と見なして挑発する壮大な超モグラ実験計画なのである。

私は、東京電力福島第一原子力発電所の過酷事故を映像で目撃したとき、そこに宇宙的なものが迸《ほとばし》っているという思いに襲われ、慄然とした。そして、ハイデガーとアーレントのテクノロジー論を踏まえて、こう結論するに至った。宇宙規模ではごく普通に起こっている核分裂反応を、地球に導入する原子力開発とは、すでに一個の宇宙力技術であり、それを操っている地球人はもはや、半ば宇宙人であり、そのような実験を地上の自然界で繰り広げる原子力発電所は、宇宙から大地への侵略基地なのだ、と（『死を超えるもの』第八章を参照）。これは妄想だろうか。だがそれと似たこと、少なくともその片鱗は、ＪＲ東海リニア中央新幹線プロジェクトにも垣間見えるのである。地底に擬似宇宙空間を作り、超高速で滑空する移動装置を飛ばそうというのだから。

それにしても、そういう「宇宙（universe）」とは何か。先回りして言えば、タテもヨコもなく無差別にぽっかり広がる無限空間である。この近代的な宇宙概念を理解するには、急がずのんびりと古代の「世界（*kosmos*）」概念を思い出すことから始めなくてはならない。

三　タテ・ヨコのない宇宙

古来ギリシア――なかんずくアリストテレス――では、全体としての世界《コスモス》は、天空と大地から調和的に成り立つが、天・地には隔たりがあるとされた。天上界では、重さを欠く純粋元素エーテルからなる星々が、天球上を滑るように永遠不変の円運動を繰り返す。これに対して、地水風火の四大元素からなる月下界は、生成消滅の相に見合った運動を示す。つまり、重いもの（たとえば土）は下方にあるのがふさわしく、それが強制的に押し上げられると、おのずと落下する。逆に、軽いもの（たとえば火）が下方に置かれれば、おのずと上方へ向かう。重さにもとづくタテの直線運動こそ、地上の自然的運動なのである。動くものは自己本来の場所に至ればおのずと止まり、そこに安らう。静止こそ終点つまり目的《テロス》である。

天空と大地のこの伝統的区別を根本から取り払ったのが、近代自然科学である。大地とは地球という一個の惑星であり、その構成要素も他の天体と別段変わらない。上・下の差別は「偏見」として撤廃される。万物は平等となり、一様均質に広がる無限宇宙《ユニヴァース》に包含される。この新しい無差別宇宙像を古典的に表現している万有引力の法則によれば、地上で起こる落下運動も、惑星の楕円軌道運動も、すべて普遍的《ユニヴァーサル》に説明できる。宇宙の観点から見れば、タテやヨコといった地上的規定は無意味となる。天・地の違いあってこその上・下でありタテ・ヨコだからである。

だが、人類が大地を這いつくばって生きるかぎり、そうやすやすと宇宙的《ユニヴァーサル》にはなれない。そこで、重さをもつ身体的存在でありながらその制約からいかに身を解き放つか、が問題となる。

重い物体はみな、大地に縛りつけられている。その束縛から逃れるべく、タテに上方運動しても、つまり飛んでも、すぐ落ちるだけである。地上に棲む生き物にとって、位置の移動は、むしろヨコの運動によってこそ意味をなす。歩行にしろ走行にしろ、総じて身体移動は、タテとヨコの方向を複合したジグザグ運動である。地表移動に一種の円運動を取り入れることでヨコの運動を円滑化させたのが、「車」の発明であった。梃子《てこ》の原理によるこの半ば天空的な「仕掛け（*mēchanē*, machina）」は、人間の移動可能性に一大進歩をもたらし、さらにその技術革新は、ヨコ移動を飛躍的に高速化していった。ただし、車はあくまで地上に沿って走る。滑っているように見えても大地に接しており、もし滑り続けるようであれば、車としては危険走行となる。歯止め《ブレーキ》が利かないからである。地を這って進むことは、重さゆえの抵抗をもつからこそ止まることができる。大地の制約がそこでは恩恵となる。

大地の束縛から一時的にせよ脱け出るには、これはもう空を飛ぶしかない。この太古からの夢を可能にした飛行機技術は、まさに革命的であった。二十世紀に人類は移動可能性を劇的に高めたが、それは、もはや地表走行ならぬ上昇飛行に転じたからである。「鳥のように自由」飛翔といってもさしあたりは中空だが、次いで垂直上昇するロケットが現われた。花火や弾丸のように墜落するのではなく、天空に昇っていく宇宙飛行機である。宇宙進出とは、地上から見ればタテ移動だが、宇宙においてはもはやタテもヨコもない。重さを脱ぎ捨てたかのように垂直方向に急上昇し、大気圏とその重力を脱するや、滑るように円運動を続けるのが人工衛星であり、無重力状態で宇宙遊泳するのが宇宙飛行士なのである。

ジェット機で海外へ一っ飛びという移動形態が、地球的《グローバル》に日常茶飯事となったのが二十世紀後半、さあその次と思いきや、宇宙旅行は依然として一般人の与《あずか》り知らぬところである。それもそのはずで、虚無宇宙へ突入して意味があるのは、そこを棲み家とする「超人《ウルトラマン》」くらいだろうし、人類がたやすくその段階に進化するとは考えにくい。アメリカでアポロ計画が進行していた頃、二十一世紀は宇宙進出の時代と誰もが思っていた。だが、そうはならなかった。地上に生きる定めからそう簡単には逃れられない人類にとって、莫大な費用がかかる割にメリットの極端に少ないのが宇宙開発だということが、遅まきながら分かってきたからである。悲しいかな、人類はどんなに背伸びしても「半宇宙人」どまりなのである。そのあがきというか、中途半端さを露呈させるものこそ、幾度となく起こる原発事故にほかならない。それと似通った混成ぶりを示すのが、リニアモーターカーである。モーターは軸回転するからモーターのはずだが、それを直線で展開してみせるから直線的《リニア》と言う。これはしかし、車で動くのではない。電磁気で軌道を浮上して疾駆する超特急は、電「車」というより、もはや飛行機に近い（飛行機は離陸・着陸時には地上走行用の滑車が出てくるが、リニアも発進・停止時には同じ仕掛けになる）。大地との摩擦から解放され中空を滑って進むのがリニア新幹線なのである。大空を飛ぶのではなく、土竜《もぐら》も棲まぬ大深度を掘りに掘って空洞を空け、そこに敷かれた直線軌道を驀進《ばくしん》してゆく。ひたすらヨコ移動しているかに見えて、大地から離れるという意味ではタテ移動も兼ね備えている。本当は、タテ・ヨコに無関係な宇宙空間を遊泳するのが理想なのだが、そこまではいかないにわか宇宙を地底深くに造り、大都市間に穿《うが》たれた人工虚無空間を浮遊しようとするのが、リニア中央新幹線計画なのである。

宇宙力を地上に導入して稼働する原発と同じく、地底を宇宙空間に見立てて爆走する飛行機もどきは、相応の危険を冒さざるをえない。滑空する超高速体を、安全に非常停止させることができるのか。だが、震災等による制御機能全停止は想定外。加えて、膨大な電力消費は原発依存体質と一心同体。電磁波被曝は人類にとって未知の実験。地底開削に伴う残土処理や地下水枯渇をはじめとする環境破壊や、収益悪化によるJR東海破綻……と、幾重にも待ち伏せしているその大いなる危険が、懲りない半宇宙人たちには、どうやら見えないらしいのである。

第十五章　アーレントとリニア新幹線
――『活動的生』のテクノロジー論

一　宇宙エレベーターの話

二〇一五年一月、折悪しく、大学センター入試の試験監督の番が回ってきた。近頃は、時間に異常にうるさくなり、試験開始・終了の合図も、電波時計どおり秒単位で正確にアナウンスせよ、一秒たりともズレてはならぬ、とのお達しである。一言一句マニュアル通り棒読みする試験監督も、マークシートの答案欄をそそくさと塗りつぶしていく受験生も、みなロボット然としてくる。教室全体が、無人オートメーション工場を擬したかのようである。初日夕方の英語のリスニング試験は、実施の間じゅう、「どうか、機械の不具合がありませんように、神様、仏様、テクノロジー様」と祈ったお蔭で、ぶじ乗り切れた。やれやれとホッとして迎えた二日目の朝、理科の試験時間に入り、旧課程科目選択者用の問題冊子を何気なくめくってみると、最初の理科総合Aの冒頭にこうあった。

「**第1問**　宇宙空間に人や荷物を運ぶ手段として、宇宙エレベーターを建造する構想がある。宇宙エレベーターでは、宇宙空間と地上を結んだケーブルを、クライマーという乗り物が昇降する。クライマーが昇降するようすを調べるため、図1のような装置で、一連の実験を室内で行った。〔……〕」(1)

問題を解こうにも物理オンチにはチンプンカンプンで投げ出したが、まさかここで「宇宙エレベーター」の話に出くわすとは思っていなかったので、思いがけず役得感があった。ジャックと豆の木のファンタジーを軽く超える、天空と大地をつなぐ夢の懸け橋。宇宙開発を推進する側としては、太陽光エネルギーを宇宙空間から地球上にじかに供給できる画期的プロジェクトとして、売り物になるらしい。二十世紀の英雄ガガーリンならずとも、つまり宇宙ロケットで大気圏外に飛び出さなくても、このドコデモ昇降機さえあれば、誰でも宇宙へ出かけてゆけるのだ。もとより、素人が考えても実現はそう容易でなさそうだし、採算が取れるとも考えにくいが、宇宙への扉がそのように開くと聞かされると、悦ばしい気がしてくるから不思議である。天国への階段みたいな超エレベーターの到来に心躍るわれわれ地球人の体内には、やはり、宇宙人のやんごとなき血が混じっているのだろうか。

とはいえ、他方でわれわれは、土塊《つちくれ》から造られた大地の卑しい族《やから》であることを免れない。地べたを這いつくばってヨコに動くことを宿命づけられてきた死すべき者どもが、タテの直線移動を行なって天上に昇ろうとするのは、悪あがきにすぎないのではなかろうか。だが、それとは別の悪あがき路線を、わが国の科学技術は世界で唯一突き進もうとしている。リニア中央新幹線プロジェクトがそれである。地中に擬似宇宙空間を掘り抜き、中空を驀進《ばくしん》する列車に乗りたがるのも、われわれの内なる宇宙人の血が騒いでいるからであろうか。

以下では、新国立競技場建設問題にも築地市場移転問題にも優るとも劣らぬ、それでいてほとんど議論のないまま始まってしまったこの新設計画について、アーレントの視点に立脚して、しばし立ち止まって考えてみたい。

二　建てることと住むこと

ところで今回、副題に「『活動的生』のテクノロジー論」と銘打ってみたが、この本の一体どこにテクノロジー論があるのだろうか。

字面だけで安直に考えれば、『人間の条件』に「テクノロジー（technology）」という言葉は、およそ三つの文脈において現われる。[2] まず、第四章「仕事」の第二〇節「道具手段性と労働する動物《アニマル・ラボランス》」に出てくる（HC, 147ff.）。「テクノロジー」とは「道具を機械に置き換えること」だと、いわば定義され（HC, 147）、アーレントのテクノロジー発展三段階説が示される箇所である。[3] 次に、第五章「活動」の第三三節「取り返しのつかなさと、赦しの力」では、為されたことの「取り返しのつかなさ」を背負い込む活動《アクション》を、よりにもよって、赦しのまったく効かない自然界を相手にせっせと繰り広げる「現代の自然科学とテクノロジー」の危険性が指摘されている（HC, 238）。最後に、第六章「活動的生と近代」では、伝統を瓦解させ近代を誕生させた「制作する人《ホモ・ファーベル》の勝利」が大々的にクローズアップされ、そのなかで「テクノロジー」という語も使われる（HC, 287, 289, 295）。三つとも巨大なテーマ群であり、

3・11以後の思考の可能性にとって示唆となるものを豊かに含んでいる。

しかしじつは、『人間の条件』とりわけ『活動的生』のテクノロジー論は、今挙げた三点だけにとどまらない。そのことは、「序論」からして明らかである。邦訳の索引を見ていただければ分かるように、「技術（Technik）」という言葉は、冒頭近くから出てくる（Va, 8）。『人間の条件』の読者なら、「プロローグ」が、スプートニク一号打ち上げという人類最初の宇宙進出の出来事から切り出され、人工生命やオートメーションがさっそく話題にされていることは、ご存じだろう。第三章「労働」の第一六節「仕事道具と労働分割」でも、「道具を機械に置き換える」という意味でのテクノロジーがまさに問題になっており、[4] そこに「技術」という言葉も出てくる（Va, 142）。『活動的生』では、主にテクノロジーという意で用いられる Technik のほか、Kunst という言葉も頻出するが、後者（英語の art に相当）は文脈に応じて「技術」、「芸術」さらには「術」と訳し分けざるをえない。芸術創造はもとより「政治術」まで包含しうるテクネー概念の広がりをもってすれば、『活動的生』の全体が、「技術の哲学」として読み解けるほどである。「技術の哲学」の専門家たちは、ハイデガーの技術論は好んで取り上げても、アーレントの技術論は無視するのがふつうだが。

しかるに、私が「アーレントとリニア新幹線」について考えをめぐらすうえでまずもって重要視したいのは、「労働」と「制作」の区別という、よく知られた、それどころか悪評にまみれた考え方である。とりわけ、「労働」が「消費」と一体をなして際限のない循環運動を形づくるのに対して、「制作」には「使用」が後続し、出来上がった物が使われ続けて人工的世界を形づくる、という活動的生のあり方の対照である。要するに、「作ること」にとって「使うこと」がいかに重要であるか、である。「科学技術者倫理」なるものがありうるとすれば、そのケア原則には、「何かを作るうえでは、それが使われ続けてゆくことを、まずもって配慮《ケア》しなければならない」が真っ先に挙げられてよいだろう。

　労働と制作の区別は評判が悪いが、それはこの区別がそれだけ「反時代的」だということである。しかしながら、反時代的であることは、時代遅れであることとイコールではない。「原初《アルケー》」が新しさを失わないように、「原理《プリンキピア》」はラディカルであることをやめない。近未来リニア計画を検討する場合にも同じことが言える。リニア中央新幹線を作ろうとするのであれば、第一に考えるべきは、それをどう使い、どう使い続けてゆくか、である。もし、「とにかく作ることが大事。どう使うかは、あとで考えればよい。使えなければ壊せばよい」という発想で事が進んでいるとすれば、それはすでに「制作」ではなくなっているのである。つまり、労働によって作られたものがすぐさま消費されるのと同じ調子で、物を作ることも消費対象物の供給だと見なされている、ということなのだ。それにしても、九兆円の工費と三十年の工期をかけて日本列島を深々と縦断する大トンネルを掘り抜くプロジェクトが、ポイ捨ての発想で作られているとすれば、これほど倒錯した話もまれであろう。

　「働く－食う」の相即不離が、生命の必然性によって規定されているように、「作る－使う」の相互連関は、目的－手段のカテゴリーもしくは有用性によって規定されている。だが、「作る－使う」が有用性に尽きない意味をおびうることは、この連関が、「建てる－住む」の連関に連なることからも窺える。建築が制作の一種と見なされる以上、「建てる－住む」は「作る－使う」の特殊例に見えるが、必ずしもそうとは言えない。かえって、「建てる－住む」のほうが普遍的だと言えるほどである。

「作る－使う」の対象は、さしあたり道具、アーレントの言葉遣いでは「物」ということになるが、「建てる－住む」になると、その相手はもはや個々の道具では済まなくなる。われわれ人間は、世界を建て、その世界に住むのである。アーレントが、制作の根本条件は「世界性」だとするとき、それは、そのつどの目的－手段の連関を超えて永続的に現前し続けるものとしての世界あってこそ、制作という人間的営為もはじめて体をなす、ということを言わんとしているのである。

この「世界」は、「自然」とは区別されるべきものである。労働と制作の区別に優るとも劣らず評判が悪いのが、この世界と自然との区別である。人工的世界と区別される自然など今日どこにも存在しない、と指摘しさえすれば、あたかもアーレントのこの区別の無効性を証明できるかのように。だがわれわれは、自然に逆らって営々として築いてきた自分たちの世界が、地震、津波という自然の猛威にあっけなく壊滅させられ、「自然のうちで故郷を失った生活」(Va, 16)、その意味で非人間的生活を送らざるをえなくなったという痛切な経験によって、この反時代的区別がいかに重要であるか、を心底学習させられたのである。

世界は自然によって危機に瀕するが、人間の内なる自然の現われとしての「労働する動物」の側面によっても猛攻を受け、掘り崩されてしまう。自然のほうが圧倒的に強大であることは、大自然ならずとも、わが身を振り返って小《プチ》自然を反省すればただちに分かる。労働と消費のプロセスの拡大を求めてやまない「総かり立て体制《ゲ・シュテル》」(ハイデガー)もしくは「世界疎外」(アーレント)の猛威は、五十年の歴史をもつ旧国立競技場を――築八十五年の東京女子大学旧体育館もだが――破壊してしまった。その跡地に建てられようとしている新競技場も、同じ勢力の食い物にされる運命に曝されている。では、リニアはどうか。

三年の工期を経て五十年のあいだ人びとに愛用されてきた東海道新幹線は、制作に続く使用の面での実績により、「物」として立派にわれわれの世界の一部となった。富士山を車窓に眺める新幹線を利用し、その車両の走る国土に住むことを、日本人は肯《がえ》んじてきたのである（騒音等の公害問題を無視してはならないが）。これぞまさしく「制作する人の勝利」と言うべきであろう。それと同じ素振りで、今度はリニア中央新幹線が造られようとしているとき、それを推進する者たちは「制作する人」の装いの下に「労働する動物」のむさぼり尽くす欲動に駆り立てられているかもしれないこと、つまりわれわれの世界が重大な危機に瀕しているかもしれないことを、慎重に見極める必要がある。われわれが住む世界には、われわれに続く世代も末永く住み続ける。その共同世界を破壊する行為は、もはや「建てること」ではなく、国土を「むさぼり喰らうこと」だと言うべきだろう。

三　半宇宙人のおもちゃ

リニア中央新幹線計画は、作って使うこと、建てて住むことからの逸脱だと思われてならないが、それだけではない面がこのプロジェクトから透けて見えるのも確かである。アーレントのテクノロジー論から霊感を受けて拙著『死を超えるもの』でおこがましくもお披露目した卑見が、「半宇宙人《なまじっかエイリアン》」という現代人観である。この面からリニア問題を呑気に再考してみよう。

身の程を弁えないのが、この中途半端な超人類の生態の特徴である。人類は、大地に棲む生き物でありながら、空を飛ぶことを夢見てきた。それを実現しグローバル化しさえしたのが、二十世紀の軍事テクノロジーであった。第一次世界大戦中にドイツ化学産業が開発した毒ガス兵器は、第二次大戦中には絶滅収容所《フェアニヒトゥングスラーガー》のガス室に粛々と活用され、第二次大戦中にアメリカ軍産学複合体《ゲ・シュテル》が総力を挙げて開発した原子爆弾は、戦後になると核兵器正当化および浪費経済護持のために「平和」利用された。民族絶滅政策と人類絶滅兵器という二十世紀の二大事件は、その凄まじさからして、人類史が新たな局面に突入したことを告げているかに見えた。だが、その後、大量虐殺が各国で内戦のたびにやすやすと引き起こされ、核でお湯を沸かす虚無化施設《フェアニヒトゥングスラーガー》が地球の至るところに建てられる光景を見せつけられると、ひょっとしてこれは、華々しき戦争の世紀の惰性が続いているだけではないか、と疑いたくなる。「人間ほど凄まじい化け物はいない」とコーラスに歌わせたソフォクレスの昔から、何も変わっていないというのが一面の真実であろう。

　新国立競技場の当初の設計プランは、流線形を基調とし、宇宙時代の巨大スタジアムとでも評すべき威容を誇るものであった。かつてリニア実験で使われた往年の試作機も、流線形をしており、宇宙ロケットを思わせるスタイルであった。五十年来の技術開発の歴史をもつテクノロジーとして、リニア開発は、新幹線や原子力発電に匹敵する由緒をもつ。他方この半世紀に、超音速旅客機コンコルドや原子力船むつといった鳴り物入りのハイテクが、トラブル続きで廃テクとなっていったことも、忘れがたい負の歴史である。核融合開発や高速増殖炉もすでに廃テク同然となっている。

　じつは、リニア開発も廃テクの仲間入りをしていることを、われわれ日本人は知らなければならない。3・11以後も高速増殖炉開発路線を引っ込めようとしない世界に冠たる技術立国は、リニア技術に関しても、気がつくと他国は軒並み投げ出してしまった現時点でも、旧弊に固執し続けている。それどころか、リニア開発が軌道に乗れば独占的に他国に売り込める、と国内的には宣伝しているが、これぞまさに大本営発表もいいところである。従来型の新幹線技術で実現可能となりつつある速度を、桁違いの工費と想定不可能なリスクを覚悟で求める奇特な国が、見つかるはずがない。リニア新幹線を動かすには膨大な電力が必要で、既存原発の再稼働程度では足りないことも、ほとんど議論されていない。これはもはや、原発推進路線とリニア新幹線建設は同一軌道を動いているというだけではない。リニア中央新幹線を走らせるのは、地球温暖化に次ぐ原発正当化の口実をあみ出すためかもしれないのである。とんだ使い道もあったものだ。

半宇宙人が中途半端を習性とすることは、原子力の平和利用に如実に表われている。地上に宇宙力を導き入れたはいいが、さっぱり飼い馴らすことができず、さりとて放射能被曝に耐える超人類に変身することもままならないのが、現代人である。自分たちの棲み処《か》である大地を、地球という一惑星にすぎぬと見下し、別の星に移住することもできそうだと豪語しておきながら、国土に放射性物質がちょっとでも撒き散らされたらすぐお手上げになるのが、現代人である。ちょうど、星を観察していた古代の哲学者タレスが、足下《あしもと》の穴に落っこちて怪我したように。かりに、そのように宇宙を故郷と観ずる思索者の性《さが》が、はるか後代のリニア新幹線推進論にも見出せるとすれば、人類にひそむ形而上学的動物の本能がそうさせている、と言うべきだろうか。

だが、そう言うにはあまりに陳腐な中途半端さが、リニア中央新幹線構想には付いて回っている。この新路線は、そのほとんどが地下をくり抜いて作られる。なるほど、近年作られている新幹線は、残念ながらトンネルが多すぎて窓外の景色を楽しめないが、起点から終点まで徹底して地底深くを驀《ばく》進する超地下鉄は、「モグラ新幹線」と呼びたくなる（地道な小動物にはハタ迷惑だろうが）。巨費を投じ環境世界を破壊し、それで一体何をやるのかと言えば、要は、地下に拵《こしら》えた洞穴を電磁力で中空飛行の真似事をするのである。軌道に沿って進んで行くよりも、浮いて走る分、摩擦が少なく高速運転が可能――とはいっても、大空を飛び回るのではなく、所詮、細長い人工の横穴を窮屈に滑って進むだけの話である。宇宙に飛び出すのならまだしも、地下の擬似宇宙空間を遊泳するためだけに、日本列島を傾かせるほどの一大建設事業に打って出ることの、いったいどこに夢があるのだろうか。半宇宙人のおもちゃとしては有望かもしれないが、だからといって、身の程を弁えぬそのお遊びに未来世代まで付き合わせるわけにはいかないだろう。

四　公共の事柄としてのテクノロジー

『活動的生』第六章の「宇宙科学」の話を応用すると、半宇宙人の物語を紡ぎ出せるのであり、その一挿話としてリニア技術を解することもできることを、以上瞥見した。

むろん、すでに述べたように、アーレントのテクノロジー論は、この論点に尽きるものではない。第五章の行為論も、必要な変更を加えれば、テクノロジー論に転用可能である。人間関係の網の目へではなく、「自然へ介入しつつ行為すること（in die Natur Hineinhandeln）」（Va, 294, 304, 413）は、二十世紀以来、現代世界の基本動向を決定する要因となっている。今日では、社会経済の召使と化した政治家などより、科学技術に従事する研究者のほうが、世界変革のチャンスに恵まれていると言えるほどである。

アクションと化した科学技術は、新しい始まりをひらく力能をちらつかせて、現代人を虜《とりこ》にしている。空前の成功を収めたマンハッタン計画以来、巨大な国策プロジェクトを立ち上げることは、科学研究者が人類史に参与する王道となってきた。気がつくと、官－軍－産－学－原子力－総かり立て体制が巨大に膨れ上がり、退却どころか軌道修正もままならないほどになっている。その原動力には、たんなる利権や沽券だけではなく、アクションの妖しい魅力が人びとを煽り立てるという内因も与《あずか》っているに違いない。それとともに、取り返しのつかなさや予測のつかなさといった行為の非力さが、自然との関係における人間のあり方に取り憑いて、自由とは似ても似つかぬ呪縛力を末代にまで撒き散らしている。

　リニア新幹線が夢や希望として語られるのも、アクションとしての科学技術が、人びとに訴える力をなお有しているからだろう。史上初とかいった威勢のいい掛け声を全否定したら、人類の未来に一体何が残るというのか。惰性、停滞、没落が待っているくらいなら、一か八かの賭けに打って出るほうがましではないか。そういう絶望と紙一重のチャレンジ精神が、そこに感じとれなくもない。

　それにしても、新しい始まりをひらく人間の能力は、現代では、自然や宇宙を相手どっての先端テクノロジーの現場においてしか、発揮できなくなっているのだろうか。この問いに即答することは控えたいが、ここで一つ気づくことがある。テクノロジーはすでにあからさまに「公共の事柄《レス・プブリカ》」となっている、ということである。

　原発二十基分の巨費を投じて日本列島に横穴を掘るプロジェクトは、他のいかなる政策課題にも匹敵する公的重要性をもつ。ＪＲ東海という「私企業」の営利判断に国家が容喙《ようかい》するのは筋違いだとして議論が封じられたおかげで、リニア建設計画は二〇一一年五月、大震災のドサクサに紛れ、ほとんど隠密裡にゴーサインが出されてしまった。いったん走り始めた道は最後まで突き進むのが、原爆製造計画を初めとする巨大プロジェクトの常道なのだ、と手を拱《こまね》いてばかりもいられない。未来世代の肩にそっくり負担がかかるのは必至なのだ。少なくとも、問題の核心が公然と明らかにされ、市民の間でもっともっと議論が交わされ、万機公論に決すべしの原則が取り戻されるのでなければならない。掘ってみてダメだったら埋めてしまえばよい、などと安易に考えるわけにはいかない。リニア新幹線問題はれっきとした政治的問題であり、『イェルサレムのアイヒマン』の「エピローグ」の言葉を借りれば、「政治とは子どもの遊び場ではないからだ(5)」。

テクノロジーが政治の最たるものとなっているのだとすれば、その公共の事柄に関心をもち、是非を論じ合うのは市民の務めである。『活動的生』の第二章における「公的なもの」の理解が、ここで俄然重みをもってくる。テクノロジーをどう推し進めるべきかに関して、一部の専門家――応用倫理学者も含む――に判断を委ねてはならないのは、現代技術が何にも増して「公的なもの」と化しているからである。それゆえ、リニア技術のずぶの素人にも、いくらだって議論する資格はあると、私は開き直っている。

リニア技術に関しては、もう一つ忘れてならないことがある。あくまでそれは日本国内の問題だという点である。世界中でリニア新幹線をこれから建設しようとしているのは、日本だけである。ドイツがリニア技術を放棄して以来、それに唯一しがみついている国の国内問題を、真剣に論ずる立場にいるのは、その国の市民を措《お》いてほかにない。他方、リニア問題には、原発問題を思わせるほど、テクノロジーの本質が隠れひそんでいる。これほど面白いテーマを、見て見ぬふりをしてやり過ごそうとするのは、あまりにもったいない。

どうか、一人でも多くの方々が、この公的問題の議論に愉しく参加されんことを。

第十六章　労働と世界
――草取り、落葉拾い、大掃除、田植え

一　総論――労働と世界

私は、日々是哲学のスタイルで行きたいとつねづね考えている者です。臨床などと言わずとも、哲学の現場はどこにでも転がっており、考えにふけって飽きるということはありません。そんな私ですが、今回はとくに思い切って、身近なテーマを副題に掲げました。メインタイトルの「労働」の具体例を、四つ並べたわけですが、それにしても、こんな卑近な作業を取り上げて、いったい哲学の話になるのか、と不安に感じている方もおられることでしょう。

かく言う私自身、不安というか、緊張しています。というのも、今回のテーマは、私の最も重要な研究課題に属するからです。ハンナ・アーレントに教わった「世界への愛（amor mundi）」という総タイトルの下にあれこれ考えるという仕方で研究を続けて、かれこれ十五年、そのいちばん核心的なところをお話しできたらと期しています。

岩手哲学会の公開講演枠では、このところ毎年、東日本大震災に関連したテーマを取り上げてきたと伺っています。私も二〇一三年、『死を超えるもの　3・11以後の哲学の可能性』という本を出して、地震、津波という自然災害、原子力発電所の過酷事故等の問題に、自分なりにアプローチしました。この本の最終第十一章では、農業や林業、掃除やゴミ処理といった具体的労働を題材にしました。それと関連して、洗濯をテーマに取り上げたこともあります〔本書第十三章〕。本日のお話は、その一連の「世界内労働の現象学」の続きです。下敷きとなるのは、アーレントが『活動的生』で行なった「労働」「制作」「行為」の三区分ですので、まずはその説明から始めましょう。

労働と自然、制作と世界

アーレントは、「観想的生（vita contemplativa）」と「活動的生（vita activa）」の区別を重んじます。アリストテレス以来の「テオーリアとプラクシス」の伝統的区別ですから、理論と実践の合一を重んずる現代人には、概して評判がよくありません。その後者がさらに、「労働」「制作」「行為」に区分されるのですが、そのうちの「制作」と「行為」の区分も、これまたアリストテレスの「プラクシスとポイエーシス」の区別に由来します。物を作ることと事を為すことの違いは、今日のアリストテレス研究者の間でさえいぶかしく思われていますし、実践的活動であれ理論的研究であれ、およそ人間のやることなすことをすべて「労働」という公分母で割り切りたがる現代人には、この三区分自体、うさん臭く見られています。「公的領域と私的領域」も含めて、アーレントの持ち出す区別立てが総じて反時代的であり、現代人にとって挑戦的だということに、留意しておきましょう。

とはいえ、「労働」「制作」「行為」の区分は、たんなる保守反動ではなく、原理的な性格をもつものです。今回はとくに、「労働」と「制作」の区別に注目します。この区別は、それと関連する原理的事柄を、もっと言えば存在論的問題次元を明らかにしてくれるというメリットがあり、のみならず、労働と制作を区別したうえで改めて関係づけることにより、両者が各々の持ち味を活かして連携する絡み合いの諸相を浮き彫りにするのに役立ちます。そのことを以下で明らかにしたいと思います。

労働は、まずもって、生身の人間が生きていくうえで必須の営みであり、身体、生命、必然といった概念系に属します。「活動的生」のうちの自然的側面を表わします。われわれは生きているかぎり、働いて食い、食ってまた働くという同じことの繰り返しをえんえんと行なわざるをえません。このように、労働とペアをなすのは、食うこと、つまり消費です。両者はどちらが手段でどちらが目的だということはなく、労働と消費の果てしない繰り返しがそのまま、生きることそのこと、日々の生活なのです。

労働と消費のこの際限のない循環プロセスには、ニーチェの言う「同じことの永遠回帰」という時間規定がピッタリ当てはまります。これは、生命体の自己維持機能、たとえば呼吸や、栄養摂取・消化吸収・排泄等の「物質交替・新陳代謝（Stoffwechsel, metabolism）」がそうであるように、身体レベルでの自然過程です。そのような「小自然」の生成消滅過程は、昼夜の交替、季節の移り変わり、生物界の営み、そしてそれらをもたらす天体の円環運動といった自然界一般、いわゆる「大自然」とつながっています。大小の自然現象、マクロコスモスとミクロコスモスは総じて、際限なき反復と循環の「リズム」をもっており、そのただ中に、われわれ生まれ出ずる死すべき者たちも属するのです。

これに対して、制作は、そのような自然的側面を携えた人間が、自然物を用いて、しかも自然界の生成消滅のプロセスにあえて逆らって、非自然的な人工物を産み出す人為的営みです。人為の産物たる「物（Dinge, things）」は、まずもって、何かのための手段つまり道具であり、一定の「有用性」をおびています。物作りは、作られた物をその所有者が何かに役立てて使うためになされるのであり、制作は使用と対をなします。これは、労働と消費のペアが往還的であるのとは異なり、一方向的です。物が作られて完成すれば、制作は終わりを迎え、完了しますが、今度は、その完成品を手にした者によって、別の何かが営まれます。たとえば、書物は読むために、建物は住むために、着物は着るために、作られるのです。

しかも、物のこの使用は、継続されます。何度でも繰り返し読まれるはずのものが書物であり、長く住み続けられるものが建物であり、着古されるまで着続けられるものが着物です。熟読玩味してようやく有難味が分かってくるのが良書というものですし、住み慣れた家にこそひとは落ち着いて住めるのであり、親から子へ、子から孫へ大切に受け継がれる晴れ着というものもあります。もちろん、物の使用もこれはこれで、別の目的のための手段ですし、道具の耐久性にはおのずと限界があります。人為においては一切が相対的だからです。とはいえ、物の持続性は、物の使用の継続性と込みになっています。

制作されたあと使用が繰り返される「テンポ」は、労働や消費の繰り返しの「リズム」と同じではありません。すぐには生成消滅しない人工物が、「根底に置かれている」からです。いったん作られた物が、「持ち物・財産（*ousia*, Anwesen, substance）」として、どっしりそこにあり続けることこそ、「実体」概念の根源をなすものでした。ハイデガーが伝統的存在概念に見出した「立ち続けて現前的に存続すること・恒常的現前性（ständige Anwesenheit）」という時間性格を、卑近な形で示しているのが、人工物の存在なのです。

話を少し大きくしますと、労働に刻印された反復性と循環性（永遠回帰）にしろ、制作物の示す完了性と持続性（恒常的現前性）にしろ、総じて存在は時間の地平から理解されるという意味での、ハイデガー言うところの「存在時性（Temporalität）」の問題群に連なります。『活動的生』は、『存在と時間』の現象学的存在論を批判的に継承する可能性を宿しているのです。今回は詳論できませんが、活動的生のもう一つのあり方である行為は、瞬間つまり「カイロス」の出来事です。行為の時間性格は、一回性と歴史性であり、そのつど現われては消えてゆく儚《はかな》い出来事を存続させるのは、物語ること、語り伝えることです。

完了性をおびつつ一定の持続性を示す人工物からなるのが、われわれの住む人間世界です。世界を形づくる個々の物は、耐用年数に応じて取り替えられますし、新しい物も次々に作られますが、全体としての世界は、それらの変動に尽きないレベルにあり、物の寿命を超えて、存続するのです。物の耐久性をはみ出るこの超越のことを、世界の永続性と呼ぶことができます。物と比べてばかりではありません。制作者や使用者、つまり世界の住人である死すべき者たちの寿命をも跨ぎ越え、世代から世代へと、世界は永続していきます。ただし、世界は宙に浮いて持続するのではなく、世界の永続性を支えているのは、それを作り、使う人びとの営為です。制作とは、まさしく世界形成的な営みなのです。

ただし、作ることは壊すことを伴います。新しい家を建てるには、古い家を壊さなければなりません。制作に後続する使用は、その終わりを迎えると、破壊という段階に移行します。破壊は暴力を行使しますが、それは、制作が以前に暴力によって加工したものを、元に戻すことだからです。制作にしろ破壊にしろ、道具手段による暴力使用を特徴とします。その仕事道具も、制作の産物です。自然物を加工して人工物を作り出すこと自体、自然に対して暴力をふるうことを意味しますが、非力な人間が自然に対抗するには、人力を補強する道具に頼らねばなりません。制作は、世界形成的であると同時に、自然破壊的であらざるをえないのです。自然の猛威に逆らって世界を形成するために行使する暴力は、人間的あまりに人間的な現象ですが、それを人間自身に対して行使した途端、非人間的となります。

自然の猛威と、世界の危機

今日では、使用の継続期間がどんどん短くなり、制作はすぐ破壊に移行します。作っては壊し、また作るというサイクルが早まると、働いて食って、また働く、という労働と消費の循環プロセスに酷似してきます。労働と消費で万事割り切られる時代——万人が労働者かつ消費者である社会——では、制作と使用の対は、制作と破壊の対にあっさり取って代わられます。作ることと壊すことが一体となっていつしか自己目的と化し、働いて食うこと、つまり生きることの一部となります。生命、ひいては自然という公約数に、人間の営みがすべて還元されるとき、危機に瀕するのは何でしょうか。自然に抗して、人間が営々と築き上げてきた世界です。持続性を抜きとられ、永続性ならぬ永遠回帰のリズムに合わせてクルクルとっかえひっかえされる消耗品だらけの巨大な可能的ゴミの山になり果てようとしているのが、われわれ現代人の棲む世界なのです。

たとえば、書物の世界。「ジャーナリスト」とは「日雇い労働者」の謂いなり、とショーペンハウアーやニーチェは評しました。今日では、単行本は駆逐され、文庫や新書の新刊が、毎月、雑誌然と出回ったかと思うと、たちまち処分されていきます。それどころか、月刊雑誌や日刊新聞すら急速に廃れて前代の遺物と化し、物質性を欠いた電子媒体にどんどん取って代わられています。大量の情報を持て余している消費者としては、どうせ読み捨てるのだから、ゴミの出ない分、印刷物より電子版のほうがエコだというわけです。

このように、現代では至るところで、制作から労働へのシフトが進行しています。物作りの空洞化傾向は、いわゆる産業革命以来の人類史的動向であり、その原動力となったのは、制作過程の単純作業への還元、いわゆる「労働分割・分業（Arbeitsteilung, division of labar）」でした。その動向はますます進化を遂げ、たとえば、書物が雑誌化し、作家はペーパーバックライターになったかと思うと、今度は雑誌が電子化し、ライターはネット配信産業奉仕係になる、といったふうにめまぐるしく高度化してきています。そんな時代に、今さら労働と制作を区別することに何の意味があるか、と言われそうですが、私はむしろ、現代社会において一体何が起こっているかを冷静に見極めるためにこそ、この区別の堅持には大いに意味があると思っています。

では、そこに起こっているのは一体何か。一言で言うと、自然の猛威にさらされて世界が危機に瀕しているのです。アーレントは、近代の始まり以来、地球を覆い尽くす勢いで拡大、深化してきたこの総体的危機のことを、「世界疎外（Weltentfremdung, world alienation）」と名づけました。二十一世紀の高度情報化社会においても、同じことが起こっています。

　自然に対抗して自分たちの世界を打ち建て、そこを自分の住まいとして大事にしてきたはずの人間が、今日一生懸命やっていることは、自分たちの築いた人工的世界をさらに揺るぎなく確固たるものにすること、ではありません。その反対に、世界を内側から掘り崩し、むさぼり食らう小自然を、増幅させ野放しにし蔓延《はびこ》らせること、自然への逆戻りなのです。「自然へ帰れ」とわざわざ説かずとも、大量消費社会はせっせと自然回帰しています。そのような時代に、「自然を愛そう」と呼びかけ合うのは、ほとんど現代人のナルシズムです。べつに自己愛が悪いと言いたいのではありません。エゴイズムを否定し、他者のために生きよと利他主義道徳を説く者たちが、自分たちの自然回帰を棚に上げて、あたかも自然が「他者」であるかのごとく騒いでいるのは、水面に映った自分の姿にうっとりしているだけだ、と言いたいのです。というわけで、つむじ曲がりの私は、ことあるごとに、こう言って歩いています。「われわれの愛すべきは、自然ではなく、世界なのだ」と。

　世界を愛することを、われわれは学び直さなくてはなりません。このことを、迂闊なわれわれに教えてくれたのが、3・11の出来事でした。巨大地震によって発生した巨大津波に、人間たちが築いてきた沿岸の町々は、あっけなく呑み込まれ、無に帰しました。大自然の猛威の前には、人工的世界はいかに脆いものであるか、震撼をもってわれわれは学んだのです。その後も、たび重なる地震や火山の噴火、土砂崩れや河川の氾濫といった自然災害が、次々に押し寄せています。そのたびに、「自然を愛そう」といったスローガンの空しさを実感しないわけにいきません。圧倒的な自然に比べれば、人為など吹けば飛ぶようなものなのに、どうして自然を「保護」できるのでしょうか。人間に都合のよさそうなものだけ選んで、かわいがっているだけです。その前にわれわれは、自然の圧倒的な力をいかにしてしのぎ、脆く壊れやすい世界をどう守るか、よくよく考えなければならないのです。

それと似たところのある、しかし別種の、自然による世界破壊が、世界疎外の時代には至るところで進行中です。人間の自然的側面である労働と消費のプロセスが、拡大と加速の一途をたどり、その膨れ上がった小自然《プチ》が、あたかも大洪水のように押し寄せているのです。人間が作り、使い続けてきたものを、食い荒らし、食い破り、物の持続性と世界の永続性を引きさらってゆくこの浸食作用は、天変地異のように激しく起こることこそありませんが、どこでも平生起こっています。たとえば、書物たちの小世界であったはずの図書館が、消費者のニーズに合わせて商業化された娯楽スペースと化し、実体性を失って有名無実化しているのは、その卑近な例の一つです。そのあおりで、書店も出版社も、もちろん古本屋も製本屋も、絶滅が危惧されています。かつて、図書館とは、建てることと住むこと、書くことと読むこととという、持続性をもつ人間的営みがそこに取り集められる場所でした。今や地球をすっぽり覆う巨大生物のように成長を遂げた電気仕掛けの情報網が、それに取って代わろうとしています。そこでは、労働し消費する動物（研究労働者も含む）の胃袋に見合うような即効性のあるデータが、膨大かつ無差別に浮遊するのです。

世界維持労働の復権へ

さて、大風呂敷を広げた話はこの位にし、そろそろ地道な話に入りましょう。

ここまで、労働と制作とを区別したうえで、両者の無差別化または労働一元化への驀進により世界が荒廃しつつある現況に一瞥を与えてきました。ただそうなると、世界を愛するとは、労働と制作の区別を墨守することであり、つまり、自然と世界との垣根をひたすら高くすることが推奨されているかに見えるかもしれません。あたかも、巨大津波を防ぐために巨大防潮堤を沿岸一帯に築き上げるべきだと言わんばかりに。しかし、アーレントによる労働と制作の区別の提案は、両者の絡み合いを排除するものではありません。それぞれの持ち味を活かして協働し合うことは、いくらでもありうるのです。

労働と制作の絡み合いの具体例の一つに、道具や機械による労働の軽減があります。すでに言及した通り、制作によって作り出された暴力手段は、人力を補強する仕事道具として、制作に用いられますが、その道具が労働にも導入されて、労働者の負担を飛躍的に軽減します。というより、包丁のような台所道具にしろ、鋤《すき》や鍬《くわ》のような農具にしろ、人間の手の動作を助ける便利な道具なしに、そもそも人間的労働はありえません。ミキサーや耕耘《うん》機のような、身体運動の代わりをしてくれる機械も、現代の労働現場では不可欠です。労働にとって制作の産物がいかに有用であるかは、各論の具体例でも見てゆくことにします。

道具が人の手の仕事を補完し増強してくれるとすれば、機械は人体の動きを模倣し代替することへと向かいます。職人の複雑な手さばきを反復運動の断片へと分割して単純労働化するのが「分業」であり、それを機械に任せるのが「オートメーション」です。制作過程の労働単位への還元が、自動機械化と連動するわけです。これに対して、もともとの肉体労働の現場に、制作の産物である機械が導入され労苦が軽減されることは、人間にとって抗し難いメリットがあります。肉体を酷使する重労働や面倒臭い単純労働には、誰だって好き好んで従事したくはないのですから。労働需要の逓減《ていげん》というデメリットを伴っても、機械による省力化の趨勢は変わりようがありません。労働を讃美してきた近代社会が、労働からの解放をいかに願ってきたかという皮肉は、途方もない近現代機械発達史に透けて見えます。そのシンボルとも言えるのが、「ロボット」という言葉です。カレル・チャペックが戯曲『ロボット』で一九二〇年に世に送り出したこの語が、チェコ語の robota つまり「賦役《ふえき》労働」を語源とすることはよく知られています。つまり、ロボットとは本来、人間労働の代替要員の謂いであり、ロボット工学が目指しているのは、労働現場の無人化であり人間労働者の不要化なのです。この点にも、あとで触れたいと思います。

とはいえ、以下の各論で主たるテーマとするのは、道具や機械を介しての労働と制作の絡み合いという面ではありません。「労働と世界」という総タイトルのもとに私が表示したいと思っているのは、もっと別の、労働と制作のいっそう重要な相互乗り入れです。つまり、作られたものを使い続けてゆくことに、働くことが大いに寄与する点です。

先ほど、労働に自然を、制作に世界を、それぞれ領域として割り当てました。労働と制作の区別に対応して、自然と世界が区別されるのですが、だからといって自然と世界は無関係ではありえません。世界を形づくる物は、そもそも自然物の素材からできているうえ、自然的なものは絶えず世界に侵入してきます。たとえば、風雨や塵埃《じんあい》による汚れ、摩耗《まもう》や腐食による劣化といった、微細ながらしつこい形においてです。永遠回帰さながらに果てしなく寄せては返す、そのような侵食を放置すれば、世界は荒廃し、すぐ自然に戻ってしまいますから、それに対抗しなければなりません。新しい物を作って、すげ替えることは、制作本来の仕事に属しますが、物を使い続けることにとっては、新しく作ることよりは、むしろ既存の物を維持していくことのほうが、本来固有のあり方なのです。

この「維持・保全（maintenance）」は、もちろん高度の制作技術を要する場合もありますが、どちらかと言えば単純労働作業のほうが目立ちます。とにかく、物を使い続けるには、メンテナンスが必須であり、それを怠ったり甘く見たりすると、物はすぐダメになります。物の世界を使用可能なものとして保持し続けるには、自然による汚れや劣化や荒れに対抗する労働が大事なのです。生きる糧を確保するためだけでなく、人間の世界を美しく保つためにも、ひとは倦まず働かなければなりません。

世界維持労働それ自身は、消費財を生み出すわけではありませんから、非生産的で不毛と見られがちです。そんな面倒なことをするなら、ダメになった物はさっさと捨てて、新しいものに取り換えればいい、と消費者はすぐ考えます。建設業者にとっては、古い建物を破壊すること自体、すでにビジネスチャンスです。そのうえ、メンテナンスとは文字通り「保守」を意味しますから、新し物好きの近代という時代には、総じて疎《うと》んじられます。しかし、身近な物を保守し「労わること（Schonen）」は、世界を愛する学びの初歩に属するのであり、この種の「ケア労働」の復権《リハビリテーション》は、大げさに言えば、世界疎外の時代の急務ですらあるのです。このことを、以下で具体的に見てゆこうと思います。

二　各論――世界内労働の現象学

自然と世界という存在領域の分節化とその時間性、といった大味な総論から一転して、各論では、具体的なケア労働に目を向けることにします。近年盛んな「ケアの現象学」では、人との共生、つまりハイデガーの言う「他者への顧慮（Fürsorge）」がテーマとされます。これに対して、むしろ物との共存、つまり「道具への配慮（Besorgen）」の奥行きに光を当てようとするのが、「労わりの現象学」です。

　ちなみに、看護や介護はれっきとした労働ですが、それを「労働」と表示するのは憚《はばか》られるようなところがあります。しかし、「介護ロボット」が開発されようとしていること自体、介護が労苦に満ちた労働であり、同じことの果てしなき繰り返しとその空しさがそこに露呈することを物語っています。私は、終わりへと差しかけられた死すべき者たちへの顧慮たるターミナルケアにばかり焦点を当てるのは偏っており、始まりへと差しかけられた生まれ出ずる者たちへの顧慮たる「イニシャルケア」にも相応の注意を払うべきだと考えます。日々是哲学の徒には、臨床哲学なる看板は不要です。現象学が事象そのものへ向かうのは当たり前ですし、身近な物たちを労わる日々の何気ない配慮的気遣いの一つ一つにも、思索の事柄は紛れもなく見出せるのですから。

　さて、世界内労働の現象学は、日常性に定位しますが、ひとくちに「日々の労働」と言っても、毎日の労働とばかりは限りません。一日に三度繰り返される炊事と食事の後片づけ作業を筆頭に、掃除、洗濯といったメンテナンス労働は、基本的に毎日の労働を形づくりますが、もっと大きな周期性をもつメンテナンス労働もあります。とりわけそれは、季節の移り変わりによって時節的《テンポラール》に規定されます。つまり、春夏秋冬の四季おりおりの労働というものがあるのです。季節感があり変化に富むように思えて、じつはこちらも毎年同じことの繰り返しです。それは、年々歳々、自然の侵食をえんえんと受け続ける人間の世界を維持、保全していくことであり、自然の永遠回帰と世界の永続性のせめぎ合いの狭間で働くことです。今回取り上げる四つ組みは、夏→秋→冬→春の順に一年周期で繰り返される労働ということになります。今は夏なので、その季節から始めることにしましょう。

もう一点付言しておくと、日常性に定位することは、私秘的なことばかり話題にすることと同じではありません。家事労働はひたすら私的なものと見られがちですが、たとえば家の維持・保全は、それが街並みを形成するかぎり、公共世界に開かれています。公的領域と私的領域を区別することは、公私を対立させて終わるのではなく、公的なものの私的なものの絡み合いの次元へ目を向けることにもつながるのです。私有財産を尊重することは、何も私利私欲をやみくもに保護奨励することではなく、むしろ公共世界を豊かにすることに資する、とする考え方は古くからありました。アリストテレスの学問体系では、公共の事柄に関する政治学（テクネー・ポリティケー）と区別して、しかしそれに共属する部門として、家庭を司る家政学（テクネー・オイコノミケー）が位置づけられました。よきポリス市民は、公的な行為と言論に勤《いそ》しむためにも、自分の家をつつがなく治めなければなりません。エコノミクスやエコロジーが主たる公的関心事となっている現代、公私の区別を堅持しつつ、家事《オイキア》における労働を主題化することは、私の身体や感情といった私秘的なものにこだわる内面性の現象学とは趣を異にする、公共性の現象学への寄与でもありうるのです。

夏――草取り

では、夏の風物詩でもある「草取り」から始めましょう。ひとくちに草取りと言っても、相手がどこに生えているかに応じて、私的なものと公的なものとがあることに気づきます。庭仕事としての草取りと、都市美化の一環としての草取りです。さらには、畑仕事としての草取りがありますが、この重要な農作業は、最後に田植えを論ずるときに、触れることにしましょう。先回りして言っておけば、私有地である田畑の維持管理は、同時に、ムラやクニひいては国土の維持管理でもあり、公私の両面を兼ね備えた労働です。

家の庭の草取りをすることも、じつは、公的重要性をもっています。すでにふれた通り、一軒一軒の家が並んで町の通りをなす以上は、その一角の家の庭が荒れ放題となったら、町の美観は損なわれますし、そこに草木が繁茂するとなれば、近隣に実害を及ぼすからです。この「公害」問題をわれわれは、全国で爆発的に増えている空き家問題という形で学ぶことができます。私自身、父母が亡くなり数年前から空き家となった、関東の田舎にある実家の管理に、頭を悩ませています。

八月のお盆の入り。誰もいない実家に帰省すると、広くはない庭に、雑草が所狭しと成長していて、自然の猛威に圧倒されます。気を取り直して、珍しく早起きし、作業服と長靴と麦藁帽子、手には鎌、肌には虫よけスプレーと、出陣の身支度を整え、さあ草取り合戦の始まり。世界を愛するとは、勝てるはずもない自然との戦いをひたすら戦い続けることだと、固く根を張った雑草を引き抜こうとして失敗するたびに、実感します。ひ弱な身は、数時間でダウン。田舎は自然が豊かでいいねと暢気《のんき》なことが言えるのは、祖父母の家にたまにやって来る外孫たちくらいです。緑多い郷土で暮らすとは、抜いてはまたすぐ生えてくる自然の容赦なき猛攻にへこたれないということ。それがイヤなら、コンクリートで固められた集合住宅の小さなベランダでガーデニングを楽しむくらいが、小市民にはちょうどいいのです。それだって、ちょっと手入れを怠れば、すぐ枯れてしまいますが。

ベランダの鉢で草花を楽しむのと違って、庭の土からは、これでもかこれでもかと草が生えてきます。ビニールで一面覆いをしても、脇から、小さな穴から、そして下からビニールを突き破って、地上にお目見えする雑草群の示す生命力は、呆れるほどです。その太い蔦や根を鎌や鋏で荒々しく切り刻むとき、自然には素手ではとても立ち向かえず鋭利な暴力手段を装備しなければならないことを自覚させられます。文明の利器に訴えて力任せに暴力をふるうと、気持ちまで荒《すさ》んできます。さすがに草刈り機を購入するほどの余裕はありませんが、もし機械に頼るとなれば、今度はそのメンテナンスが厄介です。機械も生き物の一種ですから。ホームセンターのお店に行くと、除草剤が、秘密兵器のように、よりどりみどり並んでいますが、強力なものを撒《ま》くと、庭の土壌ばかりか、人や地区にもダメージを与えるので、マイルドなものしか使えません。毒は自分に跳ね返ってくるものです。

気がつくと、実家の隣近所にも空き家が目立ち始めています。墓参りついでのわが一夏の攻防は、全国津々浦々で起こっており、とっくに公共の関心事となっているのです。助っ人労働力として活躍しているシルバー人材が潤沢でなくなったとき、別種の安価な労働源を確保できるか、それとも、草に人が根負けして町々の庭という庭がボーボーとなり野生化するかは、予断を許しません。

これと似て非なる光景があります。3・11直後に帰宅困難区域となった町の様子です。何ヶ月か手入れを怠ると庭は雑草の楽園となりますが、五年以上ずっと放置された地域は、辺り一面、自然に復帰しています。二〇一一年三月までは、落ち着けるきれいなお家だったのに、今や、草木どころか野生動物が家主となった荒れ放題の光景には、住人ならずとも、絶句するほかありません。人工的世界を、自然に抗して日々また季節ごとに、維持し続けることが、どんなに重要なことかを、酷《むご》いほど思い知らされる経験です。庭に撒いた除草剤の名残りどころか、地区全体に降り注ぎ、なお残存している放射性物質をどうすれば除去できるかという問題が、いまだに、いやまさにこれから、町の再生に立ち塞がっています。しかも、この反自然現象は、季節が変わればおのずと立ち消えるたぐいのものではありません。それどころか、われわれの世代が死に絶えたのちにも、ずっとしぶとく居残り続けるのです。つまり、原発事故によってわれわれが直面しているのは、大自然でも小自然でもなく、かといってたんなる人為の産物でもなく、むしろ反自然的な超人工物なのであり、つまり、地上の自然と世界に導き入れられた「宇宙的なもの」なのです。

秋——落葉拾い

自然は——少なくとも地上の自然は——生成消滅を繰り返します。春から夏にかけて猛烈な勢いで繁茂した雑草にも、いつしか翳りが生じ、当初の活力は失われてゆきます。成長期を過ぎると確実にやってくる衰退期にケアが必要となるのは、人体だけではありません。濡れ落葉という中高年蔑視の言葉がありましたが、自分自身「シルバー」になってくると、紅葉《もみじ》一面の山の風情に、栄枯盛衰《えいこせいすい》の悲哀をしみじみ感じます。

草取りの場合、「よくない緑」を退治することが目標でした。しかし、「よい緑」だって、枯れるのです。枯れる間際の美しさを愛でる風流な言葉が、「紅葉狩り」であり、ミレーの画題ともなったヨーロッパ農村の風物詩が、「落穂拾い」だとすれば、「落葉拾い」とは、箒《ほうき》とチリ取りで事後処理する散文的な作業です。野山に生えている落葉樹なら、落ちるに任せればよいでしょうが、それができないのが、街路の落葉です。

　青葉繁れる街の美しさを、私は仙台に移り住んで実感しました。杜《もり》の都に住むということは、四季折々の街路樹の佇《たたず》まいを眺めて暮らすということです。大通りの両側に堂々と立ち並ぶケヤキは、夏になると鬱蒼として威圧的なほどです。真冬には葉っぱが綺麗さっぱりなくなって、高い枝にまで取り付けられたイルミネーションが夜空に照り映えます。その一歩手前の晩秋には、しかし、大量の落葉との消耗戦が欠かせません。街の誇りである並木通りは、メンテナンスあってこその賜物なのです。

　戦争末期にアメリカ軍の焼夷弾《しょういだん》爆撃によって灰塵《かいじん》に帰した街を復興することは、市民の悲願でした。その不屈の意志を今に伝えるのが、街路に育った巨木たちです。一九五八年に植樹された定禅寺《じょうぜんじ》通りの並木は、今でこそ天高く聳《そび》えていますが、そこには半世紀を超える人びとのたゆまぬ努力があったのです。よそから引っ越してきた者にも慰めを与えてくれる緑また緑は、これまた天与の贈り物ではなく、人工の産物なのです。

　通りに並木を植えることは、街造りの重要な要素です。植樹行為は、たんなる物作りにとどまらない、活動的生の絡み合いの相をおびます。人工物一色の都市空間のただ中に、樹木という「自然的なもの」を引き入れる面を併せ持つとともに、公的世界の基盤を置き据える始まりの行為であり、「創設（Gründung, foundation）」だからです。風雪に耐え、自動車の排気ガスや砂塵にも負けず、人間の寿命を超える年輪を刻んで、同じ場所に立ち続ける大木の姿は、世界の永続性を象徴的に示しています。あたかも、敗戦後まもなく制定された憲法が、戦後日本国の根幹をなし、そのつどの逆風を乗り越えて堅持されてきたように。

植樹とは、人びとの志を集め「始まり」を劃《かく》する出来事ですが、植えれば終わり、などということはありえません。人の手によって作られたものが、使われ続けるためにそのつど手入れされるように、人の手によって植えられた若木が、ゆくゆくは街を形づくるためには、絶えず人の手によって保護育成されなければなりません。立ち枯れないように水や土を確保されるのはもちろん、枝が伸びすぎたりしないように、時には大胆に刈り込まれます。そして、毎年秋に枯葉を落とすときは、清掃作業が必要となるのです。

生命現象としてみた場合、若葉が次第に緑を濃くしていき、やがて枯葉となって落ちてゆくのは、生成消滅のリズムそのものであり、自然的なものです。落葉が腐葉土として土に帰り、新たな生命の源となるのも、その自然的リズムの一環です。しかし、舗装道路に落ちた枯葉は、汚いゴミでしかなく、放置すれば、都市衛生を脅かし、交通の妨げにもなります。落葉拾いという世界維持労働の出番というわけですが、かといって、路上にうず高く積もる落葉ゴミは、人海戦術だけでは処理しきれません。枯葉を掃き集めて路傍で焚き火をし、ついでに焼き芋をするのは、残念ながらご法度になってしまいました。そこで、真夜中に枯葉バキューム力ーが路上清掃に走り回ることになります。平穏な都市景観は、重装備した精鋭部隊をこれでもかこれでもかと投入することで、はじめて防衛されるのです。

街路の維持費用を抑えるには、そもそも木を植えないのが一番です。実際、今日の都市再開発は概して、なるべく落葉拾いをしないで済むよう、道路脇をコンクリートで固めまくっています。以前住んでいた浦和でもそうですが、緑化で鳴らしてきた仙台でも、新しく造られる通りには、木はまばらにしか植えられません。それもたいてい、背の高くならない種類の小ぶりの木ばかりです。壊しては建てる全国一律方式の再開発事業のみならず、東日本大震災後の復興事業でも、建てて固めりゃいいだろう式のメンテナンス軽視の無思想のもと、緑に乏しく潤いのない、だから夏はむやみに暑い、干からびた街が、姿を現わしています。木陰に涼むことの許されない舗道には、通行人の目をなごます緑としては、樹木の代わりに草花のプランターが申し訳程度に点在するだけです。

　植栽維持に税金をかければムダと追及され、枝葉が電線に引っかかれば危ないと言われ、果ては沿道の住民から落葉ゴミ被害の苦情が出るのでは、行政が都市緑化に及び腰となるのも分からないではありません。納税者である行政サービス受給者にとっては、とにかく自分が今住んでいる環境を快適に消費することが大事なのであり、何十年後かに通りを行き来する未来の人びとに街並みをどう受け渡してゆくかなど、どうでもいいのです。

　自然の循環的リズムと世界の永続的テンポは、街中を飾る草花と樹木の対照に、絡み合いの相を示しつつ現われます。街路樹は、地下深く根を張り、太い幹から空に向けて枝を伸ばし、一年かけて葉を茂らせ花を咲かせては、それを繰り返しますが、植木鉢の草花は、そのつど可憐《かれん》に咲いたかと思うと、すぐしぼんで、また別の種類に植え替えられます（盆栽の場合はまた違ってきますが）。なるほど、床の間の花瓶に活けられた切り花は、パフォーマンス芸術的な瞬間の美を有しますが、落葉拾いその他の面倒なメンテナンスは省略させていただきましたと言わんばかりに、歩道に並べられたプランターの草花、さらにビル屋上の空中庭園は、その即席の美観が消費対象であることをまぎれもなく示しています。

冬——大掃除

冬の風物詩をなす世界維持労働としては、雪かきを忘れてはならないでしょう。私も東北に来てその大変さを学び始めました。道路清掃という点では落葉拾いと似ており、やはり私的なものと公的なものの両面に関わり、雪かき用の用具や作業車が公私に活躍します。温暖化の影響か、仙台でも雪かきが随分楽になったと聞きますが、空から降ってくるものはなかなか防ぎようがなく、北方の我慢強い人間性の源の一つだという気がします。

我慢強さの足らない私が、これまた、年に一回だけと観念して励む労働が、実家の大掃除です。とはいえ、私より年上の古い家ですから、手のつけようのないほどホコリにまみれていて、ミクロレベルの家宅侵入者たちに正面から対決を挑むのは、事実上不可能です。ぞうきんと掃除機で、かろうじて人が寝起きできるよう維持するので精一杯ですが、そういう軟弱者にも、一つだけこだわりがあります。窓拭きです。

なぜ、窓拭きか。しばらく前、実家の障子の張り替えに挑んだことがありましたが、あまりに大変だったので、その後やる気は起こりません。それに比べると、窓拭きの作業は、それほど重労働でも複雑作業でもないのに、めきめきガラスは綺麗になります。やっただけのことはあったなと思える労苦は、やる気になるものです。

もう一つ、窓拭きを動機づける私的な思い出があります。十数年前、ドイツに滞在したおりのことです。大家さんが窓拭きを年に何度もしていました。ご主人が慣れた手つきで掃除道具を操り、さも楽しそうにガラスをみがいていくのです。大きな窓が次々にピカピカとなるのは、たしかに気持ちよさそうです。ああ、窓拭きとは、ねばならぬではない、悦ばしい仕事なのだと、その時はじめて学びました。

いやそれは、汚れを嫌い、何でも徹底的に「浄化」したがるのがドイツ人のメンタリティだからだ、と言われるかもしれません。そういう面があることも否定しませんが、私は当時、フライブルク郊外の小さな町で、通りに面した家々の窓が美しく保たれていることに、ひそかな感動を覚えたのです。窓ガラスは輝き、窓辺には小物が何気なく置かれ、庭には木や花が思い思いに植えられ、通行人たちの目を楽しませてくれます。高い塀で内側は見えないというケチ臭さも見られず、どのお家も、手入れしたさまを道行く人に気前よく披露しています。それらが全体としての通りの調和を奏でているのが、散歩するたびに感じられます。そうか、これが公私の両立というものなのだ、と得心がいったのでした。

窓とは、家の内と外を仲立ちする開口部です。風も光も音もそこから入ってきますし、そこを通して住人は外を眺め、また外からのまなざしに応対するのです。窓拭きとは、自分の家の清掃作業にとどまらず、各戸が属している通り全体の美化に寄与するメンテナンス労働なのです。私の場合、年に一度は実家の窓を拭き、地区の美化にわずかでもつながる作業を行なうことで、日頃ふるさとを見捨てて生活していることの罪滅ぼしをしているのだという気がします。窓の汚れが放置された家は、庭の荒れた家もそうですが、人の住む街には相応《ふさわ》しくありません。「他者との共生」を保全するには、

「道具との共存」が維持される必要があります。物をケアすることを介して人はケアし合うのです。

綺麗好きのよき市民と違い、持ち家をほったらかしにしている不精者にとって、窓拭きをはじめとする大掃除は、総じて、積もった汚れを一挙に除去する総決算労働です。ですから、毎日の労働とは意味合いが少々異なるのです。大掃除と言えば、ギリシア神話の英雄ヘラクレスの「十二の難行・労働」の一つに、「アウゲイアスの牛舎の大掃除」があります。アーレントは『活動的生』の労働章の第一三節「労働と生命」の最終段落で、これを引き合いに出しています（Va, 119）。

アーレントは、世界を守るべく自然に立ち向かう労働を、ヒーローの偉業と見立てることに異を唱え、「世界を維持し清潔に保つために人間の肉体が行なわなければならない日々のささやかな戦いのなかに、そのような英雄的行為はかけらも見られない」と述べています。なるほど、掃除に必要なのは根気であって勇気ではなく、掃除が厄介なのは「それが危険だからではなく、それを果てしなく反復しなければならないから」だ、という指摘は重要です。しかし日々の労働にも周期の違いというものがあり、なかには危険と隣り合わせのものもあります。二階の窓拭きは、瓦屋根を伝っておっかなびっくり作業しなければなりません。豪雪地帯での雪かきともなれば、生死を賭けた自然との戦いという様相をおびます。

今日、人類がかつて経験したことのない特大の掃除問題が浮上しています。原子力発電所の過酷事故によって放射能に汚染された地域の除染作業であり、とりわけその本体たる原発事故現場の復旧作業です。そうでなくとも、使用済み核燃料は溜まりに溜まり、原子炉は耐用年数切れとなっていきます。きれいさっぱり在庫一掃したくても、そうは問屋が卸しません。大掃除には、ホコリのみならず不用品やがらくたの山が付きもので、そのゴミ処理だけでも一大作業となります。ところが、ぞくぞくと溜め込まれている放射能汚染ゴミの場合、ケタ外れの持久力をもち、下手をすると人類の存続より長寿かもしれないのです。消費対象は自然に帰るのが本来です。使い捨てのはずなのに耐久性のありすぎるペットボトルは、邪魔だからと庭で燃やすわけにもいかないので困るのですが、原発から出る「宇宙ゴミ」ともなると、有害ガスを発生するからではなく、存在そのものが人類にとって致命的です。

　アウゲイアス王は、牛舎に飼っていた三千頭の牛の糞を三十年間も溜め込んでいたので、その牛舎はほとんど掃除不可能となりました。ヘラクレスは、川の水をじかに牛舎に引き入れるという水攻めの兵法で、汚れを一網打尽にしたと言います。神話ならそれで済むのでしょうが、汚染水はどこへ垂れ流されたのだろうと気になります。原発事故の場合、糞尿ならぬ放射能に汚染された水が大量発生し、タンクを作っては溜め込む手法も行き詰まり、汚水処理問題だけですでにパンク寸前です。一番の問題は、原発廃棄物は地球にはどこにも帰る所がないという点です。少なくとも、生きとし生けるものの母なる大地に、落ち着き場所はありません。無差別宇宙空間をさまよう一惑星にすぎないと見限るのなら、核分裂や核融合が起ころうとプルトニウムが飛散しようと、べつにどうでもいいのでしょうが。

　メルトダウンを起こした原発事故現場に、生身の人間は立ち入れません。そこに蠢《うごめ》くエイリアンをものともせず掃除を行なえるのは、廃炉作業ロボットだけです。宇宙から飛来してきた目に見えない敵相手にロボット兵士が決死の戦いに赴くヒーロー物か、はたまた、人類の罪を贖《あがな》おうとして身を犠牲にする神の落し胤《だね》のドラマか。いやいや、「人間労働の代替要員」が大掃除に駆り出されているだけの話です。廃炉作業という超‐大掃除が至難なのは、無人化を徹底させなければならないのに、作業現場が複雑すぎて、単純労働への還元に基づく機械による代替化には向いていないからです。昨今、家庭用お掃除ロボットが愛用されていますが、玉にキズなのは、平らな床は得意に動き回っても、落差のある場所には立ち入れない点です。だから、年に一度の大掃除を、ロボット任せにするわけにはなかなかいきません。そしてこの原理的難点は、廃炉ロボット工学でも同じなのです。

春――田植え

最後に、田植えという季節労働を取り上げるのは、春（または初夏）の風物詩としては適切でも、これまでの筋からすれば不適切ではないか、と言われるかもしれません。草取り、落葉拾い、大掃除は、まさに世界維持労働であり、そうであるがゆえに非生産的労働であらざるをえないのに対して、田植えは、生産的労働の代表みたいなものだからです。

コメという食糧を生産し、それを主食とする食生活を支えているかぎり、田植えが、消費とペアをなす労働であるのは明らかです。にもかかわらず、田植えには、ひいてはそれを含めた農業全般には、消費物資の生産とはまた別の、世界維持的な働きがあります。

二期作を別とすれば、コメ作りは、年に一回の、継続性に富んだ一大仕事です。一夏かけて成長し稲穂が実った秋には、稲刈りに代表される収穫労働が待っているのはもちろん、その間ずっと水田を維持し続けなければなりません。雑草のみならず野鳥や悪天候にも対処しなくてはなりません。第一、田植えを行なうには、苗代で種籾《たねもみ》から早苗《さなえ》を育て、田んぼを耕し、そこに水を引き入れる必要があります。農業用水の確保をはじめとする、水田保全のための入念な配慮が求められるのです。多すぎも少なすぎもしない絶妙のバランスで水を保つ灌漑《かんがい》設備とその保守あってこそ、水田という高度の田園環境が成り立つのです。

私は子どもの頃、田植えを手伝わされた記憶がありますが、正直言って、大嫌いでした。ヌメッとした田んぼに素足で立ったときの何とも言えない感じもさることながら、気がつくとふくらはぎに蛭《ひる》が吸い付いていて、急いで引き剝がしても血が滴《したた》っているのには、閉口しました。この年になって思うのは、腰をかがめたまま、水を張った大地に稲を植えていく作業が、いかに重労働であるかです。必ずしも単純作業ではないので、機械化には時間がかかったようですが、田植え機の登場が、稲刈り労働の代替機械たるコンバインの出現とともに、往年の農業従事者にとって福音となったことは、否定すべくもありません。

しかし、機械化が進んだからといって、稲作が誰にもできる安楽な仕事になったわけではありません。なぜか。田植えは、それ以前に、一連の準備作業が周到になされてはじめて可能なのであり、また田植えのあとでも、稲刈りまでの間、いやその後も、やはり膨大な作業がえんえんと続くからです。それら個々の作業は煩瑣で、機械化には向いていません。だいいち、何かにつけて機械を導入する資金など誰が持っているでしょうか。機械は、初期投資のみならずメンテナンスにも多大な負担を強いられるのです。田植えの作業は機械にやってもらえるから稲作農家はラクだと思い込むのは、農業体験でキャーキャー騒ぐ小学生くらいでしょう。皇居でも田植えと稲刈りの真似事が行なわれますが、お膳立ては万事他人任せだからこそ涼しい顔でこなせるのです。

稲作労働の全体からすれば、田植えは、なるほど目立つ作業ですが、いわば一瞬の出来事でしかありません。前年に収穫を終えてからも気を配ってきた田んぼを耕して水を引き、苗を育てて……という作業を孕む、一連の来し方の地平と、夏から秋にかけての、これまた息の長い作業をうちに含む、連綿たる行く末の地平とを漲《みなぎ》らせて、今まさに田植えをなさんとする――その瞬間に、「保持しつつ‐予期する‐現在化」の時間性が、おのずと時熟するのです。

労働の時間性を活動的生の絡み合いの相において記述するという試みは、ルソーの『人間不平等起源論』に先駆形を見出せるものですが、世界内労働の現象学によるその具体的遂行は、もはや他日を期すほかありません。結語に代えて、農事労働にひそむメンテナンス労働の側面を、アーレントの所説を踏まえつつ、再確認しておくことにしましょう。

『活動的生』の制作章の出だし、第一八節「世界の持続性」の最終段落（Va, 163-164）で、アーレントは、制作と酷似した世界形成的な面が、農業労働つまり「土地の耕作」にはある、としています。「犂《すき》で耕し、種を播き、収穫するという営みが、年々歳々際限なく繰り返されることで、大地はようやく、自然の荒野から、人間によって耕作される国土となる」からです。ただしアーレントは、だからといって、農業を制作と見なすのは適切ではない、と主張します。なぜなら、制作物は、ひとたび完成されて「使用対象物」となれば、「それなりに独自に存立しており、その永続性のためには、一定の手入れを必要とするだけである」のに対して、「耕作される土地は、農地であり続けるためには、繰り返し繰り返し労働を投入されなければならない」のであり、自然の循環的リズムをいかんせん免れないからです。同じことの果てしなき反復を定めとする農業は、あくまで労働であって、作品の完成という終わりをもつ制作とは別物です。

しかし、逆に言えば、制作物の持続的使用のために必要な「手入れ《メンテナンス》」の労働と、大地を耕して国土保全に資する農業とは、同じ種類の世界維持労働だと言ってよいことになります。農業という人間的労働は、食糧をどれだけ生産し、利潤をどれほどあげるかに尽きるものではなく、自然と異なる人間の世界を維持し、保全するという基本的役割をもつのです。農業のこの面が見失われ、「機械化された食糧産業」（ハイデガー）に取って代わられるとき、われわれの世界は危機に瀕することになるのです。

注（各章の初出や成立事情等を、＊を付して記した）

序

＊書き下ろし。二〇一三年一二月七日に一橋大学国立キャンパスで行なわれた第一四回一橋大学哲学・社会思想学会のシンポジウム「3・11の社会哲学」の提題原稿「**世代問題の再燃——3・11以後**」を一部用いた。

第一章

＊二〇一四年一〇月二五日に金沢市近江町交流プラザで行なわれた第二五回日本老年医学会北陸地方会・市民公開講座「日本社会の超高齢化に向けて：高齢者のこころに向き合う」の講演原稿「〈**終わりへの存在**〉**に本来形はあるか——ハイデガーの死の分析から**」にもとづく。未公刊。

金沢の市民公開講座にお招きくださり、本章を書く機縁を与えていただいた金沢医科大学教授の岩井邦充氏に、この場を借りて御礼申し上げたい。

（1）本書第七章「死なせること、死なれること」を参照。
（2）拙著『死と誕生　ハイデガー・九鬼周造・アーレント』東京大学出版会、二〇〇八年。
（3）拙著『死を超えるもの　3・11以後の哲学の可能性』東京大学出版会、二〇一三年。
（4）拙文「書評　辻村公一著『ハイデッガーの思索』」（実存思想協会編『ことばと実存』実存思想論集Ⅷ、以文社、一九九三年、所収）を参照。
（5）拙稿「哲学にとって死はどこまで問題か」（東京女子大学紀要『論集』第四九巻1号、一九九八年九月、所収）を参照。
（6）この「老いの現象学」については、本書第七章「死なせること、死なれること」の第六節を参照。
（7）渡邊二郎『ハイデッガーの「第二の主著」『哲学への寄与試論集』研究覚え書き——その言語的表現の基本的理

解のために』理想社、二〇〇八年。この遺著の出版に接しつつ綴った文章を元にしているのが、本書第八章「世代は乗り越えられるか」である。

(8) 髙山守・千田義光・久保陽一・榊原哲也・森一郎編『渡邊二郎著作集』全十二巻、筑摩書房、二〇〇九-二〇一〇年。

(9) エリクソンの「世代出産性」概念については、次章「出産と世話の現象学」で、より立ち入った検討を加える。

第二章

＊二〇一四年九月二〇日に東洋大学白山キャンパスで行なわれたハイデガー・フォーラム第九回大会（統一テーマ「可能性としての現象学」）の発表原稿にもとづく。「**出産と世話の現象学へ**」（ハイデガー・フォーラム編『Heidegger-Forum vol. 9』電子ジャーナル（http://heideggerforum.main.jp/ej9.html）、二〇一五年、所収）に加筆。

(1)『偶然性の問題』において九鬼周造は、「可能性」が昂ずると「必然性」と化すのと対比させて、行き着くところ「不可能性」に極まる「偶然性」を、「現実性」理解の根本に据えようとした。ハイデガーとアーレントとの間に、九鬼を差し挟むメリットのある所以である。『死と誕生』を参照。

(2) フッサールにおける「世代性（Generativität）」の概念は、ここでは考慮外とする。

(3) Martin Heidegger, "Winke x Überlegungen (II) und Anweisungen", in: *Überlegungen II-VI (Schwarze Hefte 1931-1938)*, GA 94, S. 34. 強調は引用者。

(4) Erik H. Erikson, *Childhood and Society* (1950, ^{2}1963), W. W. Norton & Company, 1993, p. 261f.; 仁科弥生訳『幼児期と社会1』みすず書房、三三六頁。訳書を参考にして訳出を試みた。

(5) *Childhood and Society*, p. 266f.;『幼児期と社会1』三四三頁以下。よく似た説明は、次にもある。E. H. Erikson, *Identity and the Life Cycle* (1959, ^{2}1980), W. W. Norton & Company, 1994, p. 103; 西平直・中島由恵訳『アイデンティティとライフサイクル』誠信書房、一〇五頁。

(6) ギリシア語には *poiēsis* という、ジェネラティヴィティに対応する言葉があり、それとの関連を示したいとの願いも込めてである。次章「ポイエーシスと世代出産性」では、プラトン『饗宴』の「出産」説に、ギリシア式ジェネラティヴィティの作法を見出すべく試みる。

（7）「かくして今やついにわれわれは、成年期の現実（adult reality）という段階に至るのだが、この大人の現実の世界においては、世代出産性が、世代を跨いだ（cross-generational）技術的、文化的枠組の内部で、生殖や生産や創造によって産み出されつつあるものを、「世話する」のでなければならない。世話（*care*）というこの生き生きとした力は〔……〕、愛や必然や偶然によって産み出されたものに対する幅広い関心のことであり、不可避的な義務を伴って生ずる両価的感情は、これにより克服される。そのようにして世話は、およそ産み出されたものが必要とするすべてのことの面倒をみるのである」（E. H. Erikson/ J. M. Erikson/ H. Q. Kivnick, *Vital Involvement in Old Age*, W. W. Norton Company, 1986, p. 37; 朝長正徳・朝長梨枝子訳『老年期　生き生きしたかかわりあい』みすず書房、三六頁。強調は原文）。

（8）*Vital Involvement in Old Age*, p. 75;『老年期』八〇頁。

（9）*Childhood and Society*, p. 267;『幼児期と社会1』三四四頁。

（10）『人間の条件』第三三節の「子ども」論（HC, 242）を参照。

（11）*Vital Involvement in Old Age*, p. 37;『老年期』三七頁。

（12）「共‐存在時性」については、『死を超えるもの』を参照。「隔世代倫理」の続行として、拙稿「共‐脱現在化と共‐存在時性（上）／（下）――ハイデガー解釈の可能性」（『思想』一〇七七／一〇七八号、二〇一四年一月／二月、岩波書店、所収）も参照。

（13）エリクソンによれば、年配者は、世代出産性と停滞とを和解させるために、「祖父母的な世代出産性（grand-generativity）」を発揮せずにはいられない」という。「この関係のなかで各人は、他者への外向的な世話（outward-looking care for others）と、自己への内向的な関心（inward-looking concern for self）とを統合しようと求める。他者への世話を補完するものとして、年配者は、必要な世話を、他者から受け入れるよう促されもするし、そのように世話を受け入れることが、それ自体、世話することでもある。世代的サイクルという文脈では、老年者には、自分たちの世話をしてくれる若い世代のうちに、世代出産性の感情を増進させるという義務がある」（*Vital Involvement in Old Age*, p. 74;『老年期』七九頁以下）。

（14）本書第四部では、これを「メンテナンスの現象学」と名づけて展開していく。

第三章

＊二〇一四年一一月二日に東京大学駒場キャンパスで行なわれた哲学会第五三回研究発表大会シンポジウム「いのち再考――つくること、はぐくむこと、たもつこと」の提題原稿にもとづく。「**ポイエーシスと世代出産性――『饗宴』再読**」（哲学会編『「いのち」再考』哲学雑誌第一三〇巻八〇二号、有斐閣、二〇一五年、所収）に加筆。

（1）「哲学会会則」の2（http://www.l.u-tokyo.ac.jp/philosophy/tetsugakukai/rule.html）。なお、「哲学会」――分かりやすく言えば「東京大学哲学会」――の発足は、一八八四（明治一七）年。機関誌『哲学雑誌』の発刊は、一八八七（明治二〇）年。

（2）エリクソンの「世代出産性」概念については、前章「出産と世話の現象学」を参照。

（3）E. H. Erikson, *Childhood and Society* (1950, ^{2}1963), W. W. Norton & Company, 1993, p. 262; 仁科弥生訳『幼児期と社会1』みすず書房、三四四頁。

（4）「本篇の執筆時をだいたい前三八五年後数年の間ぐらいに想定するのが妥当な線ではなかろうか。それはプラトンの生涯に当てはめてみると、彼の中年期に入る」（鈴木照雄「『饗宴』解説」、『プラトン全集5』岩波書店、二七六頁、強調は引用者）。「アカデメイア建設」は、「前三八七年頃」とされる（同上）。

（5）「ついでに言っておくと、ショーペンハウアーの哲学に関しておぼえる一切の疑問に際しては、それが二十六歳の青年の抱いた考えであること、したがってそれは、ショーペンハウアーに特有な事柄を享けているばかりでなく、人生のあの年頃に特有な事柄をも享けていることを、決して無視すべきではない」（『道徳の系譜学』第三論文第六節。Friedrich Nietzsche, *Zur Genealogie der Moral*, in: *Sämtliche Werke. Kritische Studienausgabe* Bd. 5, dtv/ Gruyter, 1988,

S. 348; 木場深定訳『道徳の系譜』岩波文庫、一二九頁)。

(6) 拙稿「生への愛、知への愛――『ツァラトゥストラ』の筋立て」(『理想』第六八四号、特集「哲学者ニーチェ」、二〇一〇年二月、理想社、所収)を参照。

(7) ハイデガーの或る初期講義録の付録には、「哲学的根本姿勢としてのプラトン的エロース」と題された草稿が収められており、そのなかにこうある。「エロースは、哲学の動機根拠の一つであるが、そればかりではない。哲学的活動そのものが、自己を解き放って生の究極的傾向へ進むこと、そして生の究極的動機へ還ってゆくことを要求するのである」(Martin Heidegger, *Grundprobleme der Phänomenologie (1919/20)*, GA 58, 1993, S. 263; 虫明茂・池田喬訳『現象学の根本問題』創文社、二四四頁)。

(8) Martin Heidegger, "Die Frage nach der Technik", in: *Vorträge und Aufsätze*, Neske, 5. Aufl., 1985.(関口浩訳『技術への問い』平凡社。)以下、本書をVAと略記し、頁数を添える。

(9) 以下、『饗宴』からの引用は、朴一功訳『饗宴/パイドン』京都大学学術出版会、二〇〇七年、にもとづく。テクストの箇所は、慣例により、ステファヌス版の頁付けで記す。

(10) 晩年のフーコーも『饗宴』の優れた読み手であった。古代ポリスの少年愛では、「当事者間に年齢差が、またそれに応じて何らかの地位の違いが含意された関係」のみが問題となっており、交渉し合う「二人の男は、異なる二つの年齢層に属すると見なされ、しかも、一方の男はまだ若くて人格形成を終えておらず、最終的地位に達するに至っていない」(Michel Foucault, *Histoire de la sexualité 2: L'usage des plaisirs*, Gallimard, 1984, p. 214; 田村淑訳『性の歴史Ⅱ 快楽の活用』新潮社、二四七頁)。異世代間の市民的連帯の構築可能性がエロース論には賭けられており、それがさらに哲学教育論へと発展していくのである。

(11) 「さあどうか、次の点についても答えてくれたまえ。エロースとは何かあるものの恋といった性格のものなのか、それとも何ものの恋でもないものか」(199c-d)。エロースとはつねに何かを求めるエロースである――この優れて現象学的な方法態度は、『ソフィスト』の、ロゴスとはつねに何かについてのロゴスである、という確認を思わせる(262e)。

（12）ハイデガーが挙げていた「開花」というピュシスのポイエーシスの例は、植物における生殖現象とも言える。ちなみに、『存在と時間』の死の分析で引き合いに出される、果実の成熟という「生成」の例は、まさに生殖現象である。ハイデガーはそれを、「完成」という意味で「終わりに達すること」だと解していた（SZ, 244f.）。だが、それにとどまらない「出産」という意味合いが、そこにはひそんでいたように思われる。

（13）*technē* の語源は、「子を生む・出産する」を表わす動詞 *tiktein* なのだから、ギリシア人の技術理解の根底に生殖のイメージがひそんでいたことを、わざわざテクネーの「拡大解釈」と言わなくてもよいのかもしれない。すでにふれたように、『饗宴』のディオティマ恋愛談義には、この *tiktein* という言葉が――この「出産する」という動詞から派生した *tokos*（誕生）も含めて――、同じく「出産」を表わす語 *gennēsis* とともに、頻出する。

（14）この文脈でディオティマは、「われわれの自然（*physis*）は出産（*tiktein*）を欲する」と述べる（206c）。ピュシスとテクネーは、生殖現象においていわば睦《むつ》み合うのである。

（15）以前にソクラテスが、ディオティマに問われて、エロースとは「美しいものが自分のものになること」を恋することだ、と答えたこと（204d）を受けて、そう言われている。いったん「美しいもの」が「善きもの」に言い換えられたうえで（204e）進んできた議論が、この段階でさりげなく、「美しいもの」という表現に再び言い改められている。『饗宴』で語られるエロースは、パイドロスからアガトンまで、「美しいもの」を主導語として性格づけられてきた。「善」は――「徳」への言及をひとまず措けば――、「美にして善」（222a）というカロカガティアの理想形において、最上級形で「美」と並べられるにすぎない（195a, 197c）。ディオティマの恋愛道の奥義でも、「美そのもの」が語られるのみである。『饗宴』――および『パイドロス』――における「美そのもの」の優位は、「善のイデア」に突出した意義が帰される『国家』のイデア論とは、鋭い対照をなしている。

（16）この箇所にかぎっては、とくに下線部（強調は森）の正確さを期して、納富信留『100分de名著 プラトン 饗宴』NHK出版、二〇一三年、六二頁、に拠った。

（17）フーコーは、「出産によって不死に与る」という論点が、プラトンの『法律』や『饗宴』にも、アリストテレスの『霊魂論』や『生成消滅論』、『動物発生論』にも、等しく見出されることを確認しつつ、こう的確にまとめている。「それゆえ、性の活動は、死と生、時間、生成と永遠といった広大な地平に書き込まれている。この活動が必要とされるのはなぜかといえば、個体が、死すべき定めにあるからであり、何のためかといえば、何らかの仕方で死を免れるためである」(*L'usage des plaisirs*, p. 152; 訳書一七〇頁)。

(18) この出典不詳の詩句は、アーレントが『精神の生活』のなかで、「ギリシア哲学が哲学以前に前提していた」「不死の追求」を端的に表わす言葉として引いているものである。アーレントは「不死の名士録に永遠に記載されることを獲得する」ことと訳している(Hannah Arendt, *The Life of the Mind*, One-volume edition, Harcourt Brace & Company, 1981, p. 134)。

(19) 「神々は不死だったが〔……〕永遠ではなかった。『神統記』にやや詳しく述べられているように、神々はみな、生まれたのである。つまり神々の生命の持続には、時間的な始まりがあった〔……〕」(*The Life of the Mind*, p. 134)。アーレントがここで援用しているのは、Charles H. Kahn の論文"The Greek Verb 'to be' and the Concept of Being"(1966) である。

(20) この二作品は、『饗宴』の最後の場面に出てくる、「喜劇と悲劇を創作する知識をもっているというのは、同じ人に属することであり、技量をそなえた悲劇作者はまた、喜劇作者でもある」(223d) というソクラテスの主張の、またとない例証となっている。

(21) ソクラテスの演説も終わり、宴たけなわの頃、酔っぱらったアルキビアデスが乱入する場面は、なるほど遊び心たっぷりではあるが、ただの余興ではない。アルキビアデスに対するソクラテスの思わせぶりな態度には、まさしく「禁欲による多産」という教育の秘儀が示されている。欲望の統御という性の技法は、ニーチェの「禁欲主義的理想は何を意味するか」の問いにも、フーコーの「快楽の活用」論にも、さらには、九鬼周造の「いき」の美学にも、脈々と受け継がれている。拙稿「禁欲主義と実存の美学――ニーチェ、九鬼周造、フーコー」(『理想』六九八号、特集「九鬼周造」、理想社、二〇一七年三月、所収)を参照。

＊二〇一四年一一月四日に高千穂大学で行なわれた高千穂大学連続講演「危機の時代と哲学の未来」第六回の講演原稿にもとづく。「**「世界の終わり」と世代の問題**」（齋藤元紀編『連続講演　現代日本の四つの危機　哲学からの挑戦』講談社選書メチエ、二〇一五年、所収）に加筆。

（1）ケイト・ブッシュ「呼吸（Breathing）」より、歌詞第二番。ＥＭＩミュージック・ジャパン発売ＣＤ『魔物語（*Never for Ever*）』歌詞カード、山本安見訳を参考にして訳出。
（2）ジャック・デリダ『そのたびごとにただ一つ、世界の終焉』土田知則・岩野卓司・國分功一郎訳、岩波書店、第Ⅰ巻、二〇〇六年、xi頁。
（3）村上春樹『世界の終りとハードボイルド・ワンダーランド』新潮文庫新装版、二〇一〇年、上巻二〇三頁以下。
（4）同書、下巻一二三頁。
（5）同書、下巻一五一頁。
（6）中島義道『明るいニヒリズム』ＰＨＰエディターズ・グループ、二〇一一年、二〇七-二〇八頁、二一三頁。
（7）同書、二一二頁。
（8）同書、二一一頁。
（9）加藤典洋『人類が永遠に続くのではないとしたら』新潮社、二〇一四年、三七八頁。
（10）同書、二八五頁。
（11）同書、二八六頁。
（12）Hannah Arendt, "On Violence", in: *Crises of the Republic*, Harcourt Brace & Company, 1972, p. 119f.; 山田正行訳『暴力について　共和国の危機』みすず書房、二〇〇〇年、一一一頁。
（13）ibid., p. 119; 訳書一一一頁。
（14）ibid., p. 115f.; 訳書一〇八頁。
（15）Immanuel Lévinas, *De l'existence à l'existant*, Vrin, 1986, p. 25; 西谷修訳『実存から実存者へ』ちくま学芸文庫、二〇〇五年、三八頁。

(16) ibid., p. 25f.; 訳書三八頁以下。

(17) ibid., p. 93; 訳書一一二頁。

(18) ibid., p. 109ff.; 訳書一四一頁以下。

(19) Edmund Husserl, *Ideen zu einer reinen Phänomenologie und phänomenologischen Philosophie, Erstes Buch, Allgemeine Einführung in die reine Phänomenologie*, Husserliana Bd. III/1, Nijhoff, 1976, S. 103; 渡邊二郎訳『純粋現象学と現象学的哲学のための諸構想《イデーン》 第1巻 純粋現象学への全般的序論』みすず書房、上巻、一九七九年、二〇九頁。

(20) ibid., S. 104; 訳書二一一頁。

(21) Friedrich Nietzsche, "Ueber das Pathos der Wahrheit" (1872), in: *Sämtliche Werke. Studienausgabe* Bd. 1, dtv/ Gruyter, S. 759f.; 渡辺二郎訳『哲学者の書』ちくま学芸文庫、一九九四年、二二二頁。一八七三年成立のニーチェの有名な遺稿「道徳外の意味における真理と虚偽について」の書き出しにも使われた文章である（vgl. ibid., S. 875; 訳書三四五頁）。

(22) Thomas Hobbes, *Elementorum Philosophiae Sectio Prima De Corpore*, in: *Thomae Hobbes Malmesburiensis Opera philosophica*, Vol. 1, 1839, p. 80; 伊藤宏之・渡部秀和訳『哲学原論／自然法および国家法の原理』柏書房、二〇一二年、一一八-一一九頁。

(23) ibid., p. 81; 訳書一一九頁。

(24) René Descartes, *Meditationes de prima philosophia, Méditations Métaphysiques*, Texte latin et traduction du Duc de Luynes, Vrin, 1978, p. 51f.; 山田弘明訳『省察』ちくま学芸文庫、二〇〇六年、八〇頁以下。

(25) エマニュエル・レヴィナス「哲学と無限の観念」、『超越・外傷・神曲——存在論を超えて』内田樹・合田正人編訳、国文社、一九八六年、所収。

(26) 『全体主義の起源』「エピローグ」、および『人間の条件』第三四節を参照。

第五章

＊「子どもと世界——アーレントと教育の問題」（哲学会編『子ども』哲学雑誌第一二二巻七九四号、有斐閣、

二〇〇七年一〇月、所収）に加筆。

（1）「存在棄却とは、ニーチェがはじめてニヒリズムとして認識した当のものの根拠であると同時に、そのいっそう根源的な本質規定である」（Martin Heidegger, *Beiträge zur Philosophie*, GA65, 1989, S. 119）。

（2）アーレントの出生性概念は、ヨーナスの「責任」の思索に影響を与えたが、そのヨーナスが『責任という原理』のなかで「出生性」概念に言及している箇所（Hans Jonas, *Das Prinzip Verantwortung*, Suhrkamp Taschenbuch, 1984, S. 49. ただしヨーナスは、アーレントの Gebürtlichkeit とは異なる Gebürtigkeit という表記法を使っている）に付された日本語訳の訳注において、訳者はこの概念を、「世界の中に新しい唯一のものを置く特殊な人間の能力」の「実存的メタファー」だと解している（加藤尚武監訳『責任という原理』東信堂、二〇〇〇年、四四頁）。

（3）『存在と時間』で挙げられる世界の四つの意味のうちの第一。存在者のこの集合を領域存在論的に洗練させると、第二の「存在論的－範疇的」な世界概念が得られる。Vgl. SZ, 64f.

（4）これが三番目に挙げられる世界であり、それを基礎存在論的に彫琢した四番目の「存在論的－実存論的」な世界概念こそ、世界分析の中心主題たる「世界の世界性」にほかならない。

（5）民族について言えば、古代のポリスと、近代の国民国家との形成原理の違い――「市民＝自由人」限定の対等制と、同一「民族＝国民」内平等の擬制――が看過されたのは問題的である。ちなみに、学長職辞任直後の一九三四年講義で企てられた「民族の本質への問い」（*Logik als die Frage nach dem Wesen der Sprache*, GA38, 1998, S. 69）への結論的答えは、こうであった――「国家こそ民族の歴史的存在なのだ」（GA38, S. 165）。

（6）Wilhelm Dilthey, "Über das Studium der Geschichte der Wissenschaften vom Menschen, der Gesellschaft und dem Staat" (1875), in: *Gesammelte Schriften* Bd. V, 7. Aufl., Teubner, 1982. 以下 MGS と略記。ハイデガーは、『存在と時間』での言及（SZ, 385, Anm.1）に先立つ一九二四年の論文「時間の概念」では、ディルタイ論文への参照を促しているばかりでなく、世代について一定の考察を試みている。とりわけ、「世代と相互共同存在」の問題が「相互共同存在と時間性」の問題と言い換えられている点、注目される（"Der Begriff der Zeit" (1924), in: GA64, 2004, S. 87f.）。世代とは、複数性における時間性の具体相なのである。

（7）De generatione animalium といえば、アリストテレス（およびそれに倣ったハーヴェイ）の『動物発生論』のラテン語タイトルである。この場合の「発生」は、同じことの永遠の繰り返しを意味していた。これに対して、コンピュータ開発等の先端技術分野で「世代」が語られるのは、進化論的－進歩史観的な意味においてである。絶えず発展を続けるテクノロジーは、これまで存続してきた世界をただ引き継ぐのではなく、従来の世界を技術的に変えるべく生み出される。この論理を養育や教育の場面にそのまま持ち込むことはできない。

（8）*Die Grundbegriffe der Metaphysik*, GA29/39, 1983, S. 263.

（9）ヨーナスは、注（2）でふれた『責任という原理』の箇所で、つまりアーレントの出生性概念に言及した箇所で、「死なねばならないということは、生まれたということと結びついている」と述べ、さらに、死と誕生の一対がはじめて世代交代を成り立たせることを、こう表現している。「われわれが死すべき定めにあるという非情な摂理のうちには、おそらく次のことが知恵として含まれている。すなわち、われわれの可死性は、若者のもつ初々しさ、直接性、熱意のうちに存する永遠に新たなる約束を、われわれにしてくれる。それとともに、他性そのものが絶えず流れ込んでくる」（*Das Prinzip Verantwortung*, S. 49; 訳書三四頁、強調は引用者）。ここで、若者に固有な「初々しさ・原初性・始まりたるゆえん（Anfänglichkeit）」と呼ばれている存在性格――「有限性（Endlichkeit）」と対極をなす規定――を主題化しているのが、アーレントの教育論である。

（10）Friedrich Nietzsche, *Also sprach Zarathustra* („Von den drei Verwandlungen"), in: *Sämtliche Werke. Kritische Studienausgabe* Bd. 4, dtv/ Gruyter, 1980, S. 31. この有名な第一部の「三段階の変身」のみならず、『ツァラトゥストラ』の第四部全体が、子ども論として読める。

（11）『哲学への寄与』でハイデガーが「将来的な者たち」と呼んでいる先人たち（たとえばヘルダーリン）は、世界のこの継起的共有の問題圏に属する。Vgl. *Beiträge zur Philosophie*, S. 395ff.

（12）Hannah Arendt, *On Violence*, Harcourt Brace & Company, 1970――以下 OV と略。（『暴力について』を、本書第四章では、論文集『共和国の危機』から引用したが、内容は同じ。）

（13）世代間倫理の根本書である『責任という原理』において、ヨーナスの述べている「隠退の勧め」は、応用倫理学者の間でもまじめに受け取られていないようである。「責任が最高の仕方で果たされるのは〔……〕、その成長の世話をしてきたが、まだ成長を終えたわけではないものの権利を認めて、潔く身を退くことである」(*Das Prinzip Verantwortung*, S. 198; 訳書一八八頁)。

(14)『全体主義の起源』末尾でアーレントが、アウグスティヌスを引用しつつ「出生性」の思想をはじめて打ち出したのも、全体主義的支配の猛威のさなかで、共同世界の終わりと「見捨てられていること(Verlassenheit)」の経験——近代の世界疎外過程の核心——が頂点に達したときでも、新しいいのちの誕生という意味での「始まりはつねに、そして至るところにあり」、「その継続性は中断されない」という事実に想到したからであった。Vgl. Hannah Arendt, *Elemente und Ursprünge totaler Herrschaft*, 5. Aufl., Piper, 1996, S. 979.

第六章

＊二〇〇八年一一月一一日に埼玉県上尾市立東町小学校で行なわれた上尾市教育委員会研究発表会の講演会「**子供・学校・世界——アーレントの「リトルロック考」から**」の講演原稿にもとづく。未公刊。

(1) R. Flesh, *Why Jonny can't read – and What you can do about it*, Harper & Brothers, 1955.

(2) たとえば、小玉重夫『シティズンシップの教育思想』白澤社、二〇〇三年、とくに一五一頁以下、参照。本書によれば、二十世紀初頭に「子ども中心主義」を標榜する「新教育運動」が登場し、その影響下に、ルソー的教育の再評価につながる形で「子どもの自発性」を重視して学校教育に「子どもの経験、子ども自身による問題解決」を導入しようとする「進歩主義的」な教育実践が試みられた。だが、フレッシュのベストセラーに代表されるように、学力低下問題をはじめとする学校教育の機能劣化が懸念されるようになり、とりわけ一九五七年のスプートニク・ショックのあおりで科学技術教育の遅れが指摘され、学力中心のカリキュラムが提唱されるようになった、という。アメリカのこの「新教育運動」は戦後の日本にも移植され、一九四八年には「子ども自身の経験や問題解決学習を積極的に推進していく」「コア・カリキュラム連盟」が結成された。二〇〇二年から実施された学習指導要領が「総合的な学習の時間」の新設や教科内容の削減を特色としているのは、半世紀以上昔のこの教育思想の復活とも解されるようである。

(3) リトルロック事件については、中山元訳『責任と判断』（筑摩書房、二〇〇七年）の訳注二七五頁以下に事実関係が記されているほか、川崎修『アレント――公共性の復権』（講談社、一九九八年）で丁寧に紹介されている（二四四頁以下）。教育哲学的見地からの考察としては、小玉重夫『教育改革と公共性　ボウルズ＝ギンタスからハンナ・アレントへ』（東京大学出版会、一九九九年）がある（第一章第一節、二一頁以下）。公民権運動全般に占めるリトルロック事件の位置づけに関しては、ジェームズ・M・バーダマン『黒人差別とアメリカ公民権運動――名もなき人々の戦いの記録』（水谷八也訳、集英社新書、二〇〇七年）を参照。

(4) この年代設定は、バーダマン前掲書による。一九五四年は、「公共の教育機関において「分離すれども平等」という原則には根拠がない」と結論づけ、統合化への道を拓いた、「ブラウン対教育委員会裁判」の最高裁判決の年。一九六八年は、公民権運動の指導者キング牧師が暗殺された年。

(5) Hannah Arendt, “Reflections on Little Rock,” in: *Responsibility and Judgment*, Edited by J. Kohn, Schocken Books, 2003. ――以下RJと略記し、頁数を添える。中山元訳「リトルロックについて考える」（中山元訳『責任と判断』筑摩書房、二〇〇七年、所収）を大いに参考にさせていただいた。

(6) 一九五七年一一月四日付けのカール・ヤスパース宛書簡で、アーレントは、「またもや締切に追われています――南部の状況についての論文」と記している（Hannah Arendt/ Karl Jaspers, *Briefuechsel 1926-1969*, Piper, 1993, S. 364; 大島かおり訳『アーレント＝ヤスパース往復書簡2』みすず書房、二〇〇四年、一一四頁）。

(7) 一九六〇年一月三日付けのゲルトルート・ヤスパース宛の書簡では、「昨年、私は黒人問題と平等について異端的な見解を発表したせいで、とんでもない大論争にまきこまれ」、「アメリカの私の友人のうち私に同意する者は一人もなく、じつにおおぜいが腹を立て」た、と回顧しつつも、こう愉しげに報告している――「ところがいま突然に、ほかならぬその論文のおかげで、私はあるアメリカ財団〔＝ロングヴュー財団〕から三〇〇ドルの賞金をもらったのです。論文があまりに不評だったせいですね、きっと！ いかにもこの国ならではのこと」（ibid., S. 422; 訳書一八三頁）。アーレントがアメリカ市民であり続けた理由の一端は、こんなところにあったのかもしれない。

(8) ヤング=ブルーエルの『アーレント伝』は、「リトルロック考」をめぐる論争を紹介するなかで、アーレントが唯一正当な批判と認めた、ラルフ・エリソンのコメントを取り上げている。エリソンによれば、アーレントには、「子どもたちを、敵意をもった人びとの列を通って行かせるとき、黒人の親たちの心のなかで起こっていることがまったく分かっていません。親たちは、そのような出来事が子どもたちに対して現実にもつ、通過儀礼としての意味合い、つまり一切の秘密のはぎとられた社会生活のテロルに直面することの意味合いを、自覚したうえでそうしているのです」。アーレントはエリソンに手紙を書いて、この「犠牲の理想」という考え方を、自分は理解していなかった、と認めたという(Elisabeth Young-Bruehl, *Hannah Arendt: For Love of the World*, Yale University Press, 1982, p. 316; 荒川幾男・原一子・本間直子・宮内寿子訳『ハンナ・アーレント伝』晶文社、一九九九年、四二三頁以下)。

(9) 一つだけ実例を挙げておく。国民に政治的無関心が蔓延し、公選挙の投票率低下が問題となっている現状を打開すべく、選挙権の取得年齢を十八歳に引き下げ、かつ学校で「主権者教育」(この語は文字通りには「僭主教育」を意味する)を行なう、という「改革」は、大人に解決困難な公的問題のツケを、若者と教育現場に払わせることに等しい。それでいて、未成年者に飲酒上の判断力を身につけさせない法令順守主義をますます強化し、しかも、高校生の政治活動に届け出制というプレッシャーすらかけようとする。そういう大人たちは、未成年の年頃、好き放題に政治活動し、酒を飲んでいたのに、である。

(10) Hannah Arendt, "Thoughts on Politics and Revolution," in: *Crises of the Republic*, Harcourt Brace & Company, 1972, pp. 225f.; 山田正行訳「政治と革命についての考察」(山田正行訳『暴力について 共和国の危機』みすず書房、所収)二二四頁以下。

第七章

＊「死なせること、死なれること――複数性における〈死への存在〉の諸相」(『理想』六八〇号、特集「ハイデ

ガーという広場」、理想社、二〇〇八年二月、所収）に加筆。

（1）Paul Ricœur, *Temps et récit III*, Seuil, 1985, pp. 112-113; 久米博訳『時間と物語Ⅲ』新曜社、一九九九年、一六八頁。強調は引用者。

（2）両性生殖なしで済まそうとするクローニング技術は、出生にまつわる複数性を、したがってその危険を、迂回しようとする人為的工夫と解しうる。拙稿「デモクリトスとクローンの問題」（東京女子大学紀要『論集』第五五巻1号、二〇〇四年九月、所収）参照。

（3）拙稿「ハイデガーと政治哲学の問題——ホッブズ自然状態論の実存論的解釈」（実存思想協会編『実存と政治』実存思想論集XXI、理想社、二〇〇六年、所収。『死と誕生』第二部に収録）を参照。

（4）Michel Foucault, *Naissance de la clinique*, Quadrige/ PUF, 1993, p. 144; 神谷美恵子訳『臨床医学の誕生』みすず書房、一九六九年、一九六頁。

（5）ibid., p. 149; 訳書二〇一頁。

（6）ibid., p. 158; 訳書二一四頁。

（7）ibid., p. 158; 訳書二一三頁。

（8）ここで注意すべきは、死なれる場合に問題となるのは、出来事としての死つまり「落命」のみだという点である。存在状態を表わす「死亡」という点では、われわれはみな「お互いさま」であり、つまり共同存在において無差別に妥当する。

（9）テロリズムのニヒリズム的特質については、拙稿「革命精神とその影——テロリズムの系譜学のために（Ⅰ）」、「同（Ⅱ）」、「同（Ⅲ）」（東京女子大学紀要『論集』第五六巻2号、同第五七巻1号、同第2号、二〇〇六年-二〇〇七年、所収）を参照。

（10）新渡戸稲造『武士道』矢内原忠雄訳、岩波文庫、改版一九七四年、一〇〇頁。

第八章

＊「世代は乗り越えられるか――或る追悼の辞」（東京女子大学紀要『論集』第五九巻2号、二〇〇九年三月、所収）に加筆。

（1）FW, 400. この断片は前章で全文引用した（本書一六〇頁）。

（2）前注からも明らかなように、第七章の元原稿「死なせること、死なれること――複数性における〈死への存在〉の諸相」の続きが、本章の元原稿「世代は乗り越えられるか――或る追悼の辞」である。本書の「序」に記したとおり、母の死を看取った経験が、「死なせること、死なれること」の背景の一つだが、じつはもう一つ、当時、渡邊二郎氏が闘病生活を続けていた。二〇〇八年二月一二日、氏は永眠された。死の床に就いている旧師の姿を思い浮かべて論文を書いたのは、不謹慎と言われても仕方ない。そのなかで私は、『愉しい学問』二六番に典型的なニーチェの死生観の或る側面、つまり「生きるとは、年老いたものを見殺しにし、それどころか殺しては、その屍を踏み越えて前進してゆくことだ」とする思想を強調したが、師に死なれてつくづく思ったのは、ニーチェの言い分とは逆のことだった。渡邊二郎という存在は、本人の肉体上の死を超えて、われわれ後進の寿命を軽く乗り越えて生き続けるにちがいない。そういう思いにふと襲われたのである。本章は、この個人的体験から生まれ、もともとは追悼文として二〇〇八年三月に書き起こされたことを、付記しておく。

（3）アリストパネース『雲』高津春繁訳、岩波文庫、改版一九七七年、一〇四頁。

（4）小島和男『プラトンの描いたソクラテス』（晃洋書房、二〇〇八年）は、『エウテュプロン』で伝統的神観念の吟味が必要とされたことが、『ソクラテスの弁明』等に見られる神観念の革新の試みに連なってゆくことを、説得的に示した。

（5）『愉しい学問』序曲二六「わが酷《むご》さ」でも、従来重んじられてきた多くの先人の思想を片っ端から踏み台にして高みに昇ろうとする認識者の非情な野望が表明されている（FW, 358）。

（6）神は一度死んだくらいでは、影響力をその後何千年もしぶとく行使するだろうから用心せよ、という戒めは、『愉しい学問』一〇八番、一〇九番に見出される。

（7）著者が続編を構想していたらしいことは、ここでは論外とする。三十歳で俗世を遁《のが》れ、山に入ったツァラトゥストラが、思索の深まりの確信を得て、山を下りて人間界にふたたび入ってゆくのが、四十歳（ここから第一部が始まる）。これは、著者ニーチェの実年齢に近い。第一部と第二部のあいだでもそれなりの時間が流れたことになっているが、第二部から第三部までは一続きの話である。ニーチェはツァラトゥストラに――ショーペンハウアーの「青年の哲学」とは異なる――「中年の哲学」を語らせたのである。第四部に登場するツァラトゥストラは白髪になっており、五十歳前後と見られる。後継者を待望する気持ちが以前より強まっているのが印象的である。

（8）拙稿「人を殺してはいけない理由を求めることの愚かさについて――反時代的哲学入門」（東京女子大学紀要『論集』第五二巻1号、二〇〇一年九月、所収）参照。

（9）Martin Heidegger, *Beiträge zur Philosophie*, GA65, 1989, S. 393-401.

（10）拙稿「出来事から革命へ――ニーチェ、ハイデッガー、アーレント」（ハイデッガー研究会編『ハイデッガーと思索の将来――哲学への〈寄与〉』理想社、二〇〇六年、所収）を参照。そのなかで私は、『哲学への寄与』を遺すに当たってハイデガーは、ニーチェの遺稿集『権力への意志』を念頭に置いていたのではないか、との仮説を立ててみた。

（11）*Beiträge zur Philosophie*, S. 401.

（12）世代のこの双面性が、世界の「同時的共有」と「継起的共有」という二通りの形式に対応することに関しては、本書第五章「子どもと世界」を参照。

（13）三木清『歴史哲学』（全集第六巻、岩波書店、一九六七年、所収）、一三頁。便宜上、漢字や仮名遣いの表記は、現代風に改めた（以下同様）。強調は引用者。三木の歴史哲学は「作る」モデルが濃厚だが、それにとどまらない豊かさがあることに注意したい。

（14）ハイデガーが『哲学への寄与』を書き始めたとされる一九三六年頃、三木が執筆に力を注いだ（が結局未刊に終わった）『哲学的人間学』は、世代の問題を立ち入って論じている。『歴史哲学』に続く第二の主著とおぼしきこの遺稿のなかで、三木は、「ある世代が他の世代の生産したものを伝承するに当り、単に一つ前の世代から連続的に伝承するのではなく、却って例えばルネサンスに於ける古代文化の復興に於て見られる如く遠き過去から伝承するというような事実」を重く見、世代論を導く次の問いを立てている。「かくて我々はひとつの根本的な問題に逢着する、――行動しつつある一世代が単に自己に隣接する世代からでなく却って隔離せる世代から伝承するというが如きことは如何にして可能であるか」（全集第一八巻、所収、二四二頁）。隔世代の次元へと三木は問い進めたのである。拙稿「形而上学的時間と歴史的時間――九鬼周造と三木清」（『現代思想　九鬼周造　偶然・いき・時間』二〇一七年一月臨時増刊号、青土社、所収）参照。

第九章

＊「**世代をつなぐもの――東京女子大学旧体育館解体問題によせて**」（『ＵＰ』第三六巻5号（通巻四三九号）、東京大学出版会、二〇〇九年五月五日、所収）に加筆。

（1）アントニン・レーモンドはチェコ生まれの建築家（一八八八―一九七六年）。生年は九鬼周造と同じ。一八八九年生まれのマルティン・ハイデガーとは一年違いで、没年は同じ。アメリカから来たこの日本近代建築史上の巨人は、日本近代哲学史に絶大な影響を与えたドイツの哲学者と、ぴったり同時代を生き抜いたのである。

（2）小檜山ルイ「友情の帝国」（紀平英作・油井大三郎編『グローバリゼーションと帝国』ミネルヴァ書房、二〇〇六年、所収）を参照。

第十章

＊二〇〇九年一二月五日に城西大学紀尾井町キャンパスで行われた城西大学エクステンションプログラム特別講演会「**死と誕生、もしくは世界への愛**」の講演原稿にもとづく。未公刊。

『死と誕生』の和辻哲郎文化賞受賞記念講演会を企画し、実行してくださった城西大学の篠崎佳代氏に、感謝したい。

第十一章

＊二〇一四年二月二二日に東京女子大学同窓会館で開かれた森一郎壮行会で読み上げられた挨拶原稿にもとづく。**「東京女子大で学んだこと、もしくは、或る恋から教わったもの」**（東京女子大学教職員組合機関誌『ＡＮＯＮ』一〇五号、東京女子大学印刷室、二〇一四年三月二五日、所収）に加筆。

学園を去る一教師のために壮行会を開いてくださった土合文夫氏、鳥越成代氏、横澤喜久子氏をはじめとする旧体解体再考運動の同志の皆様方に、改めて御礼申し上げたい。

第十二章

＊「奥村まことのブログ　吉村順三先生に学んで」(http://www.shinodanozomi.com/aichigeidai/ao_cunmakotonoburogu.html）に二〇一五年一〇月に投稿した**「せめて五十年後を考えよう」**にもとづく。ブログ管理者として投稿の機会を与えてくださった、建築家の篠田望氏に感謝したい。

冒頭にあるように、小文はもともと、奥村まこと氏のブログ最終回「私見　愛知芸大の建物の行方」（二〇一五年九月）に触発されて記したものである。奥村まこと氏は、アントニン・レーモンドの薫陶を受けた建築家の一人の吉村順三とともに愛知県立芸術大学キャンパス設計に携わった奥村昭雄氏（東京藝術大学名誉教授、一九二八‐二〇一二年）の奥方であり、自身建築家であった。闘病中にブログ最終回を書かれたのち、二〇一六年二月一一日に永眠された（享年八五歳）。

二〇〇九年五月五日の子どもの日、われわれ教員有志が東京女子大学旧体育館の暖炉に火を入れたとき、奥村ご夫妻に立ち会っていただいた。暖炉研究の専門家でもあるお二人に安全確認していただき、レーモンド作の暖炉に赤々と火が灯ったときの感動は、生涯忘れられない。

第十三章

＊二〇一二年一一月一七日に東北大学で行なわれた日本現象学会第三四回研究大会シンポジウム「技術の現象学」

の提題原稿「物たちのもとで、人びととともに――自然と世界の絡み合いについて」の姉妹編。この提題原稿自体は、『死を超えるもの』（二〇一三年六月刊）に第十一章「物たちのもとで、人びととともに――自然と世界の絡み合いへ」として収めた。大会シンポジウムの記録となるべき『現象学年報』第二九号（日本現象学会編、二〇一三年一一月）には、別途書き起こした原稿「**作ること、使うこと、そして働くこと――「技術の現象学」のために**」を載せた。本章は、それに加筆したもの。

（1）フランス革命期には労働者が「サン・キュロット」という独自の衣装《コスチューム》をまとって政治空間にデビューを飾った、とは、アーレントが『人間の条件』第三〇節で指摘する通りである（HC, 218）。

（2）身体の現象学は、活動的生の三区分に応じて、労働する身体、制作する身体、行為する身体、の三方向に展開されうる。それとともに、機械と身体、道具と身体、パフォーマンス芸術と身体、というテーマがそれぞれ浮かび上がってくる。

（3）ゴミ処理作業全般には、火という「原基《エレメント》」が用いられる。火を燃やすには、大量の空気が必要である。死すべき者たちの産物が土に還るという面を考え併せると、地・水・風・火の四大元素が、世界美化の条件だということが分かる。

第十四章

*「**リニア中央新幹線について、立ち止まって考える**」（『季刊　創文』一七号（二〇一五年春号）、創文社、二〇一五年三月三一日、所収）に加筆。

（1）二〇一五年段階ではそう記したが、その後、建設計画の前倒しの必要が叫ばれ、計画自体が変更された。二〇一六年一一月一一日付日本経済新聞ではこう報じられた。

「**リニア融資へ改正法成立　全線開業、最大八年前倒し**

改正鉄道建設・運輸施設整備支援機構法が一一日の参院本会議で可決、成立した。同機構が東海旅客鉄道（JR東海）にリニア中央新幹線の建設資金を貸せるようにする内容。法改正を受け、政府は機構を通じて二〇一六年度と一七年度に一・五兆円ずつ計三兆円を貸し出す。当初四五年だったリニア全線開業までの時期を最大八年前倒しする。

機構は財政投融資から長期・固定・低利の資金を借りて、同じ条件でJR東海に貸し付ける。現在の整備計画では、二七年に東京・品川ー名古屋を先行開業し、四五年に大阪までの全線を開業するとしているが、前倒しにより三七年の全線開業を目指す。」

一企業の事業計画には口を挟めないからと、ろくろく公的議論のないまま決定されたリニア中央新幹線建設計画が、いったん始まるや、公的資金をずぶずぶ注入されて推進されようとしている。三兆円もの国費注入による「前倒し」は当初からの既定路線だったと疑われても仕方ない、世代間犯罪的行為である。

第十五章

＊二〇一五年八月八日に一橋大学で行なわれたアーレント研究会の創設記念シンポジウム「アーレントと現代の科学・技術」の提題原稿にもとづく。**「アーレントとリニア新幹線――『活動的生』のテクノロジー論から」**（アーレント研究会編『Arendt Platz』創刊号、二〇一六年一月、所収）に加筆。

（1）大学入試センター作成「試験問題冊子　旧課程科目　理科②」二〇一五年一月、四頁。

（2）『人間の条件』の原書初版（*The Human Condition*, The University of Chicago Press, 1958, Paperback edition 1989. 略号HC）の索引は大雑把なものであったし、『活動的生』の原書（*Vita activa oder Vom tätigen Leben* (1960), Piper, 1967, Taschenbuchsonderausgabe 2002. 略号Va）の索引は、いっそう粗雑である。『人間の条件』第二版（*The Human Condition*, The University of Chicago Press, The second edition 1998）には、内容に踏み込んだやや詳しい索引が付されている。これに対し、拙訳『活動的生』（みすず書房、二〇一五年）の索引は、現代テクノロジーの進展の恩恵により網羅的であるのが取り柄である。

（3）このテクノロジー三段階説（蒸気機関と燃料革命→電力と世界の電化→自動化と自然化）と、それに続く「未来のテクノロジー」としての原子力技術については、拙著『死を超えるもの』の第八章「アーレントと原子力の問題I――大地からの疎外、または宇宙人の地球侵略」を参照。

（4）『人間の条件』第一六節のテクノロジー論については、拙稿「奴隷制問題の消息――〈テクノロジーの系譜学〉によせて（中）」（東京女子大学紀要『論集』第四八巻2号、一九九八年三月、所収）参照。

（5）Hannah Arendt, *Eichmann in Jerusalem. A Report on the Banality of Evil* (1963), Penguin Books 1994, p. 279; 大久保和郎訳『イェルサレムのアイヒマン』みすず書房、一九六九年、二一五頁。

ここで、リニア新幹線を市民が考えるにあたって参考となりそうな文献を挙げておく。――橋山禮治郎『必要か、リニア新幹線』岩波書店、二〇一一年三月。川島令三『徹底詳解 リニア中央新幹線のすべて』廣済堂出版、二〇一二年一一月。リニア・市民ネット編著『危ない リニア新幹線』緑風出版、二〇一三年七月。玉田恵美「ハイデガーで考えるリニア新幹線 技術が人間を「かり立て」る」、『朝日新聞』二〇一四年二月三日朝刊「ニュースの扉」記事。橋山禮治郎『リニア新幹線 巨大プロジェクトの「真実」』集英社新書、二〇一四年三月。曽根悟『新幹線五〇年の技術史』講談社ブルーバックス、二〇一四年四月。樫田秀樹『〝悪夢の超特急〟リニア新幹線』旬報社、二〇一四年九月。日本科学者会議編『日本の科学者』第四九号（特集「超伝導磁気浮上式「リニア新幹線」の徹底解剖」）本の泉社、二〇一四年一〇月。

第十六章

＊二〇一六年七月一六日に岩手大学で行なわれた岩手哲学会第五十回大会講演の講演原稿にもとづく。「**労働と世界――草取り、落葉拾い、大掃除、田植え**」（岩手哲学会編『フィロソフィア・イワテ』第四八号、二〇一七年一月、所収）に加筆。

あとがき――日々是哲学の道楽

本書に収めた文章を一冊の本に整えるべく加筆作業にいそしんでいる最中、ふと思いついた言葉がある――「日々是《これ》哲学」。その他愛なさが気に入って、本論の出だしと締めくくりに、つまり第一章と第十六章で使ってみた。一時は、書名に使えないだろうかと、半ば本気で考えたほどである。

半世紀前には、「実存哲学」という言葉が盛んに使われた。古代の愛智者たちは、「哲学的生」を生き抜くことを願った。若きハイデガーの言葉遣いを用いれば、「現実の人生経験（faktische Lebenserfahrung）」に根ざした哲学の遂行、ということになろう。

どう言い表わすかはともかく、日々の生活のただ中で立ち止まって考える喜びを素直に肯定したいと、近頃とみに思うようになった。生きていくうえで、のっぴきならぬ問いにぶつかっては、哲学者から借りてきた見方を糧にして、あれこれ思案をめぐらせる。身辺雑事に頭を抱えながら、そこに哲学の根本問題を見出したり、哲学書の読み方を教えられたりする。――そうした反芻を、無上の愉しみとしている自分がいる。

日々是哲学は、日常に埋没することではない。私哲学《オタク》とは真逆の、気宇広大さを秘めている。哲学の歴史に遡ることと、人類の将来に思いを馳せることが、隔たりなく行き交《か》うところ――、各自の内省的沈潜と、公共の関心事への参与が、密接に結び合うところ――、そこに、現代における哲学の可能性がひらけてくるのである。

日々是哲学のテーマとなる大小の出来事自体は、喜ばしいこととは限らない。ろくでもないこと、身の毛のよだつこと、痛恨の極みであったりする。身近な人の死、大災害や過酷事故、教育の荒廃、大学の自滅、といった事例を目の当たりにすれば、憂鬱になってもおかしくない。だが、凄まじい光景に臨んで、いったいこれは何事か、と自問し、時を忘れて考えにふけるとき、不思議と悦ばしい気分に浸されていることに気づく。ものを考えることそのことが、一種の救いとなりうるのだ。

アーレントは、イサク・ディネセンの「どんな悲しみも、それを物語にするか、それについての物語を語れば、耐えられるようになる」という言葉を好んだ。それになぞらえれば、かつニーチェの『愉しい学問』の趣旨を踏まえれば、こうも言えるだろう――「どんな悲しみも、それについて哲学すれば、愉しく考えられるようになる」と。

本書がテーマとしている世代の問題も、八方塞がりの様相を呈している。少子高齢化、国土保全や文化伝承の前途多難さ、世代間格差の昂進……。「世界の終わり」を実感したくなる深刻な事態が、至るところに生じている。従来なら世代から世代へごく当たり前に受け継がれてきたことが、あれよあれよという間に、次の世代に継承不可能となっている。営々と世代をつないできたものがズタズタに引き裂かれる状況を前にして、愕然として佇むことはあっても、その病状を押しとどめる特効薬は、どこにもない。

容易に解決できるような問題なら、たかが知れている。いくら考えても、ますますわけが分からなくなる問題だからこそ、考え甲斐があるというものだ。

なかでも、私の心に最も突き刺さり、考えるよすがとなってきた身辺雑事の一つに、東京女子大学旧体育館解体の経験がある。

レーモンド建築の伝統ある校舎をいたずらに壊してはならないと、学内外の仲間たちと励んだ解体再考運動だったが、成果という点では、無に帰した。そればかりか、私は大学から逃げるように去った。そのことだけ取れば、ろくでもない経験だったことになる。

にもかかわらず、二〇〇九年前半の出来事の渦中にあったとき以来、私は反芻し続けている。自分が立ち会い、付き合っていること——これはいったい何か、と。その自問は私に、立ち止まって考えることの喜びをもたらしてくれる。

なるほど、取り壊されてゆく旧体育館の姿は無残このうえなかったし、大学がわれわれに示してきた姿勢には憤りを覚えずにはいられない。悲痛な思いは心の傷となって、なお蟠《わだかま》っている。それでいて、痛手をあっさり帳消しにしてしまうほど豊かなものを、私は学んだ。かけがえのない学びがそこにはあった。日々是哲学のスタイルは、この経験によって鍛えられたのである。

では、私はそこで何を学んだのか。これは、第Ⅲ部に収めた小文に書き記したことでもあり（簡略には第十一章参照）、ここでは繰り返さない。本書の装幀に使った写真にまつわることのみ、謝辞の意も込めて記させていただく。

社交館の機能を併せ持っていた体育館には、フロア以外に、五つの部屋があり、いずれもレーモンド作の暖炉が備わっていた。その一つが――おそらく半世紀ぶりに――「再燃」した二〇〇九年五月五日の様子を伝える写真の一枚を、今回、装幀で活かすことにした。

その時のことは、暖炉に火を入れるのを助けてくださった矢田部英正氏の著書『たたずまいの美学――日本人の身体技法』（中公文庫、二〇一一年）に寄せた小文「解説――たたずまいの美学者」に、記しておいた。それとは別に、この暖炉復活事件を記録している本がある。東京女子大学レーモンド建築 東寮・体育館を活かす会編著『喪われたレーモンド建築――東京女子大学東寮・体育館』（工作舎、二〇一二年）である。

母校の校舎保存活動に携わった卒業生たち自身の手による見事な記録集を開くと、まず、口絵カラーページ（F7頁）に、体育館の暖炉が美しく燃える様子が載っている（矢田部氏撮影のこの写真の炎は、拙著『死を超えるもの』の装幀で使わせていただいた）。本文第一章に入って、体育館がいかに優れた近代建築であるかの説明の箇所でも、暖炉復活のことに触れている（五一頁）。もう一つ、本文最後の第六章にも、二〇〇九年五月五日の出来事が記されている（一五六頁、一五七頁）。

暖炉再燃のエピソードは、第五章「体育館保存に学内が動いた」から第六章「体育館、最後の日々」までの一連の叙述に、埋め込まれている。当時次々に起こったことが克明に記されているページを繰ると、あの時の経験が鮮やかに蘇ってきて、心が震える。

愛すべきいいきな体育兼社交館は、もはや現存しない。われわれの運動も、一瞬閃《ひらめ》いては、はかなく消えていった。だが、建物の面影を伝える作品が残り、出来事が文書に記されているかぎり、そこに存在したものは、決してなくならない。そのかすかな痕跡が後代、もう一度「再燃」し、あらたな始まりを産み出すことだってあるかもしれない。行為《プラクシス》と制作《ポイエーシス》の絡み合いの相について、われわれは旧体育館から学んだのである。

旧体育館解体再考運動で絶大な支援を賜わって以来、親しくさせていただいた東京女子大学卒業生の一人、田邉道子さん（一九六六年文理学部社会学科卒）が、この七月、亡くなった。田邉さんは、元編集者の経験を活かして、『喪われたレーモンド建築』の編集でも、中心的役割を果たされた。上記第五、六章の執筆も担当されたと聞く。

その田邉さんは、もういない。本書の装幀をご覧いただいたら、どんなにか喜んでくださったことだろう。痛恨の極みである。だが、故人が丹精込めて世に送り出した『喪われたレーモンド建築』は、われわれに遺されている。その書を開くたびに、知的で精力的な一女性の面差しが、髣髴《ほうふつ》としてくる。そして、いつか後代の若者がその記録集を繙くとき、世代を隔てた者たちどうしの魂の通い合いが、そこに可能となるにちがいない。

田邉道子さんに劣らず、旧体育館が縁で知り合った私の大切な「同志」の一人が、兼松紘一郎さんである。近代建築保存運動を長らくリードしてこられた建築家は、文章家でもあり、『喪われたレーモンド建築』にも特別寄稿されている。その兼松さんには、写真家というもう一つの側面があり、今回、装幀および各部の扉頁に使った旧体育館の写真をご提供いただいた。私が仙台に移ってからも、いつも示してくれる友情に感謝したい。

本書の装幀デザインは、ロゴス・デザインの長尾優さんにお願いした。『死を超えるもの』のときにも感じたが、長尾さんは、私のイメージを完璧に表現してくださるアーティストである。ご長女の女子大哲学科卒業生が私の「旧体同志」の一人でもあることもあり、私のわがままを今回も聞き届けてくださった。有難いことである。

『死と誕生』、『死を超えるもの』と三部作をなす本書は、私が学生時代からその出版物に親しんできた明石書店から、光栄にも出していただけることになった。装幀に関しても、書名に関しても、我意を通すことをお認めくださった、大江道雅さん、武居満彦さんをはじめとする明石書店の皆様方に、御礼申し上げたい。

装幀に使った写真については、家族にも感謝しなければならない。次女をモデルにし、家内の携帯写真を使うというのは、掟破りかもしれないが、「世代問題の再燃」を表わすのにこれ以上のショットは考えられなかった。読者のご寛恕を乞う。

最後に。——本書を、二〇一三年五月五日の子どもの日に亡くなった父、義夫の追憶に捧げる。日々是哲学の道楽息子は、働き者の父の背中から、「労働と日々」について学んだ。

二〇一七年九月

森　一郎

ハ行

マ行

ヤ行

ラ行

ワ行

人名索引

ア行

カ行

サ行

タ行

ナ行

マ行

ヤ行

ラ行

ナ行

ハ行

タ行

サ行

事項索引

＊索引作成にあたっては、本文と注を対象とした（タイトルや見出し、あとがきは対象外）。
下位項目で拾ったものは、上位項目としては拾わないことを原則とした。

ア行

カ行

森　一郎（もり・いちろう）

1962年埼玉県生まれ。東京大学文学部卒業。東京大学大学院人文科学研究科修士課程修了、同博士課程中途退学。東京大学文学部助手、東京女子大学文理学部専任講師、助教授、教授を経て、現在、東北大学大学院情報科学研究科教授。博士（文学）。専攻は近現代ドイツ哲学、現代における哲学の可能性。著書に、『死と誕生　ハイデガー・九鬼周造・アーレント』（東京大学出版会、2008年、第21回和辻哲郎文化賞・学術部門受賞）、『死を超えるもの　3・11以後の哲学の可能性』（東京大学出版会、2013年）。訳書に、ハイデッガー『ブレーメン講演とフライブルク講演　ハイデッガー全集第79巻』（創文社、2003年）、アーレント『活動的生』（みすず書房、2015年、第52回日本翻訳文化賞受賞）、ニーチェ『愉しい学問』（講談社学術文庫、2017年）。

世代問題の再燃

ハイデガー、アーレントとともに哲学する

二〇一七年一〇月三一日　初版第一刷発行

著　者——森一郎
発行者——石井昭男
発行所——株式会社　明石書店
〒一〇一-〇〇二一　東京都千代田区外神田六-九-五
電　話　〇三-五八一八-一一七一
ＦＡＸ　〇三-五八一八-一一七四
振　替　〇〇一〇〇-七-二四五〇五
http://www.akashi.co.jp
装幀　長尾優
印刷・製本　モリモト印刷株式会社

（定価はカバーに表示してあります）
ISBN 978-4-7503-4581-9